国家社科基金重点项目（21AZD027）成果

宏观调控政策分析报告

1996—2020

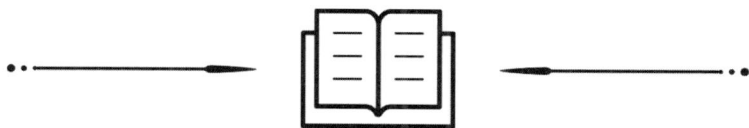

陈创练　王浩楠　高锡蓉　著

暨南大学出版社
JINAN UNIVERSITY PRESS

中国·广州

图书在版编目（CIP）数据

宏观调控政策分析报告：1996—2020/陈创练，王浩楠，高锡蓉著 . —广州：暨南大学出版社，2022.4
ISBN 978 – 7 – 5668 – 3398 – 3

Ⅰ. ①宏…　Ⅱ. ①陈… ②王… ③高…　Ⅲ. ①宏观调控政策—研究报告—中国—1996 – 2020　Ⅳ. ①F123. 16

中国版本图书馆 CIP 数据核字（2022）第 065566 号

宏观调控政策分析报告：1996—2020
HONGGUAN TIAOKONG ZHENGCE FENXI BAOGAO：1996—2020
著　者：陈创练　王浩楠　高锡蓉

出 版 人：张晋升
责任编辑：曾鑫华　彭琳惠
责任校对：张学颖　黄亦秋　林玉翠
责任印制：周一丹　郑玉婷

出版发行：暨南大学出版社（510630）
电　　话：总编室（8620）85221601
　　　　　营销部（8620）85225284　85228291　85228292　85226712
传　　真：（8620）85221583（办公室）　85223774（营销部）
网　　址：http://www.jnupress.com
排　　版：广州市天河星辰文化发展部照排中心
印　　刷：佛山家联印刷有限公司
开　　本：787mm×1092mm　1/16
印　　张：12. 25
字　　数：248 千
版　　次：2022 年 4 月第 1 版
印　　次：2022 年 4 月第 1 次
定　　价：42.80 元

（暨大版图书如有印装质量问题，请与出版社总编室联系调换）

前　言

自从英国著名经济学家约翰·梅纳德·凯恩斯（John Maynard Keynes）于1936年出版代表作《就业、利息和货币通论》（*The General Theory of Employment*，*Interest and Money*）以来，宏观经济学开始作为一门学科登上历史舞台。85年来，宏观经济学理论日趋完善，但也经历了一段艰辛难忘的岁月。从历史上看，古典主义和凯恩斯主义交错"登台献艺"，似乎呈现某种周期性特征。特别是自从凯恩斯创立宏观经济学学科以来，有关"政府与市场"之间关系的争论就不绝于耳。新古典主义经济学兴起于20世纪初，其主张支持自由市场经济，坚持个人是理性选择的，反对政府过度干预。但是，1929—1933年源于美国的经济大萧条宣告该理论体系的"破产"，正因如此，才诞生了凯恩斯主义。凯恩斯主义在战后全球经济复苏中扮演了重要角色。因此，这一时期该理论的许多追随者，包括希克斯（John Hicks）、汉森（Alvin Hansen）、莫迪利安尼（Franco Modigliani）、托宾（James Tobin）和索罗（Robert Solow）等，都极大发展了凯恩斯主义宏观经济学。

到了20世纪70年代，由于传统的菲利普斯曲线无法解释美国失业率与通货膨胀变化之间的关系以及货币政策主义的兴起开始挑战凯恩斯主义，主要反驳的问题是货币政策是否有效、宏观经济管理的方式是否妥当。特别是卢卡斯（Robert Lucas）指出凯恩斯主义经济学忽略了预期因素影响经济活动主体行为的真实含义，并由此提出了"卢卡斯批判"，即政策部门基于历史数据设定了某一个干预经济行为主体的政策集。但是，经济行为主体可能发生变化，由此采取基于历史数据构建的模型参数来调控宏观经济运行就不甚妥当，因为模型参数发生变化了，而模型参数往往又难以度量，所以经济学家用经济模型很难评价经济政策的效果，故此需要引入理性预期因素。随后，霍尔（Robert Hall）、泰勒（John Taylor）、费希尔（Stanley Fischer）等相继把理性预期引入研究消费者行为，创建了消费随机游走假说，同时也发现在理性预期假说下，工资与价格会相继缓慢调整的规律。费里德曼（Milton Friedmann）的货币主义自由学派也强调自由市场经济的优点，并反对政府干预。可以这么说，理性预期学派和自由意志主义开始动摇凯恩斯主义的根基。后续，宏观经济学学科开始分化，如萨缪尔森（Paul Samuelson）整合了凯恩斯思想和古典思想，创立了新古典综合派；基德兰德（Finn Kydland）和普雷斯科特（Edward Prescott）创立了真实经济周期理论；曼昆（Gregory Mankiw）提出了菜单成本理论；罗默（Paul Romer）创立了新增长理论；萨金特（Thomas J. Sargent）则成了理性预期学派的领袖人物。从 20 世纪 70 年代至 2007 年爆发次贷危机前，古典主义学派和理性预期学派在争论中一直处于上风，但是，次贷危机的发生同时也宣告了新自由主义思想和市场有效性理论的破灭。当下，无论是理论界还是政策部门都重新认识到在市场失灵时，政府推出适当的干预政策是很有必要的。纵观整个宏观经济学的发展，可以发现自由主义学派和凯恩斯主义学派并不存在谁处于统治地位，两者在历史中交错登上时代的舞台，而理论中存在的分歧也能够进一步丰实学科的发展。

从我国的历史实践看，自改革开放以来，我国政府陆续适时推出经济政策调控宏观经济，并取得了举世瞩目的成绩。1978—2020 年间，我国 GDP 年均增长 9.28%，于 2010 年超越日本成为全球第二大经济体，制造业自 2010 年起更是连续 11 年位居世界第一，这些成绩显然离不开政府适时制定的宏观调控政策。为此，《宏观调控政策分析报告：1996—2020》拟对长时期以来中国的宏观调控政策取向和政策效果进行全面的评估和测算，同时，考虑到我国在 1996 年实现全国统一的同业拆借市场，因此，为了全面分析财政货币政策，我们选择评估的时间跨度为 1996—2020 年。在本报告中，我们结合中国实际，遵循凯恩斯主义学派的研究范式，并从宏观调控的本质要求、主要范式、国际经验总结中，构建一套符合中国实际的宏观调控体系。紧接着，在中国宏观调控实践和经济形势分析基础上，我们构建了一个平衡兼顾多重目标的宏观调控模型框架，着重解读和分析中国货币政策实践的逻辑、演进与启示，中国财政政策实践的逻辑、演进与启示以及中国宏观调控实践的逻辑、演进与抉择，并通过反事实模拟分析进一步探讨中国历史上财政货币政策的有效性以及最优的宏观调控政策搭配。特别是，为了进一步考察本报告构建模型框架的合理性和有效性，我们同时选择美国、英国、日本三个国家对国际宏观调控实践进行政策分析，为我国的宏观调控实践提供他国的经验借鉴。

我与两位博士生王浩楠、高锡蓉撰写本报告的主要目的是致敬 25 年来中国经济取得的辉煌成绩。同时，考虑到当下中国政府调控宏观经济政策具有两大转型特征：一是从宏观调控向宏观经济治理转变；二是宏观政策从逆周期调控转向跨周期调控。由此表明，当下中国的宏观政策制定更加关注长期经济增长和经济增长的质量，逐步实现国家治理体系和治理能力的现代化。故此，本报告构建的测度模型和理论框架将从政策取向、传导效率、政策效果、反事实政策评估四个维度详尽解读 1996—2020 年中国的货币政策、财政政策、宏观调控政策的实施情况和动态演变规律，有助于我们进一步探讨长时期以来中国宏观调控政策转型的具体方向和政策实施的有效性，同时，也能够为未来中国在面对新冠肺炎疫情冲击时，采取科学、有效的宏观调控政策实现经济的平稳运行和维护金融系统性风险不爆发底线提供重要的决策参考依据。

此外，本报告的撰写受国家社科基金重点项目"健全目标优化、分工合理、高效协同的宏观经济治理体系研究"（批准号：21AZD027）和国家自然科学基金面上项目"基于高维混频大数据的国际风险外溢路径及宏观货币政策动态协调的管理机制研究"（批准号：72071094）经费支助，在此表示感谢。我们在本报告的专门网站（www. chenchuanglian. cn）实时更新有关测算结果。当然，受限于作者的能力，本报告在撰写过程中不可避免地存在纰漏和不足，恳请读者通过邮箱（chenchuanglian@ aliyun. com）批评指正，不胜感激！

陈创练

2021 年 12 月 8 日

目　录

001　前　言

001　**第一章　宏观调控主报告**

001　第一节　中国宏观经济总趋势

002　第二节　中国宏观调控政策取向

003　第三节　中国宏观调控政策传导效率

005　第四节　中国宏观调控政策效果

006　第五节　他国宏观调控经验借鉴

008　**第二章　宏观调控理论发展**

008　第一节　宏观调控历史演进

015　第二节　宏观调控理论与实践

028　第三节　宏观调控主要范式

030　第四节　宏观调控国际经验

035　第五节　中国宏观调控体系构建

038　**第三章　中国宏观调控实践**

038　第一节　宏观调控实践史：1996—2020

044　第二节　财政政策调控目标和调控手段

046　第三节　货币政策调控目标和调控手段

050　第四节　宏观调控政策目标和调控手段

054　**第四章　中国宏观经济分析**

054　第一节　中国经济走势分析

056　第二节　中国金融风险分析

060　第三节　中国货币市场分析

063　第四节　中国财政政策分析

067　**第五章　中国货币政策实践的逻辑、演进与启示**

067　第一节　货币政策模型构建

069　第二节　货币政策取向逻辑

078　第三节　货币政策传导效率

082　第四节　结论与启示

084　**第六章　中国财政政策实践的逻辑、演进与启示**

084　第一节　财政政策模型构建

087　第二节　财政政策取向逻辑

091　第三节　财政政策传导效率

093　第四节　结论与启示

095　**第七章　中国宏观调控实践的逻辑、演进与抉择**

095　第一节　宏观调控政策模型构建

097　第二节　宏观调控政策效果测度

103　第三节　反事实：宏观调控政策抉择

107　第四节　宏观调控政策抉择

108　**第八章　国际宏观调控实践与政策分析：以美国为例**

108　第一节　宏观调控政策实践

114　第二节　宏观调控手段与宏观经济运行情况

116　第三节　财政政策和货币政策取向

123　第四节　财政政策和货币政策传导效率

126　第五节　宏观调控政策效果：反事实分析

131　第六节　宏观调控抉择借鉴

134　**第九章　国际宏观调控实践与政策分析：以英国为例**

134　第一节　宏观调控政策实践

139　第二节　宏观调控手段与宏观经济运行

141 第三节 财政政策和货币政策取向

147 第四节 财政政策和货币政策传导效率

151 第五节 宏观调控政策效果：反事实分析

156 第六节 宏观调控抉择借鉴

158 **第十章 国际宏观调控实践与政策分析：以日本为例**

158 第一节 宏观调控政策实践

167 第二节 宏观调控手段与宏观经济运行

169 第三节 财政政策和货币政策取向

175 第四节 财政政策和货币政策传导效率

178 第五节 宏观调控政策效果：反事实分析

183 第六节 宏观调控抉择借鉴

185 **参考文献**

第一章　宏观调控主报告

本章是对本报告文章结构、主要结论和政策建议的提炼。首先，本章介绍了1996—2020年中国宏观经济总趋势，以此梳理宏观调控的经济背景和发展脉络；其次，通过构建测度模型和理论框架，分别从政策取向、传导效率和宏观调控政策效果三方面解读1996—2020年中国的货币政策、财政政策和宏观调控政策的实施情况；最后，对以美国、英国、日本为代表的世界主要国家的宏观调控实践经验及教训进行总结，并就中国"宏观调控"模式向"宏观经济治理"转型提供有益的经验借鉴。

第一节　中国宏观经济总趋势

1996—2020年是中国宏观经济筚路蓝缕、艰苦奋进的25年。其间，中国在1996年放开银行间同业拆借利率，这成为利率市场化改革的关键突破，此后经历了1997年亚洲金融危机、2003年非典疫情、2008年美国次贷危机和2019年至今的新冠肺炎疫情冲击的重重挑战，中国宏观经济增长却稳步前进，韧性十足，其中，2020年中国成为全球为数不多取得经济正增长的经济体，这样的成绩来之不易。当然，中国宏观经济也曾出现通货膨胀或经济增速处于低位时期。因此回顾历史，梳理和总结1996—2020年以来中国宏观经济总趋势，有助于把握宏观经济发展脉络，便于读者更深入地理解我国宏观调控发展的时代背景。

鉴于此，本报告在第四章重点分析了中国宏观经济，选取了四个维度指标，即采用GDP现值、GDP同比增速、CPI同比增速和经济周期代表中国经济走势维度，采用中国金融系统风险周期指数代表金融风险维度，采用M2同比增速和同业拆借利率代表货币政策维度，最后采用财政收支与财政赤字指标代表财政政策维度，以此总结与梳理1996—2020年中国不同阶段的宏观经济特征和政策执行力度。从经济增长维度看，1996—2020年中国经济增长迅速，经济增长质量不断提高，在2020年末GDP高达101.60万亿元，较1996年末的7.18万亿元增长超过13倍。其间，平均GDP实际同比增速为8.69%。同时，

1996—2020 年中国物价水平经历先高后低、先波动剧烈后温和平稳的过程，反映宏观经济运行相对稳健。从金融风险维度看，我国金融风险随着经济形势改变呈现高低周期不断交替的情形，特别是，与国内外重大金融风险事件和宏观政策的调整与实施有密切关系：在 2000—2004 年、2008 年以及 2012—2015 年我国处于高风险时期，其主要是受到金融危机的冲击或者政策部门实施宽松宏观调控政策的影响，导致金融风险快速上升，而在 1997—1999 年、2005—2007 年、2009—2011 年以及 2016 年以后，我国金融风险相对较低，这是紧缩的财政政策和货币政策共同作用的结果，尤其是近年来政策部门加大对金融风险的调控力度，使得金融风险得到有效遏制。从货币市场维度看，中国当前货币市场 M2 存量为 235.60 万亿元，较 1996 年末增长 295.00%，货币市场规模巨大，市场化程度高，同时，货币供给量增长更加合理，2015—2020 年平均 M2 同比增速为 10.15%，相对于 1996—2014 年的 17.68% 有显著下降。从财政政策维度看，1996—2004 年政策部门以积极的财政政策为主，而 2005—2007 年随着中国进入新一轮经济增长的上升阶段，稳健的财政政策逐渐替代积极的财政政策，而 2008 年中国受美国次贷危机的影响后，又启动新一轮积极的财政政策，并持续实施至今。

第二节　中国宏观调控政策取向

如前文所述，1996—2020 年中国经济保持平稳较快发展态势，特别是在应对经济危机和突发疫情冲击时，中国宏观经济展现极强的韧性，这其中重要的经验在于宏观调控政策灵活有效、合理有度，宏观调控能力日趋完善。中国宏观调控框架中最重要的是货币政策和财政政策双支柱，其中，货币政策取向和财政政策取向反映了宏观调控政策目标的偏好和强度，因此是观察宏观调控政策变化和调控力度的有效方法。鉴于此，本报告在第五章和第六章中通过构建一个调控包括经济周期、通货膨胀和金融风险周期的多目标货币政策模型系统，一个调控包括经济周期、通货膨胀和金融风险周期的多目标财政政策模型系统，并采用 1996—2020 年中国的经济周期、通货膨胀、货币市场利率和 M2 同比增速数据、财政赤字数据，分别实证阐述价格型货币政策、数量型货币政策以及财政政策调控多重政策目标的取向。

研究得到以下具体结论和政策建议：

1. 强化货币政策和财政政策的逆周期调控功能，加快宏观调控升级为宏观治理

从货币政策取向估计结果看，我国价格型货币政策具有更好地盯住通货膨胀、经济周期的逆周期调控倾向，而数量型货币政策对金融风险周期的逆周期调控更具优势，但近年

来这两类货币政策的逆周期调控强度均出现下滑，表明长期偏宽松的货币政策环境进一步导致货币政策调控的边际效果下降。从财政政策取向估计结果看，除少数几个季度外，财政政策采取的是逆周期的方式调控经济周期和通货膨胀目标；而在金融风险处于低位时，采取的是顺周期的方式调控金融稳定，但是一旦金融风险处于高位或者政策部门具有较强抑制金融系统性风险的政策偏好时，则财政政策采取的是逆周期方式调控金融风险周期。由此可见，我国货币政策和财政政策具有较好的逆周期调控能力，特别是在金融风险较高时，财政政策的逆周期调控强度更大。因此，进一步强化货币政策和财政政策的逆周期调控功能，可以从加强价格型和数量型货币政策的协调使用、加快从以数量型货币政策为主的货币调控框架转向以价格型货币政策为主的货币调控框架、提高财政政策的连贯性和一致性等方面切入，加快宏观调控全面升级为宏观经济治理。

2. 提高宏观调控协调性和灵活性，增强宏观调控应对宏观经济危机的能力

从政策取向的历史变化来看，两类货币政策均具有明显的适时调整特征，特别是在2008年美国次贷危机期间，两类货币政策盯住通货膨胀和经济周期的逆周期调控偏好均得到强化，而财政政策在美国次贷危机前是逆周期调控经济周期和通货膨胀目标，但是强度相对较弱。次贷危机期间，财政政策盯住经济周期目标的强度急速变强。近年来，随着我国金融系统性风险处于相对较高位置，我国财政政策盯住金融风险周期目标的政策取向开始从顺周期转向逆周期方式。2019—2020年新冠肺炎疫情期间，我国宏观调控同样表现灵活的适时调整特征，货币政策和财政政策在此期间均进一步加大了对通货膨胀的调控强度。由此可见，随着新冠肺炎疫情的不断变化，外部形势更加复杂多变，政府应进一步提高货币政策和财政政策制定和实施的灵活性，加强宏观调控的前瞻性和有效性。

第三节　中国宏观调控政策传导效率

宏观调控政策作用于政策目标需要一个传导过程，这个传导过程是否顺畅、传导效率高低决定了宏观调控政策的效果，因此传导效率是评估宏观调控政策有效性的另一个利器。特别是在宏观经济模型中，政策的中介变量和目标变量构成了一个内生模型，各变量之间是相互传导的网络结构，可见传导是有方向和大小的。更重要的是，随着宏观调控政策的不断实践和改进，传导效率也会随时间变化而发生改变。鉴于此，本报告同样在第五章和第六章中采取1996—2020年间中国的经济周期、通货膨胀、货币市场利率和M2同比增速数据、财政赤字数据，构建财政政策和货币政策调控的内生模型，并进一步构建和测算传导效率指数和传导效率网络矩阵，以此识别和刻画中国宏观调控政策的传导效率及其

历史演变规律。主要的结论和政策建议如下：

1. 协调实现对多重目标的综合调控，加快构建以价格型为主的货币政策调控框架

从传导效率上看，价格型货币政策与数量型货币政策的总传导效率相近。其中，价格型货币政策框架下利率对经济周期的传导效率最大，达到 10.55%，其次是金融风险周期（3.05%）、通货膨胀（2.94%）。事实上，我国货币政策的最终目标是促进经济增长，对通货膨胀和金融风险周期目标的调控最终是为了实现经济稳定增长，因此利率对经济周期的传导效率最大。数量型货币政策框架下 M2 增速对通货膨胀的传导效率最大，值得注意的是，M2 增速对经济周期的传导效率仅为 3.54%。综合来看，数量型货币政策框架下 M2 增速对经济周期的调控效果比价格型货币政策差。事实上，正是由于数量型货币政策调控的综合效果不佳，我国货币政策框架正加速从以数量型货币政策为主转向以价格型货币政策为主。相较而言，财政政策的总传导效率比货币政策高，且对经济周期、通货膨胀和金融风险的传导效率更加均衡，其中对经济增长的影响最大。由此可见，财政政策制定与执行的最主要目标是维护宏观经济稳定增长。总的来说，财政政策和货币政策对多重政策目标的传导效率各有优劣，因此在实践过程中应该重视货币政策和财政政策的协调，以此实现对多重目标的综合调控。

2. 进一步疏通和创新政策传导渠道，提高宏观调控传导效率

从传导效率的时间变化规律看，2008 年美国次贷危机爆发后，两类货币政策对三大经济变量的传导效率都得到明显改善。其中，价格型货币政策对金融风险周期的传导效率上升幅度最大，数量型货币政策对通货膨胀的传导效率上升幅度最大，而财政政策对经济周期的传导效率也显著增强。2019—2020 年新冠肺炎疫情期间，两种货币政策对经济周期的传导效率均大幅度提高，财政政策对经济周期的传导效率也显著提高，充分体现了货币政策重心的转向。基于上述结论，政府可以从进一步创新财政政策和货币政策调控框架、疏通政策传导渠道等方面入手，提高宏观调控政策的传导效率。同时，受新冠肺炎疫情影响，宏观调控明显提高了其对经济周期的调控效率，但也应该注意维护政策执行的连贯性、一致性和稳定性，避免对市场造成过多干扰。特别是，政府应该坚持"防风险"的政策取向，防止应对危机的临时性政策对系统性风险造成长期影响。

第四节　中国宏观调控政策效果

十八届三中全会后，中共中央明确指出我国经济进入新常态，经济增速要从高速转向中高速。十九大报告又指出我国经济正处于由高速增长转向高质量发展的新阶段，处在转变经济发展方式、优化经济结构、转换增长动力的攻坚期，推动经济高质量发展是确定发展思路、制定经济政策、实施宏观调控的主要目标。事实上经济高速增长早已不再是政府制定宏观政策的唯一首要目标，而金融风险防范逐渐成为近年来重要的政策目标之一，此时急需对宏观调控政策作出相应的优化调整和创新。鉴于此，本报告在第七章构建了一个宏观调控经济周期、通货膨胀以及金融风险周期三大目标的模型系统，并通过马尔科夫链蒙特卡洛方法测度 1996—2020 年价格型货币政策、数量型货币政策以及财政政策调控三大目标的政策效果。在此基础上，本报告通过反事实方法评估单一财政政策或货币政策以及财政政策和货币政策组合效果，以此识别和刻画中国宏观调控政策的效果及其历史演变规律。主要的结论和政策建议如下：

1. 强化宏观调控的"防风险"政策取向，构建动态平衡多重政策目标的宏观调控框架

从政策效果看，价格型货币政策对经济周期、通货膨胀和金融风险周期有明显的调控作用，并且随着利率市场化改革程度的加深，其政策效果逐渐增强。但当财政政策大规模扩张时，势必挤占价格型货币政策的影响效应。2008 年以前，扩张性数量型货币政策和财政政策对产出有拉动效应，但近年来，随着我国逐渐转变依赖投资和财政扩张的经济发展模式，其对经济周期的影响逐渐减弱。在调控通货膨胀目标上，宽松的数量型货币政策会导致通货膨胀率上升，但仅依靠数量型货币政策难以达到稳定物价的目标，而扩张性财政政策只有在以通货膨胀为目标时才有明显的调控效果。在调控金融风险周期方面，宽松的数量型货币政策将导致金融风险上升，同时也表明严控货币供给规模有助于控制金融风险，紧缩性财政政策能够抑制金融风险的上升，但在某些特殊时期，扩张性财政政策也可通过扩张需求来消化金融系统中的风险。从长期政策效果看，货币政策的短期和中期政策效果明显，而财政政策的长期政策效果更显著。

2. 财政—货币政策协调配合，提高宏观调控政策效果

从反事实结果看，对经济周期目标而言，总体上只有财政政策与货币政策搭配使用才能最大限度促进经济增长，但有两种特殊情况会削弱彼此的政策效果。第一类是当实施过度财政刺激政策时，将会改变财政—货币政策搭配格局，从而在某种程度上削弱货币政策对经济

增长的政策效果；第二类是当经济过度繁荣（衰退）时，扩张性财政政策会刺激经济增长，而央行会采取紧缩性（扩张性）货币政策促使经济回落（复苏），从而弱化了财政政策效果。对通货膨胀和金融风险周期目标而言，当财政政策和货币政策目标一致时，将强化彼此的政策效果；反之，则会削弱彼此的影响效应。因此，总体上，只有财政政策和货币政策协调配合才有利于调控经济周期、通货膨胀和金融风险周期，使其政策效应最大化。

第五节　他国宏观调控经验借鉴

本报告的第八至十章分别对美国、英国和日本三个发达国家的宏观调控政策实践、财政政策和货币政策取向、财政政策和货币政策传导效率进行研究和分析，并基于反事实的研究框架对这三个国家财政政策和货币政策的效果进行进一步的讨论。最后，通过对这几个国家的宏观调控实践经验及教训进行梳理，希望能从美国、英国和日本三个发达国家的历史经验中总结出一些对当前中国发展有益的经验与教训。

1. 健全宏观审慎政策框架，加强宏观调控政策和宏观审慎政策的协调配合程度

通过梳理近年来美国、英国和日本的宏观调控政策实践，我们不难发现，宽松的财政政策和货币政策在带来经济就业增长的同时，也会带来通货膨胀压力的上升和金融风险周期的上行。来自这三国的经验表明，仅仅借助传统财政政策和货币政策框架难以有效做好宏观调控。宏观审慎政策的核心机制是资本约束，并以此限制过度的杠杆化，能有效地防范化解系统性风险。党的十九大明确提出要健全货币政策和宏观审慎政策双支柱调控框架，加强宏观调控与宏观审慎政策的协调配合，促进金融经济与实体经济的良性互动，护航中国经济巨轮继续稳健前行。

2. 扭住供给侧结构性改革，同时注重财政政策在"供求管理"中的积极导向作用

供给与需求，是经济学研究永恒的命题，两者是相互对立且统一的辩证关系，缺一不可。没有需求侧的消费需求牵引，供给是无法实现的。进入新发展阶段，实现高质量发展，把"需求侧管理"和供给侧结构性改革结合起来是大势所趋。以日本的经验为例，安倍晋三上台后提出所谓的"三支箭"改革措施，其前两箭（激进宽松的货币政策和灵活的财政政策）都是为了最后一支箭（结构性改革）做出必要的牺牲和物质铺垫。同样地，自20世纪90年代以来，美国财政政策一直向"结构化"转型，侧重于发挥"供给管理"的作用。十九届五中全会提出畅通国内国外双循环要以坚持扩大内需为基点，要将扩大内需战略同深化供给侧结构性改革有机结合起来。在此情形下，政府要充分发挥财政政策在"供求管理"中的积极导向作用，切实增强财政政策在以供给侧结构性改革为主线扩大内

需过程中的助推作用。

3. 重视人口老龄化对于货币政策和财政政策调控宏观经济效果的影响以及推动结构性改革

由美国、英国和日本的发展经历可知，人口老龄化一方面会抬高资本与劳动的比例并将社会储蓄率推高，并导致自然利率下降，进而压缩货币政策的操作空间和减弱货币政策的有效性；另一方面会对社会保障和财政支出造成巨大的挑战，对我国的财政政策实施形成掣肘。因此面对老龄化社会的中国，需要以结构性改革破解增长与养老的结构性矛盾。

4. 保持货币政策稳健中性的同时，加强预期管理与政策指引

近年来，我国利率市场化程度不断提升，这意味着货币政策传导渠道更加畅通，同时也意味着货币政策"牵一发而动全身"的效果越发明显。另外，根据美国、英国和日本的货币政策在近年来实践效果的分析可知，保障利率调控的温和、连贯性对金融稳定极为重要。发挥好预期管理与政策指引的作用能进一步稳定和引导市场预期，增强投资者信心，对于落实"六稳"政策、促进经济平稳运行和高质量发展具有十分重要的现实意义。

5. 坚持多目标的货币政策，既能做到"防风险"，又能有效促进"稳增长"

以美国为例，在2008年以前美联储的货币政策过于重视传统的经济增长与通货膨胀目标，忽视了在当时宽松的金融监管环境下暗地里积累的金融风险，美联储在1999—2000年、2004—2006年启动的两轮加息周期分别引发了互联网泡沫危机与美国次贷危机，后者更是引发了全球金融体系的海啸。而英国政府在金融危机前将通货膨胀作为宏观调控的主要目标，忽略了金融稳定等目标，导致英国的金融监管体系混乱。因此，我们在使用政策工具调控宏观经济时，尽量不单独使用财政政策或者货币政策，应尽可能盯住经济周期、通货膨胀、金融风险周期等多重经济目标，并结合内外部实际情况，做到审时度势，使财政政策和货币政策协调搭配效用最大化，既能做到"防风险"，又能有效促进"稳增长"。

第二章　宏观调控理论发展

经典理论认为，依靠市场无形之手无法完全克服市场的弱点，因此需要依赖政府有形之手进行调控，纵观现代经济史可以发现，自 20 世纪大萧条以来，各国均在不同程度上采取宏观调控的经济运行方式。基于此，本章将从宏观调控政策的本质要求、宏观调控主要范式、宏观调控国际经验三个维度梳理和总结宏观调控理论的发展历程。

第一节　宏观调控历史演进

一、16—17 世纪盛行的重商主义（资本主义初期）

初期的国家干预主义产生背景是，在资本主义萌芽阶段，资产阶级的经济实力还不够强大，需要国家强力的扶持才能得到快速发展，由此产生了主张政府积极干预的重商主义。重商主义的基本思想体现在货币和贸易理论上，认为国家的功能是获取金银，增加财富。为此，主张国家应积极干预经济，实行国家保护主义，限制货币输出，鼓励商品出口和货币输入，以保证尽量多的货币流向国内。重商主义重要的代表人物有英国的托马斯·曼（Thomas Mun，1571—1611）、法国的安尼·蒙克莱田（Antoyne de Montchretien，1575—1621）和柯尔培尔（Jean Baptiste Colbert，1619—1683）、意大利的斯卡鲁非（Gasparo Scaruffi，1519—1584）等。

二、1750—1875 年盛行的古典经济学理论

古典经济学中，魁奈 1758 年出版的《经济表》，分析了以大规模租地农业经济为主要特点的早期资本主义宏观经济中的社会简单再生产和流通过程，提出生产才是富国之根本，倡导经济自由原则。亚当·斯密 1776 年出版的《国富论》，倡导经济自由，主张政府权限应明确限定，废除一切特惠或限制的制度，建立"最明白、最单纯的自然自由的制度"。西方开启了信奉"政府是守夜人，崇尚自由市场经济"思想的里程碑。李嘉图认为

应使赋税尽可能少地影响资本积累和生产发展，他还提出要建立稳定的银行货币体系，设立中央银行来稳定通货和物价。马尔萨斯认为国家可通过扩大或缩小财政支出、调整非生产阶级与生产阶级的比例来进行宏观需求管理。萨伊在《政治经济学概论：财富的生产、分配和消费》中首次提出国家应利用税收作为调控工具，降低税率以降低其对再生产的影响。他还否认生产会过剩，提出"供给能创造需求"的"萨伊定律"，但假设前提是货币具有稳定的价值且只作为交换媒介而无须长期贮藏。

简要评述：古典经济学着重研究经济总量，这涉及经济增长、国际贸易、货币经济和财政问题等各方面。虽然古典经济学家也强调个人利益必须受尊重，但他们更强调的是如何使个人利益与社会利益相协调，认为国家大事比个人要求更重要。即使过了两个多世纪，古典经济学的代表人物提出的不少经典理论至今仍然为启发后世学者们的研究做出贡献，并为各国政府宏观调控提供重要理论支持。

三、19 世纪中叶产生的马克思主义

马克思的《资本论》从分析商品和货币入手，认为货币转化为资本再进行资本积累的秘密源于以劳动价值论为基础的剩余价值，资本积累必然加剧社会分配中的两极分化。马克思和恩格斯研究了国民经济宏观调控的必要性，进而研究了宏观调控的目标。在马克思看来，宏观经济调控的目标是实现社会总供给和社会总需求之间的平衡。马克思主义宏观管理的主要政策特点有以下三个方面：

第一，国家计划是宏观管理和协调的主要手段。在马克思看来，国家计划是政府对经济进行宏观调节的主要形式，并且他认为，当社会主义实现了对经济的计划调节以后，资本主义生产过剩的经济危机就再也不会发生了，"假定资本主义生产完全是社会主义的生产，那么，实际上就不会再发生生产过剩了"。

第二，国家对经济运行应采取直接控制的办法。按照马克思、恩格斯的设想，社会主义既不存在商品生产，也不存在货币关系，全部生产资料都被社会共同占有。因此，社会（国家）对经济运行应该采取直接控制和调节。

第三，从强调行政手段到强调经济手段。十月革命后宏观调控实践的失败，令列宁认识到只有用经济手段来引导经济活动，才能实现用最小的劳动消耗生产出最多的社会产品。总的来说，要取得好的经济效益，"靠消耗最小的力量，在最无愧于和适合于他们的人类本性的条件下来进行这种物质变换"。

简要评述：马克思深刻地认识到了资本主义的本质以及资本主义必然消亡的客观性，因此提出了改进的宏观调控方法。其强调国家集合和行政控制，然而由于"直接控制"在目前经济关系下还无法实现，因此列宁在实践过程中提出了更贴近现实的引导经济而非控制经济

运作。

四、20世纪30年代产生的凯恩斯主义

20世纪20年代出现的"英国病"以及30年代出现的世界性经济危机不仅使资本主义国家的生产和就业状况不断恶化，而且使早期占据主导思想的古典经济学所宣扬的自由放任主张遭到否定，凯恩斯主义取而代之。凯恩斯主义开创了现代宏观经济学研究的先河，为政府积极干预经济提供了相对系统和完整的理论依据，是进入国家干预主义全盛时期重要的里程碑。在其专著《就业、利息和货币通论》中，凯恩斯从有效需求原理入手，通过对解决失业问题进行探讨，系统地阐述了国家干预经济的理论观点和政策主张。他的主要观点包括：国民总收入取决于社会的"有效需求"，即商品的总供给价格和总需求价格达到均衡状态时的社会总需求量。"有效需求"由消费需求和投资需求两部分构成，由消费的边际消费倾向规律、投资的资本边际效率递减规律和心理上的流动偏好规律等三大规律决定。受此影响，人们的收入无法全部转化为消费，消费太低和投资萎缩会导致"有效需求"不足，进而导致大量的非自愿失业，从而使经济在小于充分就业的状态下运行成为常态。

凯恩斯反对只要工人接受低工资，失业就会消除的观点，否认市场能够自我实现"充分就业"均衡的"萨伊定律"，认为如果任由市场自发调节经济，肯定会存在有效需求不足和失业现象。要想实现充分就业，只能依靠国家实行一定的财政政策和货币政策来干预经济。他还主张放弃古典经济学派所主张的财政平衡原则，实行赤字财政政策，通过举债来扩大政府开支，刺激消费和投资以弥补私人市场的不足。可见，凯恩斯主义者认为政府应该运用宏观需求管理政策来保持宏观经济平衡和反经济周期，从而维持经济增长和充分就业的经济职能。政府"相机"地运用财政、金融政策这些宏观调控手段来调节社会总需求，可以达到维持经济增长、实现充分就业和保持物价稳定的目的。

简要评述：凯恩斯的理论体系构建了以决定国民经济根本要素为基础的宏观经济模型。这一模型简单，可操纵性强，能以经验公式表达，并与经济政策问题直接相结合，从而促使关于政府作用的正统观念发生一场革命。这一体系逐渐地为人们所接受，并通过重新诠释而形成了当代宏观经济学的主体内容。在实践中，凯恩斯的思想深刻地影响了"二战"之后资本主义世界的宏观经济政策。

五、1948年产生的新古典综合派——后凯恩斯主流学派

新古典综合派是后凯恩斯主流学派，以萨缪尔森1948年的《经济学》为标志。新古典综合派将马歇尔自由竞争的微观经济理论与凯恩斯政府干预的宏观经济理论相结合，主张经济自由主义与国家干预主义相结合。政策追求的目标是消除经济危机，实现充分就

业，保持经济增长与通货膨胀适度平衡，强调需求管理。该流派认为财政政策与货币政策同等重要，在需求管理中二者可相互替代共同弥补奥肯缺口；在确定需求管理是否必要的基础上，财政政策与货币政策可根据各自优势及不同作用进行松紧搭配；应综合权衡使用"固定规则"与"相机抉择"，通过加速、乘数原理作用，熨平经济周期和经济波动；运用财政赤字和债务促进经济增长。菲利普斯曲线认为货币政策可适当提高通货膨胀率，降低失业率；针对不同的微观主体或目标，宏观政策应采用区别对待的财税政策、利率或信贷政策，能更灵活、更有针对性地调节经济运行。

简要评述：新古典综合派认为财政政策与货币政策同等重要，应综合权衡使用"固定规则"与"相机抉择"以熨平经济周期和经济波动。

六、20世纪50、60年代的货币主义流派

20世纪50、60年代，以弗里德曼为代表的货币主义逐步兴起。货币主义反对政府干预，强调自由主义，认为私人经济具有内在稳定性，应让市场机制充分发挥作用，政府干预过多会侵蚀自由市场。政府应在保护社会不受侵犯、立法司法制定规则、从事私人不愿投资的公共事业和公共设施、保护弱势社会成员等方面发挥作用。

货币主义认为货币政策最重要，"货币数量变动"是影响国民收入、产出和物价水平的重要因素。反对凯恩斯"相机抉择"货币政策，主张应根据物价上涨、劳动生产率的情况，对"货币供应量"实行按一定比例增长的"单一规则"。因为货币政策实施有一定时滞，再加上人们的预期，"相机抉择"货币政策影响短暂而有限。其反对凯恩斯把"利率"作为目标，认为利率调整短期有效，长期则无效。认为菲利普斯曲线中通货膨胀率与失业率间仅存在短暂的此消彼长关系，中央银行不应通过货币政策刺激通货膨胀来解决失业问题；相反，应保持物价稳定，维护较低的通货膨胀率，才更利于促进产出和就业。政府对弱势贫困人员进行福利支持，应通过"负所得税"，以货币化方式实施，而不必通过提供住房、食物等实物福利进行补助。

简要评述：货币主义主张"单一规则"的货币政策，反对"相机抉择"，其曾在20世纪后半叶大行其道。然而，2008年美国金融危机的爆发使得人们怀疑货币主义"单一规则"国家宏观调控制度的有效性。

七、20世纪70年代的供给学派

20世纪70年代，经济持续滞胀，拉弗等经济学家开始研究供给与经济增长的关系，逐步形成了供给学派。供给学派批评凯恩斯主义只强调需求管理而忽视生产、储蓄、投资、劳动等供给要素，最终双扩张的财政政策和货币政策只会导致通货膨胀，影响供给能

力，不能使经济持续增长。供给学派坚持"萨伊定律"，认为供给可以创造需求，政府应从总供给的角度刺激生产而不是消费。

此外，拉弗曲线阐述税收与供给的关系，说明税率太高会打击人们生产、储蓄、投资的意愿，减少税收尤其是减少富人和企业的税收负担能刺激富人储蓄和企业投资。该学派主张减少政府支出尤其是用于社会福利和军事方面的支出；减少政府赤字和债务，进而减少通货膨胀压力，也能不挤占私人储蓄和投资。供给学派认为美国滞胀的根源是高利率，投资大于储蓄，同时政府不能过多干预私人经济，应减少对私人企业的管制，充分发挥市场作用。

简要评述：供给学派认为财政政策和货币政策应共同注重供给管理，刺激储蓄、增加投资、促进生产，促进经济增长和就业，减少通货膨胀和经济停滞。财政政策应通过减税、减支的方式刺激总供给；货币政策应紧缩，控制货币发行数量和货币乘数。

八、20 世纪 70 年代产生的新古典经济学派

20 世纪 70 年代，以卢卡斯、萨金特、巴罗为代表的新古典经济学派逐步兴起。该学派假设市场能出清、实现一般均衡，人们有理性预期，把宏观经济与微观经济相结合，把理性预期假说与货币主义自然失业率等理论相结合。

新古典经济学派认为凯恩斯主义中政府采用逆周期调节经济的政策是无效的。人们能对政策进行理性预期，而这是凯恩斯理论中政府制定政策时所没有考虑到的，即人们能主动基于预期调整经济行为，致使政府采取的逆周期财政政策或货币政策难以达到既定目标。菲利普斯曲线中通货膨胀率与失业率之间在短期不存在此消彼长关系。逆周期扩张性财政政策具有挤出效应，会影响私人投资；用预算赤字和债务刺激总需求也无效，因为根据李嘉图等价定理——公债等价于未来税收，当政府利用赤字或债务刺激消费、投资，加大劳动供给时，公众会增加储蓄以备未来纳税之用，从而降低公众消费和私人投资。

该学派反对政府干预，认为政府干预越少，经济效率才会越高，因为经济本身能自我调节；政府应考虑公众的理性预期能力，注重保持政策的稳定性、持续性和信誉度；财政政策与货币政策的主要任务是通过制定并公开一定的规则，"为私人经济提供一个稳定的可预测的环境"。

简要评述：新古典经济学派认为政府应该减少干预，不应该采用逆周期调节经济的政策，因为人们具有理性预期，根据李嘉图等价定理，政府调控是无效的。然而，消费者理性预期的假设要求太高与现实不符。即使如此，新古典经济学派的很多理论仍然具有重要的影响力。

九、20 世纪 80 年代产生的新凯恩斯主义经济学

20 世纪 80 年代，斯蒂格利茨、曼昆、萨默斯等经济学家在全面审视和分析原凯恩斯主义、各经济流派和历史实践的基础上，建立起有微观经济基础的新凯恩斯主义宏观经济学，研究宏观经济中产量与就业的关系问题。新凯恩斯主义认为市场具有不完全性是造成经济波动的重要原因，主张政府进行适当干预。要保持宏观经济平衡，一要建立和完善市场运行机制；二要适当运用宏观经济政策，通过财政政策和货币政策保持和促进经济稳定。但政府干预应适度，因为干预过多会损害市场机制的自我调节能力，导致经济滞胀等后果。

新凯恩斯主义认为财政政策与货币政策同等重要；可采用最佳的政策组合调控总需求；尽管存在时滞性，但是任一政策变化都会影响短期或长期经济；强调需求管理，又关注供给管理，因为工资、价格具有黏性，宏观政策可从供给角度对经济进行干预；理性预期能加大宏观政策效力，而不会使之无效；承认"相机抉择"的必要性，但不主张过于频繁地调整财政政策和货币政策；赞成货币非中性，认为货币政策应坚持长期稳定，追求单一的物价稳定政策目标；财政政策应以预算平衡为出发点，运用自动稳定器刺激总需求；只有在经济非常特殊的情况，如极度衰退时，才需要使用双扩张的政策组合。

简要评述：新凯恩斯主义将学者们对凯恩斯主义提出的一些质疑囊括在内，在凯恩斯主义与新古典综合派的基础上发展而来，更具有微观经济基础。它承认"时滞"的存在会影响政府干预效果，但认为政府宏观调控仍然是必要的，并赞成货币政策应该长期稳定，追求单一规则（见表 2-1）。

表 2-1　宏观调控流派演进史

时间	主流宏观调控流派	主张政府职能	原理	代表人物、著作
16—17 世纪	重商主义（资本主义初期）	国家应积极干预经济，实行国家保护主义，保证更多货币流向国内，国家的核心是扩大财富	财富就是货币，货币就是财富，国家经济政策的核心就是通过对外贸易扩大财富	托马斯·曼、安尼·蒙克莱田、柯尔培尔、斯卡鲁非
1750—1875 年	古典经济学阶段	不必过多干预经济；政府仅维护司法等秩序	自由市场机制即"看不见的手"理论	大卫·休谟、亚当·斯密、《国富论》

（续上表）

时间	主流宏观调控流派	主张政府职能	原理	代表人物、著作
19 世纪中叶开始	马克思主义	主要手段是国家计划；国家对经济运行直接控制，行政手段同经济手段并重	社会再生产理论，宏观经济调控的目标是实现社会总供给和社会总需求之间的平衡	卡尔·马克思、恩格斯、《资本论》
20 世纪 30 年代开始	凯恩斯主义	政府应通过财政政策、货币政策刺激消费、投资和出口等有效需求；主张政府采用"相机抉择"方式	三大基本心理规律导致需求小于社会供给	凯恩斯《就业、利息和货币通论》
1948 年开始	新古典综合派——后凯恩斯主流学派	财政政策与货币政策同等重要，应综合权衡使用"固定规则"与"相机抉择"	主张经济自由主义与国家干预主义相结合，强调需求管理	萨缪尔森《经济学》
20 世纪 50、60 年代	货币主义	反对政府干预太强，强调自由主义，货币政策是最重要的	"货币数量变动"是影响国民收入、产出和物价水平的重要因素。反对"相机抉择"，认为利率调整短期有效，长期无效	弗里德曼
20 世纪 70 年代	供给学派	财政政策和货币政策应共同注重供给管理，促进经济增长和就业，减少通货膨胀和经济停滞	供给学派坚持"萨伊定律"，认为供给可以创造需求，政府应从总供给的角度刺激生产而不是消费	拉弗
20 世纪 70 年代	新古典经济学派	反对政府干预，政府应该注重保持政策的稳定性；由于理性预期、挤出效应、李嘉图等价等，逆周期宏观调控无效	假设市场能出清、实现一般均衡，人们有理性预期，把理性预期假说与货币主义自然失业率等理论相结合	卢卡斯、萨金特、巴罗

（续上表）

时间	主流宏观调控流派	主张政府职能	原理	代表人物、著作
20 世纪 80 年代	新凯恩斯主义经济学	主张政府进行适当干预；保持宏观经济平衡；货币政策应长期稳定，追求单一的物价稳定政策目标；财政政策应以预算平衡为出发点，运用自动稳定器自动刺激总需求	市场具有不完全性；强调需求管理，又关注供给管理，因为工资、价格具有黏性；承认理性预期，认为适当"相机抉择"有必要性；货币非中性	斯蒂格利茨、曼昆、萨默斯

第二节　宏观调控理论与实践

一、宏观调控的理论基础

改革开放四十多年来，中国特色宏观调控不仅在三十多年的经济高增长时期有力地支撑了经济的长期高速增长，熨平了经济的周期性波动，而且在经济进入新常态以来增速由高速到高质量的主动调整、大力推进供给侧结构性改革的过程中发挥了十分重要的作用。然而，国内学者围绕中国的宏观调控展开了广泛且持久的争论，焦点集中在宏观调控的概念、目标和手段等方面。

（一）经济周期理论

经济周期的存在是进行宏观调控的重要原因。经济周期指经济运行会周期性地出现扩张与紧缩状态，简单地说可分为繁荣、衰退、萧条、复苏四阶段或繁荣与衰退两阶段。一般情况下，经济周期理论被分为传统经济周期理论和现代经济周期理论。

传统经济周期理论包括：朱格拉周期，指资本主义经济周期一般是 9 到 10 年；库兹涅茨周期，指经济周期与建筑业相关，平均周期长度为 20 年等；熊彼特认为资本主义存在长周期（康德拉季耶夫周期）、中周期（尤格拉周期）、短周期（基钦周期）。传统经济周期理论认为经济周期产生的原因有外因论和内因论，外因论指经济周期源于经济体系之外的因素，包括太阳黑子理论、（生产技术）创新理论、政治性周期理论（革命、选择）等；内因论指经济周期产生的原因来自经济体系的内部，包括纯货币理论、投资过度理论、消费不足理论、心理理论等。

现代经济周期理论有凯恩斯主义经济周期理论、卢卡斯均衡经济周期理论、基德兰德和普雷斯科特的真实经济周期理论等。凯恩斯主义经济周期理论把宏观经济分为短期与长期。短期问题属经济周期问题，决定因素是总需求，包括投资、消费和进出口；长期问题属经济增长问题，决定因素是总供给，包括资源、技术和国家制度等。萨缪尔森、希克斯在乘数—加速原理上创建了经济周期模型，进一步充实和完善了凯恩斯主义的经济周期理论。凯恩斯主义经济周期理论属内因论，认为市场机制是不完善的，只靠市场自身调节必会出现经济周期性波动，应进行国家干预以熨平经济波动。

卢卡斯均衡经济周期理论属理性预期学派。该理论把经济均衡分析与经济周期结合起来，认为经济主体会根据情况做出理性预期并进行相应的策略调整，经济波动源于生产者对产品价格变动的理性预期反应。价格变动的原因是随机、意外的，并不一定只因货币供应变化或受技术冲击。

真实经济周期理论属自由放任的新古典经济学派，认为不应分长期与短期，经济周期本身与所谓的长期经济增长是一致的。市场机制本身是完善的，无论是长期还是短期，市场都会自发实现充分就业的均衡。真实经济周期理论属于外因论，认为经济周期源于市场外部的真实因素，如技术冲击是外生性的，它带来的经济波动是正常的，无须国家政策干预。

近年来，随着经济全球化的快速发展，金融市场体系对实体经济及全球经济产生的影响日益增大，金融经济周期理论开始兴起。该理论把金融因素纳入经济周期的分析之中，代表人物有巴杰特（Bagehot）、克莱森（Claessens）、米什金（Mishkin）、博里奥（Borio）、伯南克（Bemanke）等，其核心观点是金融变量对经济周期影响重大，数次经济危机都与金融危机有关。金融市场由于存在信息不对称等市场缺陷，会产生金融摩擦，放大金融冲击，通过银行信贷和资产负债表等渠道起到"金融加速器"的效应，导致经济波动剧烈，产生经济周期。

（二）经济增长理论

经济增长一般指一个国家或地区生产的物质产品和服务持续增加，通常用国内生产总值 GDP 或国民生产总值 GNP 衡量。古典经济学主要从一国财富增长、人口和就业增加等方面研究经济增长。新古典经济学经济增长理论较典型的是哈罗—多马模型。它把凯恩斯短期比较静态的分析理论应用在经济增长的长期化和动态化分析上，认为经济增长率取决于储蓄率与资本—产出比。

索罗—斯旺模型以柯布—道格拉斯生产函数为基础，认为从长期看，经济增长的决定因素不仅包括资本、劳动，而且包括技术进步。阿罗在此基础上，进一步将外生技术进步因素内生化，认为内生技术进步是促进经济增长的主要原因。卢卡斯建立了以人力资本为核心的内生经济增长模型，把技术进步与人力资本有机结合起来。

新制度经济学的经济增长理论以诺斯为代表，认为制度及制度创新是决定经济增长的重要因素，而产权界定等产权制度创新是制度创新的重要前提和内容。

（三）凯恩斯主义流派

20 世纪 30 年代发生"大萧条"后，过去信奉"自由放任""政府充当守夜人角色"的新古典经济学面临严重挑战，美国实行罗斯福新政应对"大萧条"，凯恩斯革命逐步兴起。凯恩斯开创了宏观经济学，从总量方面即总供给和总需求分析宏观经济。关注短期，因为总供给在短期变动不大，相当于常量，总需求等于国民收入，当总供求达到均衡状态即实现充分就业时，国民收入与就业数量之间存在唯一的关系，即国民收入水平决定就业状况。凯恩斯主张政府应从需求侧进行刺激，因为受边际消费倾向递减、流动性偏好、资本边际效率递减三大规律影响，消费、投资、出口等有效需求不足，是造成失业和经济大萧条的根本原因，所以政府应干预需求方以提高国民收入。

凯恩斯认为政府应通过财政政策和货币政策刺激消费、投资和出口等有效需求，进而提高国民收入，促进总供求平衡，实现充分就业。财政政策和货币政策应配合使用，其中财政政策更有效、更重要，因为财政政策对投资和消费的影响更直接，货币政策通过利率传导机制对投资的影响更间接。

结合第一节总结的凯恩斯学派发展脉络可知，经济理论的发展遵从理论从实践中来并指导实践这一规律，经济理论和政策随经济形势的重大变化而不断完善并服务和指导经济实践。国内外关于宏观调控中财政政策与货币政策协调配合的理论研究有很多，面对经济形势发生重大变化、经济进入新常态和推进供给侧结构性改革的新时代，已有的理论难以满足中国经济实践的需求，主要表现在：①短期与长期的关系问题。西方凯恩斯主义注重解决短期问题，但不注重长期发展问题及长期政府应承担的确切职责。货币主义强调长期应对"货币供应量"实行按一定比例增长的单一货币规则。②需求管理与供给管理的关系问题。凯恩斯主义强调从需求侧缓解和救助经济危机，财政与货币政策通过刺激消费、投资和出口，增大有效需求，提高国民收入，促进充分就业。供给学派主张从供给角度刺激生产而不是消费，财政政策通过减税减支、货币政策通过降低利率来调控货币供应量，刺激总供给，进而实现经济增长，促进就业。③总量与结构的关系问题。自凯恩斯开创宏观经济学从总量分析总供给和总需求以来，总量一直是经济考察的核心内容。但是，要保持经济持续增长与化解各种深层次矛盾，还需经济结构不断优化重组与推陈出新。中国新时代发展不平衡不充分的社会主要矛盾凸显了经济结构与经济总量都需改善的时代诉求。如何兼顾总量与结构的平衡发展，需进一步深入研究与破题。④速度与质量的关系问题。速度是衡量经济总量增长的重要指标，但追求速度并不是追求经济总量增长。经济快速增长在带来诸多利益的同时，也出现了产能过剩、资源环境恶化、增长难以持续、中等收入陷阱、人民幸福感不能同步提高等问题。如何兼顾经济增长速度与质量，并统筹考虑短期与长期、需求与供给、总量与结构的问题，需进一步深入研究。

二、财政政策和货币政策协调配合的主要理论模型

（一）$IS-LM$ 曲线——封闭经济下财政政策与货币政策对经济的影响

1937 年，约翰·希克斯和汉森在凯恩斯理论基础上建立了 $IS-LM$ 曲线，该曲线成为宏观经济分析的重要模型和工具。该模型反映了凯恩斯理论，说明货币不是中性的，它与实物经济相互影响；财政政策和货币政策是两大核心经济政策；财政政策对产品市场、货币政策对货币市场有重大影响；分别移动 IS、LM 曲线体现了两大政策该如何配合以影响总产出。

（二）米德冲突——单一政策无法兼顾内外均衡

1951 年，詹姆斯·米德在《国际经济政策理论》第一卷《国际收支》中提出，在开放经济环境下，一国通过一种政策既要实现内部均衡又要实现外部均衡是非常困难的，即"米德冲突"。米德通过分析国内经济变化、国际收支和资本流动的相互关系，认为在开放经济中实现内外均衡会面临冲突，尤其是实施单一的金融政策调控时会面临两难境地，无法兼顾内外均衡，只有运用政策搭配才能使一国经济尽可能地趋于内外均衡。

"米德冲突"为两大政策搭配奠定了理论基础。要解决内外不均衡的矛盾，需要财政政策和货币政策协调配合。财政政策一般对国内经济影响较大，更倾向于稳定国内经济，实现内部均衡；货币政策对国际收支影响较大，更倾向于平衡国际收支，实现外部均衡。应根据国内、国际不同情况将二者适当协调配合，以实现内外均衡，解决"米德冲突"。

（三）丁伯根法则——不同经济目标需要不同的政策工具

丁伯根论证了实现"经济目标"与有效运用"政策工具"之间的关系。他在《经济政策：理论和设计》中假设政策调控追求的最优宏观经济目标可使用两种政策工具，经济目标是政策工具的线性函数，说明政府只要能运用两种独立的政策工具，并通过政策工具的配合，就能实现两个理想的经济目标。丁伯根法则的数学模型可进行拓展，说明要实现 N 个独立的经济目标，至少要有 N 种相互独立的、有效配合的政策工具。

（四）蒙代尔—弗莱明模型——开放经济下财政政策与货币政策效果不同

20 世纪 60 年代，罗伯特·蒙代尔、马库斯·弗莱明分别在 $IS-LM$ 模型基础上，分析了开放经济条件下两大政策的不同效应及固定汇率制度下如何解决"米德冲突"，被称为"蒙代尔—弗莱明模型"。该模型说明开放经济中不同汇率制度下，财政政策与货币政策对宏观经济的调控效果不同。在固定汇率情况下，财政政策效果显著，货币政策无效或效果甚微。在浮动汇率情况下，无论资本如何流动，货币政策效果显著；财政政策则会根据资本流动情

况产生不同效果。资本完全流动时，财政政策对经济的刺激无效；资本有限流动时，财政政策有效，但效果小于固定汇率时对经济的刺激作用；资本不流动时，财政政策有效。

简要评述：政府干预经济离不开财政政策和货币政策的协调配合，采用任何单一政策其效力都有限。各国学者在理论探求和实证研究中不断深化对财政政策与货币政策及其协调配合的认识。大多数学者达成了共识：两大政策是政府维护经济平稳运行的重要手段，财政政策与货币政策具有各自的特点、优势，不同时期的作用效力也不同。两大政策必须协调配合，才能维护经济稳定增长、应对经济衰退和走出经济危机。尤其是 2008 年金融危机后，人们重新反思宏观经济政策并深化对其的认识。无论是短期、中期还是长期，两大政策都不能完全各自独立，它们会通过预算约束、平衡债务与信贷和币值的关系及刺激经济相互联系、相互影响，共同作用与反作用于经济发展。大规模公共投资导致财政支出增多，会导致信贷增加、货币扩张；大规模货币供应扩张，会导致债务扩张，进一步影响财政的可持续性和宏观经济的增长质量和效率。财政依赖金融手段和金融杠杆，金融风险和金融危机最终也会转嫁为财政问题。但对于两大政策究竟如何协调配合，运用什么类型搭配、调控什么重点方向、使用什么工具配合、建立什么协调机制进行配合，还有待深入研究。

三、多重政策目标平衡兼顾的宏观调控政策效果

当前学界关于财政政策和货币政策效应及调控转型的单独研究汗牛充栋（Bian & Yang，2017），但将二者置于同一框架系统探讨的文献较为匮乏。笔者将对多重政策目标的兼顾性、现有政策组合的宏观调控效果进行梳理总结。

（一）财政政策和货币政策的关系研究

1. 财政政策和货币政策的相互作用

大量文献研究了货币政策和财政政策之间的相互作用（Sims，1994；Dixit & Lambertini，2003；Bianchi & Ilut，2017）。Sargent（1981）认为财政政策与货币政策都受政府预算约束，它们不是完全独立的，而是互相影响的。财政政策对价格有影响，如果财政赤字无法持续，中央银行会被迫通过发行货币为财政融资。Woodford（1995）认为，财政赤字规模及融资方式决定了中央银行的独立性程度。Woodford 和 Leeper（1999）等不断发展"价格水平决定的财政理论"（FTPL），认为财政政策可能会引起价格变动，即使中央银行有独立性，也不能确保其可实施稳定价格的货币政策。Benassy（2003）从决策时间分析了财政政策与货币政策的相互作用。Creel 和 Paola（2006）建立了财政盈余、利率及通货膨胀之间的理论模型，认为财政政策与货币政策相互影响。FÃ¶rster 和 Hayo（2018）认为修正后的泰勒规则显著降低了金融市场危机影响实体经济的可能性。然而，如果假设家庭厌恶未偿还的政府债务，结果会发现将扩张性货币政策和紧缩性财政政策相结合，在产出和

通货膨胀方面能更好地稳定国内外经济。

2. 财政政策和货币政策效应对比

长期以来，如何选择最优财政政策和货币政策工具应对外部冲击，以实现宏观经济健康稳定发展，一直是宏观经济学的重要研究领域。早期的研究主要是在新古典经济条件下考察政府最优财政政策和货币政策选择（Lucas & Stokey，1983；Chari et al.，1991）。Bi 和 Kumhof（2011）研究货币政策和财政政策的福利损失特性，并指出最优财政政策的福利收益远比最优货币政策要大得多，最优财政政策实现了强有力的自动稳定器功能，而最优货币政策却表现超惯性和弱通货膨胀反应。Çebi（2012）通过新凯恩斯开放经济 DSGE 模型分析土耳其财政政策和货币政策的相互作用及其稳定经济的作用。根据参数估计结果，货币政策能对通货膨胀作出反应，对经济周期冲击只有微弱反应，且利率平滑程度较高；此外，财政政策有助于债务企稳，但并没有证据表明积极的财政政策可以稳定经济周期波动。Dosi 等（2014）的研究结果表明无约束的反周期财政政策和盯住就业的货币政策组合能够平抑经济波动，但规则型的财政政策会抑制实际经济增长，因为它既不能改善公共财政状况，也不能拉动实体经济增长。Vieira（2017）发现在国际金融危机爆发之前（2001—2008），对发达经济体而言，货币政策是逆周期的，财政政策是顺周期的，在金融危机之后（2009—2012）发达经济体的货币部门停止对经济周期作出反应，这可能是由于零利率下限，转而采取非常规货币政策措施，而后危机时期的经济周期和政府支出之间却没有任何显著关系。

3. 国内财政政策和货币政策的关系研究

中国学者探究财政政策和货币政策之间的相互作用，如贾俊雪和郭庆旺（2012）基于财政支出冲击模拟了不同财政政策和货币政策的效应，结果发现旨在实现物价和债务稳定的政策规则，其社会福利损失最小；杨源源和于津平（2017）从三种不同的财政政策和货币政策互动视角讨论了最优货币政策范式的选择问题，发现不对财政变量反应的"独立型"货币调控范式最为有效。李倩和李明磊（2019）认为货币政策相较于财政政策对本国物价波动的影响程度更大，因此在制定稳定本国物价政策时，除重点关注供给管理政策外，还应该重点关注货币政策的实施。

简要评述：①当前国内外关于财政政策和货币政策相互作用的研究逐步展开，表明财政政策和货币政策存在相互影响，但二者对宏观经济变量，如经济周期、通货膨胀等在不同时期又有不同的影响效应。②关于财政政策和货币政策协调搭配的研究还缺乏深入性和系统性，针对中国不同财政—货币政策组合的调控效果进行系统分析和比较的研究更为匮乏。

（二）关于财政政策和货币政策协调配合的必要性

1. 国外财政政策和货币政策协调配合的必要性

凯恩斯主义流派认为，宏观经济不平衡主要是由需求不足引起的，财政政策应发挥主导作用，货币政策应发挥辅助配合的作用。Pindyck（1976）指出财政政策与货币政策协调配合的目标冲突问题。Blinder（1982）认为要取得效果明显的宏观经济政策，财政政策与货币政策协调配合至关重要；如果配合不当会对经济产生不利影响。Blinder（1996）强调中央银行的根本任务是维护经济稳定，因此中央银行必须要对货币政策负最终责任。Taylor（2000）指出，当财政政策受制于某种规则或关注中期目标时，货币政策应更多考虑稳定产出。Evans 等（2008）、Honkapohja（2010）利用新凯恩斯主义模型，用适用性预期代替了理性预期，分析指出经济受到较大消极性预期冲击时，为使经济回到稳定的目标状态，有必要利用扩张的财政政策作为货币政策的补充，特别是短期内提高政府的支出水平。

在维护物价稳定方面，Feldetin（2002）认为，财政政策与货币政策协调配合可克服通货紧缩。国际清算银行（BIS，2003）指出，当经济衰退时，如果财政政策扩张力有限，在通货膨胀不变的情况下，货币政策应采取行动稳定产出。当某一政策受冲击的不确定性较高时，财政政策与货币政策协调配合、行动一致，才能使宏观经济政策效果最大化。通过央行与政府间的协调合作，能够使货币政策与财政政策有效结合，快速解决通货紧缩问题，应对经济衰退（Bossone，2015）。

在应对"债务—通货紧缩"方面，货币政策和财政政策都能发挥作用，二者同时发力，效果更佳。Eggertsson（2008）强调，虽然财政政策力度不大，但是与"大萧条"期间的政策定位相比发生了根本性转变，从而给予了公众信心。如果没有财政政策和货币政策的刺激，美国1937年的GDP将比1933年下降30%而非上升39%。Krugman（2015）则认为，货币政策与财政政策协调能够更好地恢复公众信心，有效实现再通货膨胀，从而帮助经济摆脱萧条。使用政府债务估值方程，可以理解2008—2009年金融危机及后期的财政政策和货币政策的实施方略。同时，适当的货币政策和财政政策组合可避免深陷金融危机（Cui，2016）。Nandi（2019）以印度为例，认为对于正向财政支出冲击，积极的货币政策会在抑制通货膨胀溢出的同时减弱扩张性的影响。反之，涉及减税的财政刺激措施是加速通货膨胀的，因此积极的货币政策会扩大扩张性的影响并减轻通货膨胀的动力。结果表明，经济政策需要在财政干预和货币政策之间进行协调。

2. 中国财政政策和货币政策配合必要性研究

中国的学者们分别从房地产价格、实际汇率稳定、降低债务以及政策可持续等角度阐述了财政政策和货币政策搭配的必要性。基于 IS - LM 模型的理论框架，刘青和刘美清（1998）阐述了中国财政—货币政策协调的必要性，指出了中国政策配合中存在的问题以及协调机制。余斌和张俊伟（2014）也认为单独实施财政政策或货币政策，都不能很好地实现宏观调控目标，需要综合采用财政—货币政策协调机制。闫先东和张炎涛（2016）表明混合型政策工具优于单一型政策工具，而且最优政策组合随盯住目标不同而不同。陈小亮等（2016）通过修正的动态随机一般均衡（Dynamic stochastic general equilibrium，简称 DSGE）模型分析货币政策和财政政策的组合效应，研究发现货币、财政"双宽松"可以为财政政策和货币政策节省政策实施空间，增强了政策的持续性。

贾俊雪等（2014）指出在 1998 年后，财政政策和货币政策在房地产价格增长和实际汇率的动态决定中均发挥了重要作用，因此房地产价格和实际汇率的稳定需要财政政策和货币政策的有效配合。张志东和靳玉英（2011）认为中国在 1980—1997 年物价是为货币政策所主导的区制，之后为财政政策主导，且发现中国互补的宏观经济政策在稳定物价上是有效的。陈小亮等（2016）通过修正的 DSGE 模型分析货币政策和财政政策的组合效应，研究发现降准降息均增大国企债务/GDP 和非国企债务/GDP，同时增加财政支出能降低债务比率，为货币政策节省空间，从而增强政策的可持续性。从历史的视角出发，李艳军和华民（2018）归纳了改革开放以来中国财政—货币政策的演变及影响，表明财政—货币政策协调时的集中化改革有效地改善了宏观经济政策的调控效果，降低了宏观经济的波动性。

简要评述：①因为财政政策和货币政策对不同宏观经济变量有不同程度的影响和侧重，在缓解通货膨胀、经济衰退以及"债务—通货紧缩"时期，恰当的政策协调搭配至关重要，有助于央行克服通货紧缩或通货膨胀，维持房价和实际汇率稳定，降低债务以及稳定就业等。②上述研究多从单一政策目标来考虑政策搭配的重要性，基于多重目标的权衡角度分析政策搭配重要性的文献较少。③通货膨胀、经济增长等的政策目标的研究较多，债务或以杠杆率为金融风险代表的政策目标的研究较少。

（三）各国实施的政策组合及其依据

该部分笔者将梳理发达国家和新兴经济体等发展中国家政策组合的实施情况及其政策组合变化的影响因素。

1. 各国财政政策和货币政策组合

对于发达国家，Bianchi（2012）基于"二战"后美国的数据考察了美国财政—货币政策组合的变化和结构性冲击波动的微观基础模型，发现美国在 20 世纪 60 年代和 70 年代实施积极的财政政策和消极的货币政策。沃尔克的任命标志着货币政策行为的改变，但财政部门花了近 10 年时间才开始适应这种政权的更替。Wang（2018）表明财政政策是美国财政—货币政策组合的主导政策，而日本的主导政策是货币政策。而且，在非常规货币政策时期，日本财政—货币政策组合对宏观经济变量的影响较小，而在美国，货币政策和财政政策相互搭配对宏观经济的调控影响相对较大。对于非常规的货币政策与财政政策的相互作用，Leeper 和 Walker（2013）却表示货币政策和财政政策对宏观时间序列存在不同的影响，很难区分哪一种宏观政策的组合区制占主导地位。

对于新兴经济体，Cevik 等（2014）以新兴欧洲经济体 1995—2010 年的数据为基础，通过马尔科夫区制转换模型的研究表明，货币政策和财政政策规则大多具有在主动和被动之间转换的属性，所有国家均遵循主动和被动的货币政策，捷克共和国、爱沙尼亚、匈牙利和斯洛文尼亚似乎在主动和被动的财政制度之间交替，而波兰和斯洛伐克共和国的财政政策可视为单一政策规则。Jawadi 等（2016）用面板向量自回归（Panel vector autoregression，简称 PVAR）模型分析"金砖五国"（巴西、俄罗斯、印度、中国、南非）在货币政策和财政政策冲击下的宏观经济效应，结果表明，财政政策有很强的凯恩斯效应，货币政策的实际经济效应下降，两大政策存在广泛的协调配合且货币政策的调节适应性更强。

2. 政策组合的影响因素

实现宏观经济调节预期目标的货币政策和财政政策是"积极的"还是"被动的"取决于政府对债务冲击的反应（Leeper，1991）。有文献认为财政政策和货币政策的战略互补性或替代性，在很大程度上取决于经济冲击的类型以及潜在结构模型的假设（Muscatelli et al.，2004）。Xue 等（2020）认为政策效果随企业规模、负债率、盈利能力、所有权以及企业经营所在行业等企业水平特征的不同而不同，而且中国的货币政策和财政政策在短期内总体上是有效的，但其正面影响在两年内消退。战争冲击也促使政策制定者不断调整财政—货币政策组合，如法国战争（1793—1815）使得英国暂停金本位和恢复英国的第一所得税（Antipa & Chamley，2017）。这些调整标志着政府承诺采取必要措施赢得战争，同时不损害财政的可持续性，如通过对大量私人票据进行贴现，银行为国内支付系统提供充足流动性资金；政府通过购买大量公共债务，为战争的决定性阶段提供了资金。

3. 中国实施的政策组合及其影响因素

关于中国政策部门实施的财政—货币政策组合的研究，马勇（2015）基于开放经济DSGE 模型探讨货币政策与财政政策的组合范式，结果表明，中国的经济政策组合范式为"被动"货币 + "被动"财政，但该政策组合容易滋生通货膨胀和泡沫经济。关于国内最优政策组合的研究，杨源源等（2019）认为改革开放以来中国主要遵循的最优政策为主动型财政政策和被动型货币政策的组合。

熊豪（2016）发现中国货币政策和财政政策的操作具有明显的周期区制依赖特征；货币政策和财政政策效力具有非对称性和依赖于经济周期阶段的门限效应，财政政策在"适速增长"区制上的效力强于"高速增长"区制，而货币政策的效力表现相反的特点。资本账户开放度也是影响中国财政政策和货币政策影响效果的因素之一。陈国进（2018）研究发现，随着资本账户的逐步放开，减税政策刺激经济增长和促进就业的效果越来越好，政府支出政策刺激经济增长和促进就业的效果越来越差，而国内货币政策的调控效果及利率上升的跨期替代效应减弱。

简要评述：①各国财政—货币政策组合及其主导政策不尽相同，其取决于多种因素，如政府对债务冲击的反应或经济冲击类型以及潜在结构模型的假设、战争等。中国现有的财政政策和货币政策操作依赖于经济周期区制阶段。②上述文献仅是对国家历史上及现行的财政政策和货币政策搭配模式作断定，并对其政策组合的效果作评价，并未指出最优的宏观调控政策组合。

（四）宏观调控政策效果

诸多学者认为混合型政策规则效果要优于单一政策规则。比如 Liu 和 Zhang（2007）等认为，将货币供应量纳入泰勒规则中的混合规则效果要优于单一数量规则或利率规则。根据重点考察的政策目标，笔者将根据单一政策目标和多重政策目标来分析宏观调控效果。

1. 单一政策目标下的宏观调控政策效果

根据不同的政策目标，笔者将分析财政政策和货币政策对通货膨胀、经济波动、金融稳定以及其他政策目标的宏观调控效果。

（1）对于通货膨胀政策目标，Leeper 和 Leith（2016）通过设置 AM/PF 和 PM/AF 两种区制模型，利用特定政策规则及其"联合最优"的财政—货币政策重新分析了物价水平的决定理论。Tarawalie 等（2013）通过实证方法研究了西非货币区（WAMZ）国家财政和货币部门之间的协调水平，及其对稳定通货膨胀的影响。Malik（2013）认为如果货币政策基于控制通货膨胀这一目的，那么两大政策的相互作用对经济的调节能力更强。Bhattarai 等（2014）表明在积极的财政政策和消极的货币政策下，政府债务将导致家庭财富效应；在积极的货币政策和消极的财政政策下，通货膨胀水平与通货膨胀目标向相反方向变动；在两大政策都消极的情况下，货币政策和财政政策都将影响通货膨胀水平。Albonico 和 Rossi（2017）研究发现在纳什博弈和财政政策占领导地位的情况下，流动性约束导致最优货币政策的通货膨胀偏差，同时存在流动性约束的消费者比李嘉图式消费者获得的福利更多的现象。Bianchi 和 Ilut（2016）主要探讨财政政策和货币政策组合对宏观经济变量的影响效应，认为美国通货膨胀的升降可以由货币部门和财政部门的权力平衡来解释。Kliem 等（2016）通过 DSGE 模型认为，货币政策和财政政策互动的转变以及伴随的结构性冲击传播的变化能很好地解释财政立场与通货膨胀之间低频关系的变化。

（2）对于经济波动政策目标，Bénassy（2003）指出无论面对何种经济状态，当财政政策为消极时，最优货币政策规则应是积极的，运用 DSGE 模型研究了货币政策与财政政策不同组合范式对经济波动的调控效应。Davig 等（2011）显示"主动"货币 + "被动"财政组合范式引起的经济波动最小；而"主动"财政 + "被动"货币搭配的政策体制易致经济发生较大波动。Angeloni 和 Faia（2013）基于一个纳入银行部门的真实经济周期（Real business cycle，简称 RBC）模型，探索了多种货币规则和宏观审慎组合，并发现激进型的泰勒规则搭配逆周期资本缓冲的宏观审慎政策造成的产出波动最小。

（3）对于金融稳定政策目标，Chatziantoniou 等（2013）指出财政政策和货币政策都会直接或间接地影响德国、英国和美国股市，且这两种政策之间的相互作用对于解释股市的波动非常重要。Lei 等（2018）发现中国财政政策与股票市场绩效存在显著的负相关关系，而货币政策对股票市场绩效的影响因财政政策的不同而不同。但在滞后变量方面，中国货币政策和财政政策对股票市场绩效均有显著和直接的正向影响。同时，这两种政策之间的相互作用对股票市场的发展也起着极其重要的解释作用。Handoyo 等（2015）表明印度尼西亚总体和各行业（农业、矿业、制造业、金融等）股票价格对货币政策冲击的反应都是正向的，而财政政策挤出了市场中的私营部门活动，因此，财政政策在经济中的作用将是无效的。他们认为货币政策和财政政策之间的相互作用对解释股票市场的表现很重要。

（4）对于其他政策目标，已有文献研究货币政策和财政政策冲击对失业、人口老龄化等方面的影响。Yoshino 和 Miyamoto（2017）研究了财政政策和货币政策在人口老龄化方面的有效性，结果发现，退休人员比例越大，财政政策和货币政策的有效性就越弱。Dallari 和 Ribba（2020）研究了财政乘数因国家而异，且只有意大利和希腊的情况与标准新凯恩斯模型预测相一致，而在爱尔兰、葡萄牙和西班牙，政府支出的增加导致了经济衰退。因此，他们认为凯恩斯主义的财政政策结果可能符合高公共债务国家，而非凯恩斯主义的结果可能是高私人债务国家的特征。此外，他们还发现货币政策冲击与其他区域性冲击对国家失业的长期驱动发挥着重要作用。

简要评述：①现有基于财政政策和货币政策对单一宏观经济变量，如通货膨胀、产出波动、股票价格、失业率等的研究较多，但政策部门的目标存在多重性，这些研究显然忽略了多重政策目标下的系统研究。②不同财政政策和货币政策组合应对不同的政策目标时，其政策效果也不同。相应地，最优的宏观调控政策也难以评判，因此，从这一角度来讲，需要考虑多重的政策目标。③学术界对经济波动、通货膨胀等政策目标的讨论较多，对金融风险的讨论较少。事实上，不少研究表明应越来越重视金融风险，这也意味着在讨论宏观政策时对金融风险调控的研究应不断充实。

2. 多重政策目标下的宏观调控政策效果

多重政策目标中两种政策目标最为常见，分别是物价稳定和经济增长，以及经济增长和债务。

（1）对于物价稳定和经济增长双重政策目标，Shaheen（2013）研究了货币政策和财政政策在实现巴基斯坦物价稳定和宏观经济可持续增长的基本目标中的相对作用，表明货币政策立场的变化可能会影响国内价格水平和产出增长。在抽样期间的大部分时间里，财政部门对货币政策不敏感，即税收和支出都不对未偿政府债务存量的变化作出反应，因此巴基斯坦存在一种财政主导制度。研究还发现，基本赤字的变化会对总需求产生影响，这也是积极财政政策体制的证据。Coric（2015）表明扩张性货币政策和财政政策都对主要经济政策目标（价格稳定和经济增长）产生积极影响，因此，货币政策和财政政策的协调措施可以实现这两个目标，即财政和货币部门可以在不危及价格稳定的情况下刺激经济增长。假设家庭厌恶未偿还的政府债务，Förster和Hayo（2018）发现将扩张性货币政策和紧缩性财政政策相结合，在产出和通货膨胀方面能更好地稳定国内外经济。

（2）对于经济增长和债务双重政策目标，在混合型政策规则中探索最优政策组合，最佳政策组合将逐渐降低债务，但政策组合将发生根本变化：高债务下，央行偏向依赖宽松的货币政策，通过扩大税基和降低偿债成本削减债务，税率则用于缓和经济增长；而随着债务水平的下降，货币部门会转向使用财政政策以削减债务。这种政策组合中的内生转变发生在平均债务期限较长且债务水平较高的情况（Leeper等，2016）。Patrick等（2019）通过将影子银行纳入DSGE模型，对比了不同宏观审慎监管口径下货币政策对经济波动的影响，发现同时作用于表内和表外资产的宽口径监管对影子银行规模和金融杠杆率的抑制效果最优。

3. 国内宏观调控政策效果研究

对于物价稳定和经济增长目标，较多的文献研究单方面财政政策或货币政策工具的选择。有的学者认为中国的货币政策调控方式应向"预调微调""区间调控"和"定向调控"转变，利率工具更利于实现经济增长和物价稳定的政策目标（王君斌等，2013；汪川，2015）。有的学者认为中国利率市场化尚未完成，利率工具很难成为货币政策的主要手段，应主要借助信贷、货币量等数量型工具实现既定政策目标（王立勇、张良贵，2011）。还有的学者认为数量型和价格型货币政策工具各有优势，单一型政策工具可能导致陷入经济增长和物价稳定调控两难的境地，故而混合型政策工具优于单一型政策工具（刘金全、张龙，2018）。而黄雯（2015）对财政政策工具变量与包含经济增长、物价稳定以及对外平衡在内的目标变量之间的关系进行实证检验，研究发现财政政策工具变量对物价水平、经济增长有显著影响，但对进出口贸易的影响并不显著。

对于产出和债务目标，马勇（2016）研究了开放经济下货币政策和财政政策的组合范式。结果表明，利率提高的货币性冲击将导致产出下降和政府债务持续性地增加，而政府支出增加和税收增加的财政性冲击均导致产出和债务水平的显著上升。紧缩性货币政策会提高政府和企业杠杆，降低居民杠杆，对GDP的影响比较温和；提高政府支出增速和减税能实现去杠杆与稳增长双目标，但前者去杠杆的效果更明显（陈达飞等，2018）。

简要评述：①从宏观政策实践来看，增强财政政策和货币政策协调性并非对二者进行盲目协调，过去以推动经济高增长为目标的政策组合调控未必适用于经济高质量发展的内涵要求。②现实中经济冲击较为多元化，单纯基于财政或货币扰动冲击研究多重宏观调控目标得出的最优财政政策和货币政策范式也未必符合政策搭配调节的要求。

（五）多重政策目标的兼顾性

上述文献主要研究财政—货币政策组合对多重目标下宏观政策的调控效果。最近也有一些文献侧重于经济增长和降低杠杆或经济增长和物价稳定等多重政策目标的兼顾问题。

1. 国外多重政策目标的兼顾性研究

有的国外研究文献认为货币政策能够实现"保增长"和"降杠杆"的平衡。比如，Kalemli‐Ozcan 等（2012）的研究证实了银行杠杆率与经济增长间存在反向联动关系，货币政策可实现"降杠杆"和"保增长"调控，一举两得。Adrian 等（2013）强调了金融机构通过计算风险价值来规避违约风险，导致杠杆与宏观经济周期的同步升降，货币政策顺理成章地实现"保增长"和"降杠杆"双重调控。Coric（2015）以克罗地亚为例，认为货币政策和财政政策的协调措施可以实现价格稳定和经济增长两个目标，即财政和货币部门可以在不危及价格稳定的情况下刺激经济增长。

2. 国内多重政策目标的兼顾性研究

在国内的研究中也有文献表明能够在"控风险"的同时兼顾"稳增长"。周菲等（2019）运用上市公司财务数据实证检验了"财政去杠杆"和"金融去杠杆"对企业杠杆"量"和"质"的区别影响，结果表明，控制财政支出和政府赤字较于货币金融紧缩可以更为有效地降低企业部门杠杆率，调减国有企业的结构性高杠杆问题，促使更多金融资本配置到效率相对较高的企业，并且对融资成本影响更小，且财政去杠杆应从压减政府投资建设性支出着手。

然而，更多国内学者认为"稳增长"和"降杠杆"是难以兼得的两大目标。比如，胡志鹏（2014）通过构建 DSGE 模型考察"稳增长"和"控杠杆"双重目标下的货币部门最优政策设定，结果表明，单纯依靠货币政策工具来降低杠杆率的效果并不理想，结构性改革势在必行。刘晓光等（2016）利用修正的 DSGE 模型分析了货币政策的"稳增长"与"降杠杆"调控效应，结果表明，货币供应量降低会带来产出更大幅度的下滑，提高经济杠杆率，货币政策"稳增长"与"降杠杆"调控陷入两难。刘金全等（2017）通过时变参数随机波动率向量自回归（Time varying parameter-stochastic volatility-vector auto regression，简称 TVP‐VAR）模型分析杠杆率、GDP 与货币政策之间的关联机制，结果也表明，货币政策存在"降杠杆"与"稳增长"的矛盾，政府应该在二者之间权衡。

简要评述：①很多研究认为经济增长和物价稳定以及经济增长和降杠杆存在矛盾，单纯依靠财政政策或货币政策难以兼得两大目标，但也有研究认为通过合理地协调财政政策和货币政策搭配，多重政策目标兼顾还是可以实现的。政策目标兼顾性问题尚未得到统一结论，仍需讨论。②现有对"稳增长"和"降杠杆"或"控杠杆"双重目标兼顾性的研究，较少文献拓展至多重目标的权衡研究，为更贴近中国宏观经济运行实际，仍需做一定的理论及方法突破。

第三节　宏观调控主要范式

当前宏观调控存在两个主流范式——新凯恩斯学派的宏观调控主要范式以及货币主义学派的宏观调控主要范式，并且两者在国际上都有着丰富的实践经验。总结宏观调控的两个主要范式及国际实践，有助于识别和借鉴国际宏观调控理论和实践的最新经验，为完善中国宏观调控体系提供借鉴。

一、新凯恩斯学派的宏观调控主要范式

20 世纪 80 年代，斯蒂格利茨、曼昆、萨默斯等经济学家在全面审视和分析原凯恩斯主义、各经济流派和历史实践的基础上，建立起有微观经济基础的新凯恩斯主义宏观经济学，重点研究宏观经济中产量与就业的问题。其主要观点和政策主张见表 2 - 2。

表 2 - 2　新凯恩斯学派的宏观调控主要范式概况

代表人物：斯蒂格利茨、曼昆、萨默斯等	
主要观点	政策主张
①认为市场具有不完全性是造成经济波动的重要原因 ②保持宏观经济平衡：一要建立和完善市场运行机制；二要适当运用宏观经济政策，通过财政政策和货币政策保持和促进经济稳定 ③政府干预应适度，因为干预过多会损害市场机制的自我调节能力，导致经济滞胀等后果	①认为财政政策与货币政策同等重要，可进行最佳的政策组合以影响总需求 ②尽管存在时滞性，但是任一政策变化都会影响短期或长期经济；强调需求管理，又关注供给管理，因为工资、价格具有黏性，宏观政策可从供给角度对经济进行干预 ③理性预期能加大宏观政策效力，而不会使之无效 ④承认"相机抉择"的必要性，但不主张过于频繁地调整财政政策和货币政策 ⑤赞成货币非中性，认为货币政策应坚持长期稳定，追求单一的物价稳定政策目标 ⑥财政政策应以预算平衡为出发点，运用自动稳定器刺激总需求 ⑦只有在经济非常特殊的情况，如极度衰退时，才使用双扩张的政策组合

新凯恩斯学派既提供了一个使用财政政策和货币政策调控宏观经济的模型框架，也为中国宏观调控提供了理论指导。理论上讲，宏观经济稳增长和金融系统防风险是当前中国宏观调控的两极，需要在这两极中取舍形成一个平衡，以及随着经济形势变化和金融系统风险高低转变而适时调整，形成新的平衡状态。因此，借鉴新凯恩斯学派的宏观调控主要范式，积极协调使用财政政策和货币政策，形成平衡兼顾"防风险""稳增长"与"防通胀"多重目标的机制及主要范式，不仅有助于保持中国宏观经济平稳运行和提高经济效率，而且能为后续中国财政政策和货币政策等宏观调控政策的制定与执行提供重要决策依据。

二、货币主义学派的宏观调控主要范式

20 世纪 50、60 年代，以弗里德曼为代表的货币主义逐步兴起，并发展出了强调自由主义和货币政策的宏观调控模式（见表 2 - 3）。

表 2 - 3　货币主义学派的宏观调控主要范式概况

代表人物：弗里德曼、卢卡斯等	
主要观点	政策主张
①货币主义反对政府干预，强调自由主义，认为私人经济具有内在稳定性，应让市场机制充分发挥作用，政府干预过多会侵蚀自由市场 ②政府应在保护社会不受侵犯、立法司法制定规则、从事私人不愿投资的公共事业和公共设施、保护弱势社会成员等方面发挥作用	①货币主义认为货币政策最重要，"货币数量变动"是影响国民收入、产出和物价水平的重要因素 ②反对凯恩斯"相机抉择"货币政策，主张应根据物价上涨、劳动生产率的情况，对"货币供应量"实行按一定比例增长的"单一规则" ③因为货币政策实施有一定时滞，再加上人们的理性预期，"相机抉择"货币政策的影响短暂而有限 ④反对凯恩斯把"利率"作为目标，认为利率调整短期有效，长期则无效 ⑤认为菲利普斯曲线中通货膨胀率与失业率间仅存在短暂的此消彼长的关系，中央银行不应通过货币政策刺激通货膨胀以解决失业问题；相反，应保持物价稳定，维护较低的通货膨胀率，才更利于促进产出和就业 ⑥政府对弱势贫困人员进行福利支持，应通过"负所得税"，以货币化方式实施，而不必通过提供住房、食物等实物福利进行补助

货币主义学派站在凯恩斯学派的对立面，以理性预期为理论基础，强调自由市场经济的优点，反对国家干预经济，主张实行一种"单一规则"的货币政策，倡导的是"大市场""小政府"的宏观调控理念。事实上，发挥和激活价格功能在市场经济中的调节作

用，提升宏观经济运行效率，也是宏观调控制度体系的重要组成部分。

第四节　宏观调控国际经验

一、美国：自由经济基础上的宏观调控

美国实行的是建立在私有制基础上的自由企业制度，经济决策的主体是消费者、生产者和政府。消费者购买商品和劳务是投"货币选票"，追求效用最大化；生产者根据货币选票的投向进行生产，以求利润最大化；政府提供公共产品，拥有为数不多的国有企业，以降低私营企业的社会成本，保证公平竞争的环境，促进经济发展。

美国是西方发达国家中混合经济体制的代表，奉行"看不见的手"的古典竞争理论和"新自由主义"。虽然美国的国家干预和调节是作为自由市场经济的对立面出现的，但其并不否定市场机制的作用，而是建立在市场机制的基础之上，在市场失灵的情况下由国家宏观调控加以校正。其主要特性在于不采用计划等直接手段调控经济，而主要依靠财政政策和货币政策对国民经济进行间接调控（崔维，1999；叶秋华、宋凯利，2004；吴宏、刘威，2009）。

1. 不采用计划等直接调控方式

美国实行的是一种政府实行有限制宏观调控的市场经济，其政府的行为和作用一般弱于德国、日本、法国等国，其主导思想是充分鼓励自由竞争，政府并不总是干预经济的。政府使用财政政策和货币政策来调控市场，但是不制定国家经济计划和系统的产业政策，除联邦财政计划、预算外，几乎不用计划手段。自罗斯福新政初期以来，计划手段便被束之高阁。

2. 主要采用财政政策和货币政策进行间接调控

经过罗斯福新政实践，人们认为，运用财政杠杆进行调节比用计划调节更有明显优势。而财政政策在实践中总需要其他的金融政策配合，因此金融杠杆在宏观调节中的地位变得更为重要。目前美国采取的财政政策工具主要包括财政收入和财政支出两个方面，财政收入方面为税收和公债，财政支出方面为政府购买和转移支付。而这些财政政策均由美国各级政府，主要是中央政府（财政部）来决定。它主要作用于公民及企业身上。目前美联储主要采取三种货币政策工具，即公开市场业务、调整再贴现率和变动法定准备金率（马勇、陈雨露，2012；Traum et al.，2010）。

简要评述：为应对2008年金融危机，美国连续实施了四轮量化宽松（QE）政策。虽然政策的不断实施使得非常规货币政策的效果变弱，但事实上非常规货币政策对于美国经济的恢复起到了巨大作用。此外，美国大规模地实施扩张性财政政策，也证实了现今美国

宏观调控制度愈发重视政府干预。

二、英国：微观基础变化中的宏观调控

英国在"二战"后到 20 世纪 70 年代末，政府经济政策的指导是凯恩斯主义，1979 年撒切尔夫人上台后转向自由经济主义，两个时期的宏观调控政策有所不同。

英国政府在制定经济政策时，重视财政政策与金融政策的协调。与美国相比，英国较重视利用外资推动产业结构的调整。20 世纪 70 年代以前，在财政政策与金融政策的协调中，重视财政政策刺激经济增长、增加就业的作用，大规模的国有化运动也使财政政策具有强有力的微观基础。20 世纪 70 年代以后，随着经济陷入滞胀，英国在宏观政策协调中，逐渐地从重财政政策、轻货币政策转向重货币政策、轻财政政策，较多地发挥金融政策的作用。与此同时，政府推行全面的私有化。而且，在私有化以后，国家宏观经济政策的基础发生改变，财政政策的效力随之减弱，金融政策的作用大大加强（Berry，2016）。

1. 英国的财政政策框架

英国参与制定财政政策的机构有：财政部、国家审计署（National Audit Office，简称 NAO）以及预算责任办公室（Office for Budget Responsibility，简称 OBR）。其中财政部负责制定财政政策目标；NAO 负责审查政府的公共开支；而 OBR 是英国政府财政政策框架的核心，主要负责对政府的经济和公共财政状况进行客观分析与权威预测，以改善财政决策。

2010 年 5 月，卡梅伦政府上台后提出了两个具有前瞻性的财政目标（或称财政规则），包括"财政任务"（Fiscal mandate）和"补充目标"（Supplementary target）。其中"财政任务"要求政府在 5 年"滚动"期限内使当前的周期性赤字实现平衡或处于盈余状态。而"补充目标"则要求公共部门的净债务（PSND）占 GDP 的比重在 2015—2016 年间下降，以确保公共财政能够恢复到可持续的轨道之上（Whiteley et al.，2013）。

2. 英国的货币政策框架

英国货币政策目标有两个：一个是保持物价的稳定；另一个是保持金融体系的稳定。英国货币政策制定机构有：货币政策委员会（MPC）、宏观审慎监管机构金融政策委员会（FPC）、金融市场行为监管局（FCA）和微观审慎监管机构审慎监管局（PRA）（Beech & Lee，2015；Barwell，2016）。

简要评述：在货币政策方面，英国沿用通货膨胀目标制和建立新"双峰"金融监管体系，扩大量化宽松政策规模，并引入贷款融资计划和前瞻性指导等非常规货币政策工具；在财政政策方面，英国把"减赤"设定为财政目标的第一要务。两者之间形成了优势互补和有效配合，使得英国宏观经济于 2013 年开始强势复苏。英国的多种政策委员会以及宏观调控的组合实施作为一个成功的案例，可以为中国提供宏观调控的国际经验。

三、法国：混合经济基础上的宏观调控

法国是一个私有经济占主导地位，私有经济与国有经济并存的混合经济体制国家。政府控制了法国工业生产能力的 20% 左右。法国大量的私有企业是法国市场生存和发展的基础，强大的国有经济是现代市场经济条件下实行国家干预和调节的物质条件，计划、财政和金融是国家进行宏观调控的手段。法国政府在制定经济政策时，重视计划、财政政策与金融政策的协调。在 20 世纪 70 年代以前，计划、财政政策与金融政策的协调受凯恩斯主义的影响，计划偏重于调节需求，较多地倚重财政政策，同时实行国有化政策，力图以国有企业为基础，通过计划引导下的财政政策和货币政策刺激经济增长，减少失业。20 世纪 70 年代中期，随着经济陷入滞胀，法国在宏观政策协调中，逐渐地从倚重财政政策转向倚重货币政策，较多地发挥金融政策的作用，还将大批国有企业私有化。90 年代，计划的作用逐步减弱，金融政策的作用加大，财政政策的地位相对地下降（古益强，2001）。目前法国采取的宏观调控主要有：

1. 欧盟货币政策

欧洲中央银行制定货币政策的主要目标是稳定物价，避免通货膨胀。欧洲中央银行通过对物价稳定目标给予明确的量化定义以及确立这一货币政策战略的两个支柱（即公布广义货币供应量年增长的参考值和利用其他一系列经济变量对物价变动趋势进行评估），力图确保其货币政策取得预期成效。物价稳定指一年中欧元区消费物价调和指数的上升低于 2%，并且物价稳定应当在中期得以维持。以消费物价调和指数来衡量的欧元区年通货膨胀率不超过 2%，应该是物价水平波动的上限。物价稳定并非要求消费物价调和指数持续下降，即所谓通货紧缩。选用消费物价调和指数作为衡量物价稳定的指标，主要是考虑到欧元区内各成员国在消费物价统计方面存在着一定差异（Barwell，2017）。

2. 法国财政预算制度

法国财政预算实行分级预算管理体制，实行一级政府一级预算。目前，法国财政预算体系分为四级，即中央、大区、省、市镇，四级预算各自独立，分别编制。法国财政预算的编制基本上由预算执行部门和国家经济财政工业部完成。其编制程序基本上分为三步：先由预算执行部门提出预算建议；再由国家经济财政工业部预算司分析、审查预算执行部门提出的建议书，设定预算支出上限，形成预算草案，报财政部部长和总统审议；最后，经总统和财政部部长审议通过的预算草案报国会审定。国会只对预算草案表示同意或反对的意见，不能改变预算草案中的项目。预算草案一经国会审议通过，即形成具有法律效力的文件（Levy，2017；Pedro et al.，2018）。

简要评述：为改善法国已经萧条半个世纪之久的态势，法国近年来进行大刀阔斧的经

济变革。相比于之前的"小政府"，目前的法国政府更注重利用财政政策刺激经济。虽然法国改革遭到了很大的阻力，但是目前的财政政策还是有利于法国经济发展的。

四、德国：社会市场经济基础上的宏观调控

德国社会市场经济是在自由和秩序原则的基础上，鼓励和发展自由竞争的市场经济。它通过各种经济立法和经济政策等政府干预措施，防止市场自由竞争可能引起的垄断、收入两极分化和经济社会无政府状态。

德国政府在制定经济政策时，重视财政政策与金融政策的协调，同时注重建立法律和法规，将宏观经济政策的实施纳入法制化轨道。与美国和英国不同的是，"一战"和"二战"后，德国的宏观经济政策主要受社会市场主义的影响，较少受凯恩斯主义的影响。其宏观经济政策的着眼点是建立健全市场秩序，保证和促进市场竞争，运用协调的宏观经济政策调节市场运行机制、市场运行过程和市场运行结果。制定并实施基本法、规范企业行为准则的法律和宏观经济活动的法律，以及社会保障法律，从法律制度上保障市场经济的运行。金融政策的独特作用是稳定货币，与金融政策相协调的财政政策促进了经济的发展和社会保障体制的有效运转，推动了德国经济健康运行（李忠尚，1996）。总体上看，目前德国政府的宏观调控方式主要为：

1. 货币政策

根据社会市场经济理论，在德国的景气政策中，货币政策是促进经济稳定增长的最重要工具，它的作用在一定程度上超过了财政政策。在德国加入欧元区之前，货币政策工具主要有最低准备金政策、再贴现政策、公开市场政策、存款政策等。而德国在加入欧元区之后，则遵循欧洲中央银行统一制定的货币政策规则（Barwell，2017）。

2. 财政政策

总体来看，德国长期以来实行的是以保守主义为指导的财政政策，其采取的财政政策主要包括：进行税收改革，减轻税收负担；控制财政支出的增长幅度，降低政府支出占GNP 的比重，要求每年联邦预算的增长幅度不超过3%；减少财政赤字，降低其在 GNP 中的比重（殷桐生，2017）。

简要评述：德国由于历史上曾经历过恶性通货膨胀，对通货膨胀心有余悸、深恶痛绝。其财政政策的制定以稳定货币为出发点，坚持实行严格的财政收支平衡政策，严格控制赤字，甚至不惜以失业为代价实现财政盈余。总体来看，作为欧元区的国家，德国联邦政府运用财政政策时坚持以经济增长为核心目标；德意志联邦银行运用的货币政策与欧洲中央银行的货币政策基本保持一致，以物价稳定为核心目标，两大政策依然相互协调。经过多年实践，德国政府对经济采取有限干预、相机调控的做法，激发了市场自身的活力，

促进经济实现无通货膨胀、稳定和可持续增长。

五、日本：重视产业政策、财政政策与金融政策的协调

"二战"结束后，日本政府在制定经济政策时，重视产业政策、财政政策与金融政策的协调，其中产业政策处于主导地位。在产业政策引导下，财政政策与金融政策并重，使日本经济进入快速增长期，其经济迅速发展。随后日本在美国和欧洲等国的压力下，金融业很快实行自由化，由于监管不力，日本经济出现了严重的"泡沫"，使其陷入了困境。然而，法律建设与经济发展不同步、政治腐败，导致日本银行业积累了大量的呆账和坏账，日本经济复苏步履维艰，金融政策的作用大受影响。日本只得从财政政策和金融政策并重转向更多地依赖财政政策，以扩大内需，刺激经济增长，减少失业（韩继东，1993；王允贵，2004；张斌、何帆，2004）。

金融危机对日本经济同样产生了严重的影响。为应对危机，日本在实行产业政策以外，实施双宽松的货币政策和财政政策。货币政策方面，日本再次开启降息通道，至2016年2月16日已经将政策目标利率下调至−0.1%的利率水平。在利率已经处于极低位置的情况下，日本通过数量工具营造宽松的货币政策环境，主要通过大规模购买国债、商业票据、公司债券及其他债券等资产，致力于稳定金融市场、促进产业发展、刺激经济发展和稳定物价。为了稳定金融系统，日本银行还采用对超额准备金临时付息、购买金融机构股票、为金融机构提供贷款、扩大抵押品范围等方式。财政政策方面，日本同样实施了减税以及增加财政支出的手段。由于连续的扩张性财政政策的实施，日本中央政府债务占GDP比重即政府杠杆率长期居全球之首。在两大宽松政策下，日本经济得以恢复增长。目前，日本采取的宏观调控政策主要是：

1. 通过财政政策来调整经济

其表现为有限分权的财政体制，即地方握有的财源和投资以不妨碍政府的宏观调控为限度；中央政府不仅通过分税制控制了全国60%以上的税收，而且还掌握了公债发行权，以控制税外财政收入；地方财政计划和地方债计划也由中央编制，从而使中央有效地控制了地方财政的规模；中央放手让地方政府进行大规模投资，除关键性项目外，其余事项均由地方政府负担（Kopits，2016）。

2. 灵活的货币政策

其主要是通过日本银行对商业银行实行窗口指导，进而对整个经济进行调整。当经济景气"繁荣"时，紧缩银根，减少银行放款额，提高公定利率；当发生经济危机时，则松动银根，增加银行放款，降低公定利率。调整公定利率会影响市场资金的供求关系。日本银行直接操纵公开市场，调节货币流通数量，以保证社会经济正常运行；通过法定存款率

的变更来控制商业银行的贷款额度，进而有效地解决企业，特别是大企业扩大再生产的资金需要。在日本，政府金融资金的运用带有很强的政策性，因此，政府金融机构的贷款有政策性贷款之称（Taghizadeh‑Hesary & Yoshino，2016；Otsubo，2019）。

简要评述：在世界范围内，日本是最重视宏观调控政策中产业政策的国家之一，并且因此获得了巨大的产业福利，并极大地促进了本国经济发展。然而，为应对经济危机，日本还是趋向于着重实施传统的宽松财政政策和货币政策以刺激经济。此外，日本"负利率"可谓是宽松货币政策的一种极端。

第五节　中国宏观调控体系构建

结合上述宏观调控理论与实践发展、国际宏观调控主要范式和中国实际，可以发现宏观调控与经济发展是相伴而生的，宏观调控体系随着经济运行变化作出适应性调整。特别是当前中国已经初步建成以财政—货币政策和宏观审慎管理为"双支柱"的宏观调控体系，但是中国经济正处于结构转型时期，存在新特点、新风险和新挑战。在新时代、新形势下，未来中国宏观调控制度体系建设应该朝着"平衡兼顾"多重政策目标的战略方向进行完善。

一、当前经济运行的新特点、新风险和新挑战

当前经济下行压力明显加大，供需结构失调，金融风险复杂多变，处于易发、突发、高发时期，其具体表现为信贷杠杆周期风险屡次突破国际警戒线、地方政府债务规模庞大、银行不良贷款规模处于高位且影子银行规模上升、房价经过多轮上涨后处于高位且个别城市房价收入比率屡次超过国际警戒线、国际资本自 2014 年起呈现持续外流迹象、人民币汇率波幅加大而证券市场则在暴涨暴跌中前行、实体企业在去杠杆背景下陷入严重流动性危机的潜在风险等。特别是，近期中美贸易战的外部冲击又加剧了多重结构失衡的问题。

新经济形势下，风险点的涉及面广、传染性强、连锁反应快、复杂多变等特征都给宏观调控提出了新挑战：①保持社会总供给与总需求的基本平衡。国内外经济周期下行及疫情蔓延导致社会总需求萎缩，而中国对外经济依赖程度很高，国内消费市场规模还不足以承接过剩产能。②经济在合理区间内稳定、持续增长。③通货膨胀维持在合理区间范围内。④稳定就业、国际收支平衡和金融。⑤维持金融风险不爆发的底线。⑥扩大内需，调整投资和消费的结构关系。

二、"平衡兼顾"多重政策目标的宏观调控制度体系设计方案

经济运行中出现的风险点涉及面广、传染性强、连锁反应快、复杂多变等的新特征使

得宏观调控的作用更加重要，其要兼顾的政策目标也更多。特别是，不仅要平衡经济增长、物价稳定、增加就业、国际收支平衡等传统政策目标，还要有序兼顾"去杠杆""稳增长""抑泡沫""防风险"和"防通胀"等经济运行变化对政策目标提出的新内涵、新要求。如何针对不同政策目标，从顶层设计的角度提出具有针对性、兼顾性、统一性、科学性的政策举措，以及在"平衡兼顾"多重目标的政策抉择中有效消除米德冲突，成了健全宏观调控制度体系的最本质要求。对此，本书基于中央与地方政府财政政策协同发力机制构建与完善，货币政策微观干预与宏观监管协同发力机制构建与完善，财政政策与货币政策"规避冲突"协同发力机制构建与完善，财政政策、货币政策与其他多种政策协同发力机制构建与完善四个角度就如何建立健全"平衡兼顾"多重政策目标的宏观调控制度体系提供具体的设计方案与实施方略。

1. 中央与地方政府财政政策协同发力机制构建与完善

在现实中，宏观经济运行错综复杂，宏观调控更是牵涉庞大的多部门机构，动态协调所有部门的难度极大，保持中央与地方之间政策的顺畅传导和精准实施也存在困难。因此，针对关键问题和风险点，以某几个关键部门为主导、其他部门为辅助，制定有效的应对策略尤为重要。具体可行实施方略是：①加快建立起现代财政制度体系，建立健全权责清晰、财力协调、区域均衡的中央与地方财政关系；②建立全面透明规范、标准科学、具有约束力的预算制度体系；③着力于财政政策提质增效，加快财政支出结构优化调整，提高资金使用效率和绩效；④加大力度推进税费改革，降税减费降低企业负担；⑤推动宏观调控政策的制度化和体系化。

2. 货币政策微观干预与宏观监管协同发力机制构建与完善

2019 年中央经济工作会议将货币政策定位在："必须强化风险意识，牢牢守住不发生系统性风险的底线"，"我国正处在转变发展方式、优化经济结构、转换增长动力的攻关期，结构性、体制性、周期性问题相互交织，'三期叠加'影响持续深化，经济下行压力加大"，"深化金融供给侧结构性改革，疏通货币政策传导机制，缓解民营和中小微企业融资难融资贵问题"，"要完善和强化'六稳'举措，健全财政、货币、就业等政策协同和传导落实机制，确保经济运行在合理区间"。可见，货币政策必须坚持服务于实体经济的本质不变，维护经济增长、物价稳定和坚守金融风险不爆发的底线是货币政策执行的三大最终目标。

为此，中央银行作为货币政策制定的顶层机构，基于金融部门服务于实体部门的本质要求，设计调控框架，其涉及存款准备金（RRR）、再贴现率、公开市场操作（OMO）、常备借贷便利（SLF）、中期借贷便利（MLF）、抵押补充贷款（PSL）等政策工具，以存款准备金、基础货币和货币市场利率为操作目标，调控货币供应量、利率、汇率、信贷规模等中介目标，最终实现经济稳增长、充分就业、国际收支平衡、物价稳定、金融稳定等多重宏观调控政策目标。

3. 财政政策与货币政策"规避冲突"协同发力机制构建与完善

长期以来，在"防范和化解金融风险"上逐渐形成"宏观审慎＋货币政策"双支柱调控框架，在"稳增长"上建立起以"财政政策为主，货币政策为辅"的宏观调控模式，这在一定程度上确保了改革开放以来中国宏观经济的稳定发展。但当前中国正处于经济增长动力转换、寻求新的经济增长点以及产业结构优化和经济发展方式转变的关键时期，经济发展中存在的各种隐患问题逐渐显现，如何有效化解这些整体或部门问题变得错综复杂。从宏观经济学理论看，单一政策工具无法同时实现所有部门均衡，很容易导致不同部门之间均衡的"米德冲突"。如上所述，"去杠杆"目标容易与"稳增长"政策目标发生冲突；过度宽松的政策虽刺激经济增长但会引发金融风险聚集。

鉴于此，在宏观政策制定与执行时，需要在"平衡兼顾"多重政策目标中区分财政政策和货币政策的不同功能定位，具体的做法是建立健全一个"识别—处置"的有效财政—货币政策顶层制度体系。首先，对不同政策的功能定位进行详细划分。财政政策应该以"稳增长"和"保就业"为主要功能定位；货币政策的主要职责则在于"稳通胀"和"防风险"。该体系能准确识别经济运行的"重要性"和"关键性"问题。其次，科学、全面、系统、准确、有效地识别经济运行的"重要性"和"关键性"问题。最后，结合不同问题开启"处置机制"，并采取相应的应对策略。譬如，对于"稳增长"目标，此时开启的应该是以财政政策为主、货币政策为辅的宏观调控策略。而一旦"识别机制"甄别"防风险"和"稳通胀"为当前经济运行中的"关键性"和"重要性"问题，特别是金融系统风险有可能突破警戒线（或通货膨胀接近或高出政府工作报告的通货膨胀目标）时，"处置机制"需要开启以紧缩性货币政策为主的应对策略。

4. 财政政策、货币政策与其他多种政策协同发力机制构建与完善

宏观调控政策平衡兼顾"稳增长""防风险""稳通胀"等多重政策目标，需要多手段、多政策协同发力，这就要求在识别和估计宏观调控对于保持宏观经济在区间内运行和不突破金融系统最高压力风险时的可操作政策空间和不同政策工具的搭配组合，并以此为基础构建宏观调控平衡兼顾的政策组合和创新机制。我们可以通过建立健全一个由中国共产党中央财经委员会领导协调，会同国务院、财政部、央行、发改委、自然资源部、工信部、商务部、人力资源和社会保障部等实施和执行的有关就业政策、产业政策、消费政策、投资政策、区域协调政策与财政政策和货币政策等有机结合起来的机制，构建一个"具有防范和化解危机能力"的宏观调控制度体系。

第三章　中国宏观调控实践

中国在建设社会主义市场经济过程中也进行了宏观调控，使得宏观调控理论在中国得到了丰富的实践和发展。本章将从宏观调控实践史、财政政策调控目标和调控手段、货币政策调控目标和调控手段、宏观调控政策目标和调控手段四个方面，详细介绍1996—2020年中国的宏观调控实践历史和经验。

第一节　宏观调控实践史：1996—2020

改革开放后，中国开始搭建真正意义上的现代宏观调控体系。随着经济运行的波动加剧，宏观调控体系不断调整完善，从最初的计划式调控方式到目前已经基本建成的新时代"双支柱"宏观调控体系，其间大致经历了八个阶段的调整（见图3-1）。此处对改革开放以来中国宏观调控历史演进的八个阶段进行梳理，重点分析不同阶段的宏观调控政策特点及其调控效果，具体如下：

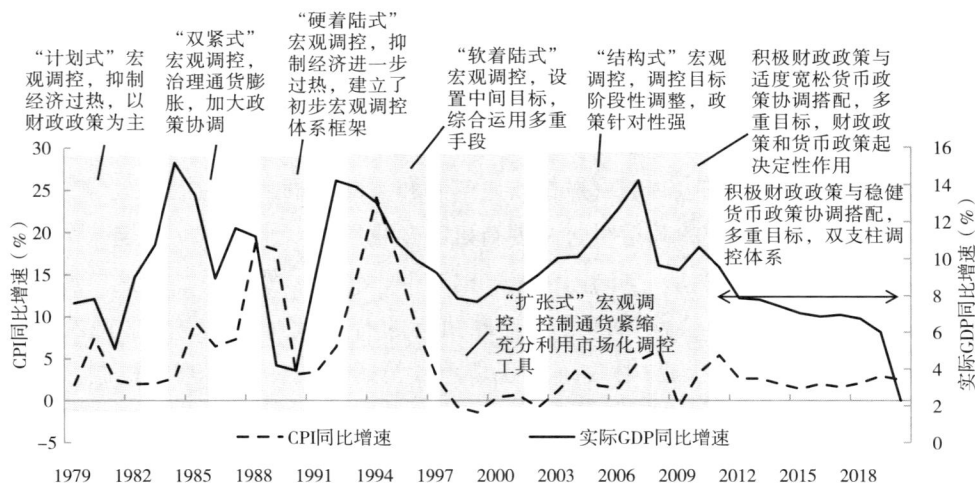

图3-1　改革开放以来中国宏观调控的实践史简图

数据来源：国家统计局。

一、1979—1983 年"计划式"宏观调控：抑制经济过热，以财政政策为主

自 1978 年党的工作重心转移到经济建设上以来，宏观经济出现过热现象，平均经济增长率达到 11.7%，商品零售价格上涨 6.0%，引发了较为严重的财政赤字问题。面对经济过热现象，宏观调控主要从控制社会总需求入手，通过调节商品供求等措施稳定物价，并辅助采用行政性政策，例如，强制控制财政支出和信贷规模、要求政府各部门严格执行实物分配计划、直接冻结物价上涨等。当时市场化改革刚开始，计划色彩浓厚，宏观调控方式更多的是直接调控。且由于在当时中国货币政策还没有形成概念，调控政策只能以财政政策为主。[①]

此轮调控发生在经济改革之初经济过热的背景下，以抑制经济过热为主要调控目标，是以计划和行政性政策为主的宏观调控的初步尝试，带有浓重的计划经济时代国家干预的色彩。从政策效果看，以财政政策为主的直接宏观调控抑制了经济过热现象，经济增长率从 1980 年的 7.8% 降到 1981 年的 5.2%。

二、1984—1986 年"双紧式"宏观调控：治理通货膨胀，加大政策协调

1984 年，地方政府在经济建设方面的相互攀比和竞争以及中央"拨改贷"政策的出台引发投资和消费需求的双重膨胀，财政收支不平衡，财政赤字增加，同时，银行贷款猛增，消费基金增长过快，金融秩序失控。面对复杂的经济形势，在经历一段时期赞成调控和反对调控的分歧争论后，1985 年中央从财政政策、货币政策和收入政策三个方面治理通货膨胀：严格控制固定资产投资，特别是预算外投资的规模，防止反复建设；统一制定信贷计划和金融政策，严格控制信贷总规模和现金投放，建立存款准备金率制度；压缩政府行政开支规模和社会集团购买力，控制消费基金的增长等，压缩消费增长。[②]

此轮调控以控制通货膨胀为主要目标，仍然是通过行政干预，但经济性调控政策的力度迅速增强，且因为尝试运用凯恩斯主义的经济调控政策和传统的计划、行政手段相结合，被认为是真正意义上的宏观调控的起始点。从政策效果看，虽然运用了多重调控手段，但经济仍进一步过热，高位运行的通货膨胀率并没有得到迅速遏制。

---

① 宋国青，张维迎. 关于宏观平衡与宏观控制的几个理论问题 ［J］. 经济研究，1986（6）：25 － 35；宋瑞礼. 中国宏观调控 40 年：历史轨迹与经验启示 ［J］. 宏观经济研究，2018（12）：5 － 17.

② 樊纲，张曙光，王利民. 双轨过渡与"双轨调控"（下）——当前的宏观经济问题与对策 ［J］. 经济研究，1993（11）：3 － 9，39.

三、1989—1991 年"硬着陆式"宏观调控：抑制经济进一步过热，建立了初步宏观调控体系框架

1987—1988 年出现第三次经济过热，经济增长率最高达到 11.6%，而价格闯关的失败，助推通货膨胀率超过 18%，创造了中华人民共和国成立以来上涨的最高纪录。面对遏制经济进一步过热的迫切压力，政府被迫采用财政和货币"双紧"政策：财政上，紧缩中央财政开支，大力压缩固定资产投资规模，停建、缓建固定资产投资项目；货币上，严控信贷规模，并对城乡居民个人三年期定期储蓄存款实行保值补贴的临时性措施。

此轮调控的主要目标是遏制经济进一步过热，尽管还是以行政性调控政策、直接调控为主，但调控政策的运用发生了较大变化，财政政策和货币政策的运用力度明显加大，调控的对象、背景条件也发生了很大的变化。此外，本轮调控还同时推进财政、税收等体制的改革，初步建立了符合中国国情的宏观调控体系框架。调控政策效果立竿见影：1989 年实际投资规模下降 25%，货币供应量 M0 的增长率下降了 36.9%。然而，由于政策力度过猛，再加上过多行政性政策的运用所造成的"一刀切"现象，中国经济出现了"硬着陆"现象。通货膨胀得到抑制的同时，经济增长率急剧下降，1990 年经济增长率仅为 3.8%，为 1978 年以来经济增长的最低谷。经济陷入低迷状态，产品出现严重积压现象，由短缺经济进入过剩经济。

四、1992—1997 年"软着陆式"宏观调控：设置中间目标，综合运用多重手段

在邓小平发表南方谈话和党十四大确定改革方向的推动下，中国经济呈现新一轮蓬勃发展的态势。但由于旧的宏观调控机制逐渐废除或失效，新的机制尚未完善，新旧体制的摩擦导致投资软约束问题没有得到解决。1993 年上半年，投资增长过快，基础产业和基础设施的"瓶颈"制约加剧，市场物价水平迅速上升；1994 年，经济增长率达到 13.1%，通货膨胀率高达 241%。

对于此轮经济过热，中央不是简单地采取压缩总需求的紧缩政策，而是根据主要目标有步骤、分阶段、有针对性地出台宏观调控政策来进行调控：1993 年 6 月发布宏观调控意见，出台 16 条宏观调控措施，以治理通货膨胀为首要任务。1994 年出台一系列金融、外汇、价格、外贸、投资体制等方面的重大改革措施。为降低通货膨胀率，1995—1996 年继续实行"双紧"的财政政策和货币政策。

此轮宏观调控与过去采取行政治理整顿有着本质区别：①中央不再单纯依靠行政等直接调控手段来调控经济，而是综合运用以财政政策和货币政策为核心的经济性政策，有步

骤、分阶段地逐步推进调控。②虽然宏观调控在总体上以紧缩性政策为主，调控主要侧重于总需求方面，但中间也采取增加总供给措施。③调控时间比较长，中间目标和操作工具多，中央比较注重政策间的相互搭配，遵循适度从紧的原则，成功实现"软着陆"。可以说，这次调控较为成功。从政策效果上看，在历经 3 年半的时间后，终于有效遏制投资和消费需求的快速增长，价格涨幅也明显回落，1996 年经济增长率为 8.3%，经济增长呈现"高增长、低通胀"的良好势头。①

五、1998—2002 年"扩张式"宏观调控：控制通货紧缩，充分利用市场化调控工具

1998 年后，外部爆发的亚洲金融危机使得中国外贸出口大幅受阻，外国资本投入减少，而内部也出现一些深层次问题，如产出过剩、通货紧缩、失业等问题随着改革开放的推进日益显现。为应对亚洲金融危机的冲击，扭转通货紧缩趋势，遏制经济持续下滑势头，中国首先选择以货币政策为主的宏观调控政策，但政策效果不佳，并未有效抑制经济减速和物价下跌势头。1998 年中期，中国实行积极的财政政策和稳健的货币政策，通过连续发行国债、增加政府支出、加大基础设施建设，刺激就业，拉动内需，促进经济增长。2000 年，中国 GDP 增长率恢复到 8%。2001 年，世界经济由于网络经济泡沫破灭而重新走向疲软，外部环境发生了逆转，而国内经济增长基础不稳定，通货紧缩尚未得到根本解决，结构失衡问题仍然比较严重。于是，中国继续实施积极的财政政策，同时，采取鼓励民间投资、提高收入、提高出口退税率等提高国内外需求，带动经济景气回升。2002 年底，中国 GDP 增长率上升到 8.3%，并由此进入了新一轮增长周期。②

此轮宏观调控是中国第一次使用扩张性政策来扩大内需、推动经济增长。其实施的背景和条件与前几轮相比均有所不同，调控方式和政策与发达国家宏观调控更为相似：①本轮调控由于是总供给大于总需求，调控目标是控制通货紧缩，因此在总体上将总需求作为调控对象。消费不再像以前那样被严格限制和压缩，而转为被鼓励和促进。②宏观调控表现明显的反经济周期性波动的特征。财政政策和货币政策手段和工具日益完善，达到了较为充分利用的程度。信贷规模控制、存款准备金率、公开市场业务和利率等货币政策工具的使用，更符合市场经济。③注重财政政策与货币政策的协调配合和灵活使用，展现中国宏观调控艺术性的加强。④调控以财政政策和货币政策为主，而不再同以往一样实施大量的直接行政控制。

虽然调控效果显著，但由于中国市场经济运行的微观基础尚未完善，再加上调控政策

---

① 宋瑞礼. 中国宏观调控 40 年：历史轨迹与经验启示 [J]. 宏观经济研究，2018（12）：5 – 17.
② 吕炜. 市场化进程与税制结构变动 [J]. 世界经济，2004（11）：72 – 79.

效果存在滞后性，本轮宏观调控存在着一定的不足或矛盾。例如，实施积极的财政政策、增发国债和增加支出是为了启动内需，而税收方面却实施增税政策，抑制内需的扩大。在解决失业问题方面，虽然其他改革政策（如供给方面的政策）的配套作用不明显，调控效果不佳，但必须承认本轮宏观调控的方式和方向是正确的。

六、2003—2008 年上半年"结构式"宏观调控：调控目标阶段性调整，政策针对性强

本轮调控随着经济运行的变化做出阶段性和结构化的调整，可以分为两个阶段。

阶段一：中国加入 WTO 后，经济开始进入新一轮增长期，而国内城市化进程加快、消费结构升级、产业结构调整等使得经济出现一系列不稳定因素。为预防和消除经济中出现的局部过热苗头，决策部门采取"点刹车"的微调措施：收紧信贷投放和土地供给；调整产能过剩行业固定资产投资项目资本金比例，防止过度投资；上调存款准备金率；实行农村税费制度改革，落实"两减免三补贴"政策等。由于见机早、措施得当，局部经济过热得到及时治理，2005 年中国经济重新回到"高增长、低通胀"轨道。

阶段二：2005—2007 年中国国民经济基本面较好，然而又出现一些新问题。一是固定资产投资规模过大、增长过快。二是进口增长速度放缓，出口增长强劲，外贸顺差过大。三是信贷规模过大、货币投放过多，流动性管理难度加大。四是受国际市场粮价上涨等因素影响，中国农产品价格涨幅较大。对此，2005—2007 年政府采取局部微调的措施。此外，央行在 2005 年 7 月改革汇率机制的基础上继续完善人民币汇率机制，在两年内 13 次提高金融机构存款准备金率、8 次提高存贷款基准利率，以抑制投资过热、降低流动性、缓解通货膨胀压力。

此轮宏观调控体现如下特点：①调控的阶段具有递进性，在此阶段宏观调控根据政策调控的效果做出策略性变化，在调控过程中用经济性政策置换了行政性政策，推出体制改革的内容成为这一时期的特点。②针对性强，抑制过热行业，保障薄弱环节。③政策上具有综合性，政府将财政政策、货币政策等经济性政策和行政性政策以及法律政策等综合运用。④土地政策首次成为宏观调控政策的工具之一。

七、2008 年下半年—2011 年积极财政政策与适度宽松货币政策协调搭配：多重目标，财政政策和货币政策起决定性作用

正当国内经济又趋高涨、宏观政策准备转紧之际，次贷危机从美国率先发生并迅速蔓延成国际金融危机，外部因素给中国宏观经济带来重大冲击，宏观调控面临重大挑战。为应对国际金融危机带来的冲击，缓解经济下滑，重振市场信心，推动经济复苏，2008 年

11月，中国开始实施积极的财政政策和适度宽松的货币政策。其宏观调控要点是"保增长"，以"扩内需"弥补外需的不足，并在应对危机时注重"调结构""转方式""促民生"，采取在10个主要建设方向累计投资4万亿元（俗称一揽子救市计划）、提高城乡居民收入以扩大消费等措施，为此各级政府加大赤字与债务规模。货币政策方面，货币供应量在几年内连年上升，多次下调贷款基准利率，并取消对商业银行信贷规模的限制。[①]

总体来看，2008—2011年，中国采用积极的财政政策与适度宽松的货币政策以应对国际金融危机。在世界经济普遍萎靡的时期，中国经济保持平稳增长，可以看出中国宏观调控，尤其是财政政策和货币政策起到了决定性的作用。然而，在政策传导过程中，地方债务快速增长，信贷规模增长过快，为中国金融稳定和经济平稳运行增添了新的隐患。

八、2011年至今积极财政政策与稳健货币政策协调搭配：多重目标，双支柱调控体系

自2008年底推出积极的财政政策与适度宽松的货币政策后，中国经济在全球范围内率先复苏反弹，通货膨胀压力又有抬头之势。为积极稳妥处理好经济较快平稳发展、经济结构调整和通货膨胀预期管理的关系，2011年起中国开始实行积极的财政政策和稳健的货币政策。2014年中国经济进入新常态，2015年开启供给侧结构性改革，以去产能、去库存、去杠杆、降成本、补短板为重点，意在调整经济结构，优化要素资源配置，助力经济转型升级，实现经济动能转换，促进有效供给与有效需求相搭配，支持实体经济发展，提高经济增长质量和效率，服务经济长期平稳增长。具体政策如下：

（1）积极的财政政策：①通过有增有减的结构性减税，支持结构调整，促进企业转型与投资，提高居民消费能力，促进对外贸易。②在支出方面，以惠民生、调结构、补短板、增动力、防风险为主。③财政赤字稳步提高，并维持在可控范围内。④财税体制改革不断深化，财政制度不断完善，财政管理不断提高。

（2）稳健的货币政策：①严控狭义以及广义货币供给量增速。②灵活调整利率、准备金率，进一步完善利率调控机制。③创新运用货币政策工具，统筹保障流动性合理适度。货币政策还搭配宏观审慎工具形成"双支柱"政策以维持金融稳定。这一阶段的宏观调控取得较好的效果，经济保持平稳运行，通货膨胀温和上升；消费、投资增长放缓，但市场不断出清，经济结构不断优化。

习近平总书记在党的十九大报告上强调"创新和完善宏观调控，发挥国家发展规划的

---

① 彭兴韵，吴洁. 从次贷危机到全球金融危机的演变与扩散［J］. 经济学动态，2009（2）：52 - 60；陈彦斌，刘哲希，郭豫媚. 经济新常态下宏观调控的问题与转型［J］. 中共中央党校学报，2016，20（1）：106 - 112.

战略导向作用，健全财政、货币、产业、区域等经济政策协调机制"，这为未来宏观调控指明了方向。党的十九届四中全会更是提出"健全以国家发展规划为战略导向，以财政政策和货币政策为主要手段，就业、产业、投资、消费、区域等政策协同发力的宏观调控制度体系"。可见，新时代国家顶层设计层面具有逐步将宏观调控制度化和法制化的倾向。事实上，国家对宏观调控制度体系构建的重视由来已久。通读宏观调控实践历史、党的十八大报告、十九大报告以及近年来的中央经济工作会议，发现均有涉及宏观调控以及货币政策和财政政策的有关提法。特别是，当前中国处于转变发展方式、优化经济结构、转换经济增长动能的攻关时期，这为宏观调控制度体系的构建和完善提出了新要求、新挑战。

2018 年 3 月，中国共产党中央委员会根据《深化党和国家机构改革方案》将原中央财经领导小组改成中共中央直属议事协调机构——中国共产党中央财经委员会，由习近平总书记担任小组主任，国务院总理李克强担任副主任。中央财经委员会的主要任务是有效消除"米德冲突"，构建一个跨部门、跨地区、跨时期、跨政策工具和多机构共同监管的宏观调控制度体系。但由于涉及部门庞大，政策制定与实行不能一蹴而就，其机制设计和实施路径均需要不断完善和落实。

2019 年，尽管我国经济下行压力不断增加、财政盈余降低、物价不确定性增加，但经济结构的持续优化依然推动经济发展质量改善。我国政府公共支出在 2019 年前几个月持续增加，并继续配合减税、降费，保持政策定力，加强逆周期调节，注重预期引导，继续推动 LPR，保持经济稳增长，经济结构不断优化，CPI 短暂上升，消费、投资增长放缓。

受新冠肺炎疫情冲击，2020 年国家适时推出"减税"的财政政策以期刺激经济回升。2021 年 11 月 8 日至 11 日中国共产党第十九届中央委员会第六次全体会议在北京举行，会议强调"坚持金融为实体经济服务，全面加强金融监管，防范化解经济金融领域风险"。本次会议还要求"要毫不松懈地防范化解金融风险，平衡好稳增长和防风险的关系，坚决守住不发生系统性金融风险底线"。这是对当下经济金融运行提出的最基本要求，也对后续宏观调控政策的改革、制度与执行指明了方向。

第二节　财政政策调控目标和调控手段

在本节中，我们主要梳理 1996 年以后中国财政政策调控实践历史中的调控目的和主要调控手段，以期向读者提供一个相对清晰的研究财政政策调控演变的框架。

一、1993—1997 年紧缩的财政政策：遏制经济过热现象

1993 年上半年，投资增长过猛，基础产业和基础设施的"瓶颈"制约加剧，市场物

价水平迅速上升，1994 年经济增长率达到 13.1%，通货膨胀率高达 241%。在此阶段，我国财政政策的主要调控手段为：①改革财政体制，调整中央与地方的财政分配；②进行大规模的税制改革。

二、1997—2002 年扩张性的财政政策：扩大内需

亚洲金融危机使外贸出口大幅受阻，外国资本投入减少，而内部一些深层次问题日益显现。在此阶段，我国财政政策的主要调控手段为：①增发国债，加强基础设施投资；②向国有商业银行发行国债；③加大社会保障、科教等重点领域的支出；④支持经济结构调整。

三、2003—2007 年稳健的财政政策：对经济发展中出现的结构性问题进行调整

中国加入 WTO 后，全球经济整体增长走强促使中国对外贸易高速增长，而国内城市化进程加快、消费结构升级、产业结构调整等使得经济出现一系列不稳定因素。在此阶段，我国财政政策的主要调控手段为：①国债投资规模调减调向；②推后预算内建设性支出的时间；③深化税制改革。

四、2008—2010 扩张性的财政政策：促进经济恢复

受金融危机的影响，中国经济增速连续五个季度减缓，国家财政收入增速明显下滑，外贸进出口增速大幅放缓。在此阶段，我国财政政策的主要调控手段为：①加快建设保障性安居工程；②加快铁路、公路和机场等重大基础设施建设；③加快医疗卫生、文化教育事业发展。

五、2010—2013 年结构化紧缩的财政政策：稳定增长

这一时期，中国经济逐步过热，资产泡沫形成，"热钱"流入和通货膨胀压力增加；持续的"双顺差"造成人民币较大的升值压力。为积极稳妥处理好经济平稳较快发展、经济结构调整和通货膨胀预期管理，我国的财政政策的主要调控手段为：①保持适当的财政赤字和国债规模；②着力优化财政支出结构；③对地方政府性债务进行全面审计。

六、2013—2016 年适度宽松的财政政策：对抗经济下行风险

楼市和股市交易低迷，2013 年第二季度 GDP 增速下滑至 7.6%，经济下行压力较大。这一时期，我国财政政策的主要调控手段为：①适度扩大财政赤字，保持刺激力度；②持续加大政府支出；③实行税收政策改革，降低居民、企业税收；④推进政府社会资本合作

模式（PPP）；⑤继续推进供给侧结构性改革。

七、2016—2018 年结构性扩张的财政政策：助力供给侧结构改革

民间投资增速大幅下跌，货币政策效应减弱，部分金融领域潜在风险继续积累，产能过剩日益严重，基础设施建设投资成为"促投资、稳增长"的重要抓手，经济转型步履艰难。在这一阶段，我国财政政策的主要调控手段为：①不断扩大财政赤字规模；②三年内连续减税近 2 万亿元；③加大地方性转移支付；④扩大政府支出规模。

八、2019 年至今结构性扩张的财政政策：深入推进经济结构优化

虽然经济下行压力不断增加、财政盈余降低、物价不确定性增加，但经济结构的持续优化依然推动经济发展质量改善。在这一阶段，中国依旧坚持积极的财政支出扩张政策，并继续配合结构性减税、降费行动，深入推进经济结构的持续优化，以此来改善经济发展质量。

通过上述对财政政策的调控目的及调控手段的梳理，我们可以发现，经济新常态下，我国宏观调控目标逐渐由短期内的促进经济增长转向中长期的调整经济结构和转变经济发展方式。与之相适应的财政政策的目标也由通过政府投资拉动宏观经济需求逐渐转变为通过完善和规范预算管理以维持宏观经济稳定和防范化解系统性风险。这体现了我国财政政策理论由宏观经济稳定观（过度举债以对抗经济下行压力）到财政可持续发展观（积极有为但要兼顾债务风险）的演变。从财政调控工具的运用来看，1996—2020 年，我国财政税收工具日益活跃；财政支出结构化的特征随着经济结构的转型越发明显；债务工具的使用也日趋规范。总体而言，近年来我国财政工具的使用经历了从相对单一到多元灵活的过程。

第三节　货币政策调控目标和调控手段

本节将梳理中国近十年来货币政策针对政策目标的调控手段，详细考究政策执行的有效性和经验教训，具体分析如下：

一、实施稳健的货币政策，保持经济平稳发展

2010 年中央经济工作会议强调，要以加快转变经济发展方式为主线，实施稳健的货币政策，按照总体稳健、调节有度、结构优化的要求，把好流动性总闸门，把信贷资金更多投向实体经济，特别是"三农"和中小企业，更好地服务于保持经济平稳较快发展；把稳定价格总水平放在更加突出的位置，切实增强经济发展的协调性、可持续性和内生动力，

加快推进经济结构调整，以此保持经济平稳较快发展，应对短期问题和长期问题交织、结构性问题和体制性问题并存的问题。

二、实施稳健的货币政策，促进经济增长由政策刺激转向自主增长

2011年中央经济工作会议强调，要继续实施稳健的货币政策，加强和改善宏观调控，增强调控的针对性、灵活性、前瞻性，处理好保持经济平稳较快发展、调整经济结构、管理通货膨胀预期的关系，保持宏观经济政策的连续性和稳定性，保持经济平稳较快发展。加大解决突出问题的工作力度，巩固和扩大应对国际金融危机冲击的成果，促进经济增长由政策刺激向自主增长有序转变。

三、适时调整货币政策，有效防范化解金融风险

2012年中央经济工作会议强调，货币政策要根据经济运行情况适时适度进行预调微调，综合运用多种货币政策工具，保持货币信贷总量合理增长，优化信贷结构，发挥好资本市场的积极作用，有效防范和及时化解潜在金融风险。特别是，财政政策和信贷政策都要注重和加强与产业政策的协调和配合，充分体现分类指导，有扶有控，继续加大对"三农"、保障性住房、社会事业等领域的投入，支持欠发达地区的发展。

四、实施稳健的货币政策，加强逆周期调节和推动结构性调整

2013年中央经济工作会议强调，要继续实施积极的财政政策和稳健的货币政策，充分发挥逆周期调节和推动结构性调整的作用；要实施稳健的货币政策，注意把握好力度，增强操作的灵活性；要适当扩大社会融资总规模，保持贷款适度增加，保持人民币汇率基本稳定，切实降低实体经济发展的融资成本；要加强和改善宏观调控，促进经济持续健康发展；要增加并引导好民间投资，在打基础、利长远、惠民生的同时，又不会造成重复建设的基础设施领域加大公共投资力度；要高度重视财政金融领域存在的风险隐患，坚决守住不发生系统性和区域性金融风险的底线。

五、实施稳健的货币政策，做到审时度势

2014年中央经济工作会议强调，继续实施积极的财政政策和稳健的货币政策。积极的财政政策要有力度，货币政策要更加注重松紧适度。要促进"三驾马车"更均衡地拉动增长。坚持稳中求进工作总基调，保持经济运行在合理区间。努力保持经济稳定增长，坚持宏观政策要稳、微观政策要活、社会政策要托底的总体思路，保持宏观政策的连续性和稳定性。

六、实施稳健的货币政策，优化信贷结构和完善汇率机制

2015年中央经济工作会议强调，稳健的货币政策要灵活适度，为结构性改革营造适宜的货币金融环境，降低融资成本，保持流动性合理充裕和社会融资总量适度增长，扩大直接融资比重，优化信贷结构，完善汇率形成机制。推进结构性改革，推动经济持续健康发展。加强和改善党对经济工作的领导，坚持稳中求进工作总基调，牢牢把握经济社会发展主动权，主动适应经济发展新常态，妥善应对重大风险挑战。

七、平衡好"稳增长"和"防风险"之间的关系

2016年中央经济工作会议强调，货币政策要在稳增长和防风险之间进行平衡，深入推进"三去一降一补"，深入推进农业供给侧结构性改革，平衡好稳增长、防风险、调结构、惠民生等多重目标。

八、实施稳健中性的货币政策，疏通货币政策传导渠道和机制

2017年中央经济工作会议强调，货币政策要保持稳健中性，适应货币供应方式新变化，调节好货币闸门，努力疏通货币政策传导渠道和机制，维护流动性基本稳定。支持企业市场化、法制化债转股，加大股权融资力度，加强企业自身债务杠杆约束等，降低企业杠杆率。

九、实施稳健中性的货币政策，推动经济高质量发展

2018年中央经济工作会议强调，稳健的货币政策要保持中性，管住货币供给总闸门，保持货币信贷和社会融资规模合理增长，保持人民币汇率在合理均衡水平上的基本稳定，促进多层次资本市场健康发展，更好地为实体经济服务，守住不发生系统性金融风险的底线。结构性政策要发挥更大作用，强化实体经济吸引力和竞争力，优化存量资源配置，强化创新驱动，发挥好消费的基础性作用，促进有效投资，特别是促进民间投资合理增长。坚持以供给侧结构性改革为主线，统筹推进稳增长、促改革、调结构、惠民生、防风险各项工作，大力推进改革开放，创新和完善宏观调控。要围绕推动高质量发展，重点在"破""立""降"上下功夫。大力破除无效供给，把处置"僵尸企业"作为重要抓手，推动化解过剩产能，大力培育新动能。

十、灵活调整货币政策，深化金融供给侧结构性改革

2019年中央经济工作会议强调，稳健的货币政策要灵活适度，保持流动性合理充裕，

货币信贷、社会融资规模增长同经济发展相适应，降低社会融资成本；要深化金融供给侧结构性改革，疏通货币政策传导机制，增加制造业中长期融资，更好地缓解民营和中小微企业融资难、融资贵问题；财政政策和货币政策要同消费、投资、就业、产业、区域等政策形成合力，引导资金投向供需共同受益、具有乘数效应的先进制造、民生建设、基础设施短板等领域，促进产业和消费"双升级"；要充分挖掘超大规模市场优势，发挥消费的基础作用和投资的关键作用。

十一、实施稳健的货币政策，支持实体经济恢复发展

2020 年中央经济工作会议强调，稳健的货币政策要灵活精准、合理适度，保持货币供应量和社会融资规模增速同名义经济增速基本匹配，保持宏观杠杆率基本稳定，处理好恢复经济和防范风险的关系，多渠道补充银行资本金，完善债券市场法制，加大对科技创新、小微企业、绿色发展的金融支持，深化利率、汇率市场化改革，保持人民币汇率在合理均衡水平上基本稳定。结合第二章对我国央行货币政策具体实施情况的探讨，可归纳得到如图 3 - 2 所示的货币政策顶层机制设计框架。

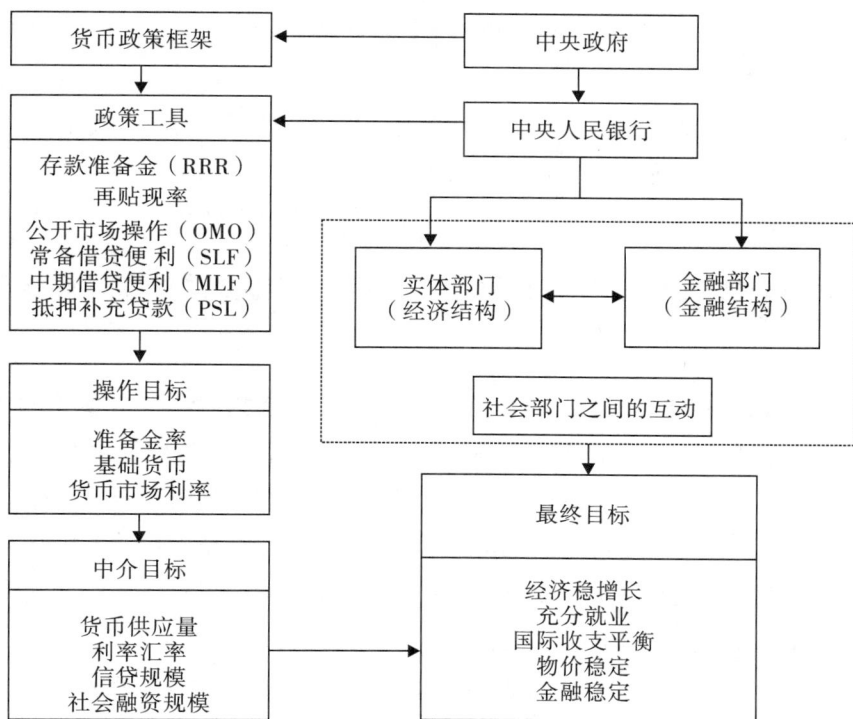

图 3 - 2 货币政策顶层机制设计框架

第四节　宏观调控政策目标和调控手段

本节对中国在 2010—2020 年的宏观调控政策目标及调控手段进行梳理和总结。

一、实施积极的财政政策和稳健的货币政策，增强宏观调控的针对性、灵活性、有效性、前瞻性

2010 年 12 月 10—12 日的中央经济工作会议提出以加快转变经济发展方式为主线，实施积极的财政政策和稳健的货币政策，增强宏观调控的针对性、灵活性、有效性，加快推进经济结构调整；并提出 2011 年宏观经济政策的基本取向要积极稳健、审慎灵活，重点是更加积极稳妥地处理好保持经济平稳较快发展、调整经济结构、管理通货膨胀预期的关系，加快推进经济结构战略性调整，把稳定价格总水平放在更加突出的位置，切实增强经济发展的协调性、可持续性和内生动力。

2011 年 12 月 12—14 日的中央经济工作会议提出实施积极的财政政策和稳健的货币政策，保持宏观经济政策的连续性和稳定性，增强调控的针对性、灵活性、前瞻性，继续处理好保持经济平稳较快发展、调整经济结构、管理通货膨胀预期三者的关系，加快推进经济发展方式转变和经济结构调整，着力扩大国内需求。会议同时提出，要更加有预见性地加强和改善宏观调控，准确把握好调控的力度、节奏、重点，并根据形势的变化及时作出预调、微调，解决经济运行中的突出矛盾，提高发展的质量和效益。

二、加强和改善宏观调控，把稳增长放在更加重要的位置，健全宏观调控体系

2012 年 11 月 8—14 日和 2013 年 12 月 10—13 日的两次中央经济工作会议多次强调，要按照稳中求进的工作总基调，及时加强和改善宏观调控，把稳增长放在更加重要的位置，经济社会发展呈现稳中有进的良好态势。无论是实施积极的财政政策和稳健的货币政策，还是其他各项政策，都要同全面深化改革紧密结合，用改革的精神、思路、办法来改善宏观调控，寓改革于调控之中。要努力释放有效需求，充分发挥消费的基础作用、投资的关键作用、出口的支撑作用，掌控好拉动增长的消费、投资、出口这"三驾马车"。2012 年的中国共产党第十八次全国代表大会进一步提出发挥国家发展规划、计划、产业政策在宏观调控中的导向作用，综合运用财政政策和货币政策，提高宏观调控水平。

2013 年中国共产党第十八届中央委员会第三次全体会议强调要紧紧围绕使市场在资源

配置中起决定性作用，深化经济体制改革，坚持和完善基本经济制度，加快完善现代市场体系、宏观调控体系、开放型经济体系；要健全宏观调控体系，全面正确履行政府职能，优化政府组织结构，提高科学管理水平。

三、保持宏观政策的连续性和稳定性，创新宏观调控思路和方式

2014 年的中央经济工作会议提出坚持稳中求进的工作总基调，全面深化改革，保持宏观政策的连续性和稳定性，创新宏观调控思路和方式，有针对性地进行预调、微调。从资源配置模式和宏观调控方式看，全面刺激政策的边际效果明显递减，既要全面化解产能过剩，也要通过发挥市场机制作用来探索未来产业发展方向，必须全面把握总供求关系新变化，科学进行宏观调控。关键是保持稳增长和调结构之间的平衡，坚持宏观政策要稳、微观政策要活、社会政策要托底的总体思路，继续实施积极的财政政策和稳健的货币政策。要合理确定经济社会发展主要预期目标，保持区间调控弹性，稳定和完善宏观经济政策，继续实施定向调控、结构性调控。

四、坚持以推进供给侧结构性改革为主线，适度扩大总需求，加强预期引导

2015 年的中央经济工作会议强调科学确定经济社会发展主要预期目标，把握好稳增长和调结构的平衡，稳定和完善宏观经济政策，加大对实体经济的支持力度。2016 年的中央经济工作会议强调坚持以提高发展的质量和效益为中心，坚持宏观政策要稳、产业政策要准、微观政策要活、改革政策要实、社会政策要托底的政策思路，并提出坚持以推进供给侧结构性改革为主线，适度扩大总需求，加强预期引导，深化创新驱动，全面做好稳增长、促改革、调结构、惠民生、防风险各项工作。同时，要创新和完善宏观调控，推进政策协同配套，提高政策的精准性和有效性，保持经济运行在合理区间，抓好重点领域的风险防控。

五、完善宏观调控，相机抉择，健全货币政策和宏观审慎政策双支柱调控框架

2017 年的中央经济工作会议强调要坚持适应中国经济发展主要矛盾变化，相机抉择，开准药方，把推进供给侧结构性改革作为经济工作的主线。坚持以供给侧结构性改革为主线，统筹推进稳增长、促改革、调结构、惠民生、防风险各项工作，大力推进改革开放，创新和完善宏观调控。要实施好积极的财政政策和稳健的货币政策，健全经济政策协调机制，保持经济运行在合理区间。

2017 年的中国共产党第十九次全国代表大会强调以供给侧结构性改革为主线，推动经济发展质量变革、效率变革、动力变革，提高全要素生产率，着力加快建设实体经济、科技创新、现代金融、人力资源协同发展的产业体系，着力构建市场机制有效、微观主体有活力、宏观调控有度的经济体制，不断增强中国经济的创新力和竞争力。创新和完善宏观调控，发挥国家发展规划的战略导向作用，健全财政、货币、产业、区域等经济政策协调机制。完善促进消费的体制机制，增强消费对经济发展的基础性作用。深化投融资体制改革，发挥投资对优化供给结构的关键性作用。健全货币政策和宏观审慎政策双支柱调控框架，深化利率和汇率市场化改革。健全金融监管体系，守住不发生系统性金融风险的底线。

六、强化逆周期调节，坚持实施积极的财政政策和稳健的货币政策

2018 年的中央经济工作会议强调必须精准把握宏观调控的力度，主动预调、微调，强化政策协同；同时，提出宏观政策要强化逆周期调节，继续实施积极的财政政策和稳健的货币政策，适时预调、微调，稳定总需求；并且要全面正确把握宏观政策、结构性政策、社会政策取向，确保经济运行在合理区间；要实施好积极的财政政策和稳健的货币政策，实施就业优先政策，推动更高规模减税、更明显降费，有效缓解企业融资难、融资贵的问题。实现明年预期目标，要坚持稳字当头，坚持宏观政策要稳、微观政策要活、社会政策要托底的政策框架，提高宏观调控的前瞻性、针对性、有效性。

七、财政政策提质增效、货币政策灵活适度，在守住不发生系统性风险的底线中动态平衡"稳增长与防风险"关系

2019 年中央经济工作会议强调，要保稳定，守住不发生系统性风险的底线，并做到：①要保持宏观杠杆率基本稳定，压实各方责任。②统筹推进稳增长、促改革、调结构、惠民生、防风险、保稳定，保持经济运行在合理区间。③深化金融供给侧结构性改革，疏通货币政策传导机制，增加制造业中长期融资，更好缓解民营和中小微企业融资难、融资贵问题。④强化风险意识，牢牢守住不发生系统性风险底线。故此，积极的财政政策要大力提质增效，更加注重结构调整，坚决压缩一般性支出。同时，稳健的货币政策要灵活适度，保持流动性合理充裕，货币信贷、社会融资规模增长同经济发展相适应，降低社会融资成本。

2020 年中央经济工作会议则着重指出，要在稳杠杆中处理好恢复经济和防范风险之间的关系，具体政治任务是：①各类衍生风险不容忽视。要增强忧患意识，坚定必胜信心，推动经济持续恢复和高质量发展。要办好自己的事，坚持底线思维，提高风险预见预判能

力，严密防范各种风险挑战。②抓实化解地方政府隐性债务风险工作，党政机关要坚持过紧日子。③保持宏观杠杆率基本稳定，处理好恢复经济和防范风险之间的关系，多渠道补充银行资本金，完善债券市场法制。因此，稳健货币政策要灵活精准、合理适度，保持货币供应量和社会融资规模增速同名义经济增速基本匹配。同时，积极的财政政策要提质增效、坚持可持续性，保持适度支出强度。

第四章 中国宏观经济分析

1996 年，中国人民银行放开了银行间同业拆借利率，中国正式拉开了利率市场化改革的序幕，宏观调控进入一个新的阶段，至 2020 年中国成功实现第一个一百年奋斗目标——全面建成小康社会。这 25 年间，中国人民在中国共产党的带领下，进行了波澜壮阔、筚路蓝缕的奋斗，宏观经济取得了辉煌的成绩，也经历了波折和挑战。本章选取了四个维度及其相应指标，其中采用 GDP 现值、GDP 同比增速、CPI 同比增速、经济周期代表中国经济走势维度，采用中国金融系统风险周期指数代表金融风险维度，采用 M2 同比增速和同业拆借利率代表货币市场维度，采用财政收支与财政赤字指标代表财政政策维度，以此总结与梳理 1996—2020 年中国不同阶段的宏观经济特征。

第一节 中国经济走势分析

据中经数据统计，2020 年中国人均 GDP 达到 1.13 万美元，连续两年超过 1 万美元，同时，进出口额创下历史新高，投资、消费保持在较高水平。在新冠肺炎疫情的冲击下，中国经济表现强大的韧性，这是经历多次危机淬炼出来的。接下来，本节将从经济增长、通货膨胀两方面详细介绍中国经济的发展历程。

一、经济增长

经济增长可以用 GDP 现值和实际同比增速、经济周期来衡量。从图 4 - 1 左可见，1996—2020 年中国经济保持高速增长，年均 GDP 实际同比增速为 8.69%，2020 年名义 GDP 达 101.60 万亿元，中国成为世界第二大经济体。分阶段看，1996—1999 年亚洲金融危机前后，中国 GDP 同比增速持续下滑，其间均值为 8.70%，在 1999 年 GDP 同比增速仅为 6.70%。但是结合经济周期[①]可见，在此阶段，中国经济周期并没有出现持续为负的衰退迹象，这主要得益于中国及时有力的宏观调控；2000—2007 年中国经济高速增长，年均 GDP 实际同比增速为 9.95%，2007 年达到历史最高的 14.23%，但 2000—2006 年经济周期持续为负可以说明经济状况并没有过热；2007—2008 年经济周期迅速上升，在 2008 年美国次贷危机前达到 2.5，经济增长出现过热现象；2008 年后，中国经济增速换挡，经济增长从追求"高速增长"向"高质量发展"转变，除在 2010 年有所反弹外，GDP 同比增速呈下滑趋势，但 2009—2018 年经济周期接近均衡状态，这表明中国经济增长质量在提高；2019—2020 年受新冠肺炎疫情冲击影响，GDP 同比增速下滑至 2020 年的 2.3%，但经济周期在 2020 年第一季度下降至 −10.9 后，第四季度迅速回升至 1.0，这再次体现了中国经济的韧性。

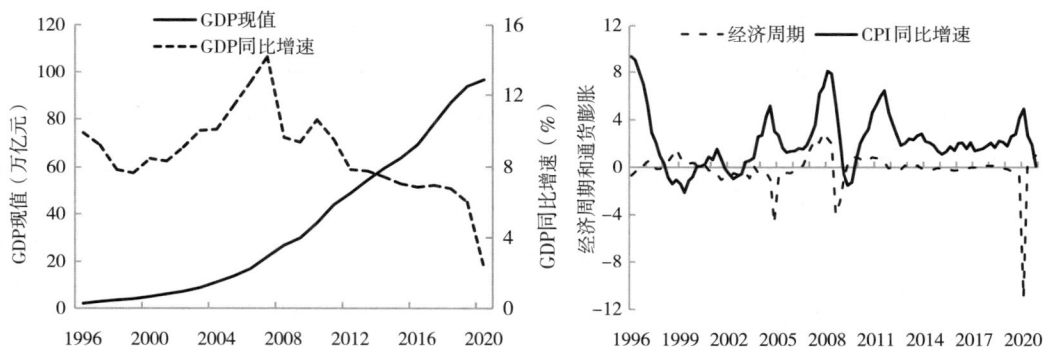

图 4−1　1996—2020 年中国 GDP 现值、GDP 同比增速、经济周期和 CPI 同比增速

数据来源：国家统计局。

二、通货膨胀

图 4−1 右展示了 1996—2020 年我国消费者物价指数（CPI）同比增速走势。分阶段来看，1996—1999 年 CPI 同比增速呈下降趋势，其中 1996 年第一季度为 9.4%，1997 年为 2.9%，第一次跌破 3% 的警戒线，此后继续下滑至 1999 年第二季度的 −2.2%。这一

---

① 经济周期采用 HP 滤波法估计，首先基于各国的季度名义 GDP 值和季度 GDP 平减指数换算得到季度实际 GDP 值（1996 = 100），即以 1996 年价格水平为基期，然后对季度实际 GDP 值做季节性调整（Tramo-Seats 方法）和对数处理（$Y_t = 100 \times \log GDP_t$），最后基于 HP 滤波法估计经济周期（$y_t$）。经济周期为正，表明实际产出超过潜在产出，经济周期上升；反之，经济周期为负，表明实际产出低于潜在产出，经济周期下行。

方面是前期为控制通货膨胀而实施的紧缩性宏观调控政策效果的延续；另一方面是 1997 年亚洲金融危机的冲击导致 1997—1999 年陷入通货紧缩；2000 年至 2001 年第二季度通货膨胀水平逐渐回升，但总体仍处于低通货膨胀状态；2001 年第二季度年至 2002 年第四季度 CPI 同比增速重新出现下滑趋势，即便在 2003 年通货膨胀同比增速回升，但 2002—2003 年"非典"期间我国 CPI 同比增速均值为 0.20%，表明在此阶段我国需求萎缩，产出增长乏力（结合经济周期走势可知）；2004 年后我国结束通货紧缩阶段，通货膨胀率上升，新一轮通货膨胀期开启，2004—2007 年平均 CPI 同比增速为 3.02%，可见在这一阶段我国通货膨胀水平处于合适的区间，有利于经济持续快速增长；2008 年美国次贷危机爆发，我国 CPI 同比增速迅速下滑并在 2009 年第二季度降至 −1.5%，通货紧缩压力剧增，经过大规模宽松政策的刺激之后，2009 年第三季度 CPI 同比增速扭跌为增，至 2011 年第二季度达到 6.4%，在这一阶段通货膨胀率上升过快，经济有过热风险；2011 年第三季度后通货膨胀率开始下降，至 2012 年第三季度 CPI 同比增速为 1.9%，此后，随着中国和美国货币政策均进入收缩阶段，2012—2018 年我国长期处于低通货膨胀状态，其间平均 CPI 同比增速仅为 1.95%；2019—2020 年，由于新冠肺炎疫情影响，CPI 同比增速先增后降，目前更关键的是通过宏观调控使通货膨胀率保持在合理水平，避免因物价水平波动过大而放大新冠肺炎疫情的冲击。

总的来说，我国经济增速长期保持在合理区间内[①]，经济发展质量有所提高，经济发展新动能逐渐凸显。据国家统计局发布的数据，2020 年我国经济发展新动能指数为 440.3，同比增长 35.3%，而在 2015 年该指数仅为 119.6。宏观调控效果不断加强，经济发展韧性持续增强，特别是 2010—2019 年我国通货膨胀率保持平稳，经济周期持续高于均衡点。2020 年由于新冠肺炎疫情冲击，我国通货膨胀和经济周期都有短暂的恶化，但很快被控制住，可见我国的宏观调控越发成熟高效，支撑我国宏观经济增长"行稳至远"。

第二节　中国金融风险分析

一、中国金融系统风险周期指数估计

为了有效测度中国金融系统风险周期，令 $X_t = (x_{1,t}, x_{2,t}, \cdots, x_{N,t})'$ 表示不同金融变量构成的向量，同时假定向量 $Y_t = (i_t, y_t, \pi_t, l_t)$ 表示盯住利率、经济周期、通货膨胀

---

① 2016 至 2019 年第二季度我国 GDP 同比增速维持在 [6%，7%] 内。

以及信贷杠杆缺口的货币政策规则。由此，构建一个滞后 q 阶的时变参数扩展因子向量自回归模型：

$$X_t = Y^f f_t + Y^y Y_t + e_t \tag{4-1}$$

$$\begin{bmatrix} y_t \\ f_t \end{bmatrix} = \Phi_{1,t} \begin{bmatrix} y_{t-1} \\ f_{t-1} \end{bmatrix} + \cdots + \Phi_{q,t} \begin{bmatrix} y_{t-q} \\ f_{t-q} \end{bmatrix} + \varepsilon_t \tag{4-2}$$

其中，Y^f 为 $N \times K$ 阶 f_t 的因子载荷矩阵，Y^y 为 $N \times L$ 阶 y_t 的因子载荷矩阵，$K + L \leqslant N$，$e_t \sim N(0, H)$，$\varepsilon_t \sim N(0, \Omega_t)$，$H = \mathrm{diag}[\exp(h_1), \cdots, \exp(h_N)]$。假设 $E(e_{i,t} f_t) = 0$；$E(e_i, e_{j,s}) = 0$；$i, j = 1, \cdots, N$；$s = 1, \cdots, T$；$i \neq j$；$t \neq s$；$t = 1, \cdots, T$。$\Phi_{q,t}$ 为 $(K+L) \times (K+L)$ 阶的时变系数矩阵。由 $A_t \Omega_t A_t' = \Sigma_t \Sigma_t'$ 可得，$\Omega_t = A_t \Sigma_t \Sigma_t' (A_t'^{-1})$，其中，$\Sigma_t = \mathrm{diag}(\sigma_{1,t}, \cdots, \sigma_{K+L,t})$。根据 Primiceri（2005），$A_t$ 是下三角矩阵，其结构表达式为：

$$A_t = \begin{bmatrix} 1 & 0 & \cdots & 0 \\ a_{21,t} & 1 & \ddots & \vdots \\ \vdots & \ddots & \ddots & 0 \\ a_{(K+L)1,t} & \cdots & a_{(K+L)(K+L-1),t} & 1 \end{bmatrix} \tag{4-3}$$

将系数矩阵转换为 $\Phi_t = [\mathrm{vec}(\Phi_{1,t})', \cdots, \mathrm{vec}(\Phi_{q,t})']$，$a_t = (a_{j1,t}', \cdots, a_{j(j-1),t}')'$，$\log \sigma_t = (\log \sigma_{1,t}', \cdots, \log \sigma_{K+L,t}')$，$j = 1, \cdots, K+L$。假设 Φ_t，a_t，$\log \sigma_t$ 服从随机游走过程（Koop et al.，2009；Korobilis，2013）。在此基础上，可设置如下脉冲响应函数：

$$\Theta_t = \Lambda \Psi_t + \Psi \zeta_t^\Theta \tag{4-4}$$

$$\Psi_t = \Phi_t(t) \Psi_t + A_t^{-1} \Sigma_t \zeta_t^\Psi \tag{4-5}$$

其中，$\Theta_t' = [X_t', Y_t']$，$\Psi_t' = [f_t', Y_t']$，$\Lambda = \begin{bmatrix} \Lambda^f & \Lambda^y \\ 0_{L \times K} & I_L \end{bmatrix}$，$\Phi_t(L) = \Phi_{1,t} L + \cdots + \Phi_{q,t} L^p$，$\Psi = \mathrm{diag}[\exp(h_1/2), \cdots, \exp(h_N/2), \exp(H_N/2), 0_{1 \times L}]$，$\Psi\Psi' = [H, 0_{1 \times L}']'$，$\zeta_t^\Theta$ 和 ζ_t^Ψ 均服从标准正态分布且相互独立。模型向量移动平均（VMA）可表示为：

$$\Theta_t = \Lambda \widetilde{\Phi}_t(L)^{-1} A_t^{-1} \Sigma_t \zeta_t^\Psi + \Psi \zeta_t^\Theta = \Delta_t(L) \vartheta_t \tag{4-6}$$

其中，$\widetilde{\Phi}_t(L) = I - \Phi_t(L)$，$\vartheta_t \sim N(0,1)$。特别是，本报告利用动态模型选择最优变量，根据每个模型在 t 时点上对模型变量的下一期数值进行预测，计算出各时刻变量的对应概率，令初始条件概率为 $\Pi_{0|0,j}$，对于 $j = 1, \cdots, J$，借鉴 Raftery 等（2010）研究，利用遗忘因子 α 给出模型预测方程：$\Pi_{t|t-1,j} = \Pi_{t-1|t-1,j}^\alpha / \sum_{l=1}^J \Pi_{t-1|t-1,l}^\alpha$。此时，模型更新为：

$$\Pi_{t|t,j} = \Pi_{t-1|t-1,j} f_j(X_t|X_{1:t-1}) / \sum_{l=1}^J \Pi_{t|t-1,j} f_l(X_t|X_{1:t-1}) \tag{4-7}$$

其中，$f_j\left(X_t|X_{1:t-1}\right)$ 是模型 j 的拟合测度，为实时追踪金融系统风险的演变路径与波动情况，本报告利用时变状态空间模型以及卡尔曼滤波迭代算法合成全球金融风险周期中各金融变量的动态权重。令 X_{it} 为中国各主要金融变量，因此，可估计得到中国金融系统风险周期为：

$$Fc_t = \sum_j^I \Pi_{t|t,j} \cdot X_{it} \qquad (4-8)$$

由上述测算方法可知，与传统研究中多数专家和决策者采用的对所列指标的重要程度进行评判打分再计算得出权重体系等具有主观性的方法相比，本报告的设定和估计具有较强的科学性。而且，传统研究在指标权重设定上多数采用常系数方法，而这些模型的设定往往无法刻画金融危机过程中某些变量所扮演的角色越发重要的典型事实（Hatzius et al.，2010）。鉴于此，上述过程构建了满足系数和载荷随时间变化的时变参数拓展因子向量自回归模型，同时使用 Koop 和 Korobilis（2012）提出的有效动态模型选择（DMS）计算得到指标体系的动态权重数值，并赋值计算得到系统风险周期指标，由此使得不同宏观金融变量的系统性风险以不同的强度传递至中国金融系统风险周期。

二、数据来源及说明

选择银行系统、资本市场、房地产市场和外汇市场四个重要金融市场来反映系统金融市场，考虑到变量重要性，选择五个金融子系统风险指标来衡量这四个金融市场风险，以此构建金融风险周期指数。

（一）银行系统风险指标

该指标由实际信贷增速和信贷/GDP 缺口衡量。一方面，为获得实际信贷增速数据，先由实际国内生产总值乘以所有非金融部门信贷与 GDP 比率，即宏观杠杆率，得到每季度宏观实际信贷额；再由（当季度的实际信贷额－上年同季度的实际信贷额）/上年同季度的实际信贷额×100%，最终得到实际信贷增速。其中，国内生产总值数据来源于国家统计局，非金融部门信贷与 GDP 比率数据来源于国际清算银行（BIS）数据库。另一方面，对于信贷/GDP 缺口，本报告选择我国（政府信贷＋企业信贷＋家庭信贷）/GDP 比重变量在剔除趋势成分后的周期性成分作为信贷/GDP 缺口的替代变量。数据来源于国际清算银行（BIS）数据库。

（二）资本市场风险指标

该指标由股票指数缺口衡量。重要的中国股票市场指数有上证指数、深证指数、沪深 300 指数等。由于沪深 300 指数早期数据无法获得，因此本报告选择最具代表性的上证指数。这里需要说明的是，若使用上证指数和深证指数的综合数据，对股票指数缺口的测算以及金融风险周期指数的影响不大。本报告数据处理是将上证指数进行 Hodrick – Prescott 滤波分解，得到趋势要素和周期要素，该周期要素即为上证指数的缺口数据。数据来源于上海证券交易所。

（三）**房地产市场风险指标**

该指标由房价缺口衡量。房价波动是房地产市场风险的重要来源。本报告为估计房价缺口，第一步使用年初至今已出售商品建筑总计零售额除以年初至今已出售商品建筑面积，得到平均商品建筑价格；第二步采用 Tramo – Seats 消除季节性问题；第三步将无季节性波动后的房价数值取对数，再乘以 100；第四步经过 Hodrick – Prescott 滤波分解后得到周期要素，即为房价缺口指标。若房价缺口为正，代表实际房价大于潜在房价，市场面临房价上涨过快的风险。上述数据均来源于国家统计局。

（四）**外汇市场风险指标**

该指标由汇率缺口衡量。本报告为了估计汇率缺口，第一步选取期末每美元兑换的本国货币官方汇率；第二步类似房价处理操作，将每美元兑换人民币数值取对数，再乘以 100；第三步同样经过 Hodrick-Prescott 滤波分解，得到汇率的趋势项和周期项，其中周期项就是汇率缺口指标。若汇率缺口为正，代表实际汇率大于潜在汇率，每美元可兑换的人民币超出潜在值，人民币面临贬值风险。季度数据来源于中国人民银行和美国联邦储备系统。

此外，对于宏观经济变量，本报告主要选取通货膨胀率、经济增速缺口、失业率、货币增速和利率五个指标。①为了估计通货膨胀率，本报告先使用居民消费价格指数 CPI 当月同比数据，然后通过三个月数据移动平均计算出当季度的季度 CPI，最后减去 100，即可获得该季度的通货膨胀率。②经济增速缺口则是采用 GDP 不变价当季的同比数据，经过 Hodrick – Prescott 滤波分解后获得的。③失业率选择城镇登记失业率的季度数据衡量。④货币增速使用 M2 同比数据衡量。⑤利率则首先选择银行间同业拆借利率的三个月加权平均值月度数据，再通过三个月移动平均获得季度数据，以此反映我国利率水平。前三者数据来源于国家统计局，后两者来源于中国人民银行。

三、中国金融风险分析

从图 4 – 2 可以看出，我国金融风险随着经济形势改变呈现高低周期不断交替的情形。具体来看，可以分为以下几个阶段：第一阶段是 1996—1999 年，在此期间我国金融风险较低，其主要原因是处于后亚洲金融危机时期，政府采取降低利率和存款准备金率等宽松的货币政策，以促进经济快速发展。第二阶段是 2000—2004 年高金融风险时期，其主要原因是在此期间政策部门以扩张性货币政策和财政政策为主，导致金融风险上升。第三阶段是 2005—2007 年低金融风险时期，在此期间我国经济保持高速增长，为了防止经济过热，宏观调控以适度紧缩的货币政策以及稳中偏紧的财政政策为主，由此使得金融风险相对较低。2008年金融风险急剧上升，其主要原因是为了应对美国次贷危机的不良影响，政策部门采取了稳健的货币政策和积极的财政政策，从而使得金融风险逐渐显现。2009—2011年金融风险快速回落，在这一阶段，为了稳定通货膨胀预期，央行多次上调存款准备金率以及利率，同时财政政策以逆周期调节为主，由此抑制了金融风险上升。而2012—2015年金融风险再次呈现上升的趋势，其主要原因是在此期间金融监管和货币政策相对宽松，导致金融风险上升。2016—2020年，金融风险显著下降，虽早些期间有所回升，但金融机构定向降准降息、央行调控市场利率、严控金融系统性风险等多重政策的共同作用，使得金融风险得到有效遏制，总体呈现下降的趋势。

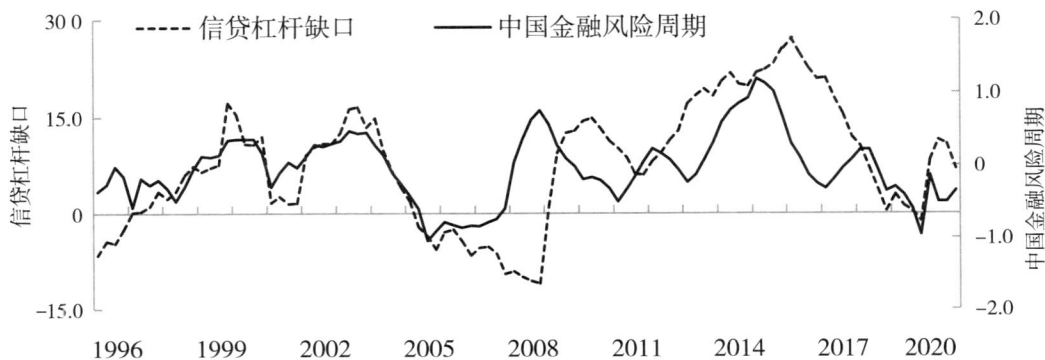

图4-2 中国金融系统性风险周期

第三节 中国货币市场分析

从1996年6月中国人民银行放开银行间同业拆借利率开始，我国货币市场的市场化程度不断上升。截至2020年末，我国货币市场M2存量为235.60万亿元，较1996年末增长295.00%，社会融资规模存量为284.83万亿元，货币市场规模巨大。同时，货币市场与货币政策高度相关，货币政策的调控决定了货币市场的走势，1996—2020年我国M2同比增速和7天同业拆借利率（指金融机构同业间7天期限的资金拆借利率）走势愈发平稳，这标志着我国货币政策调控逐步成熟。本节将采用M2同比增速和7天同业拆借利率指标（见图4-3），总结1996—2020年我国货币市场的发展特征。

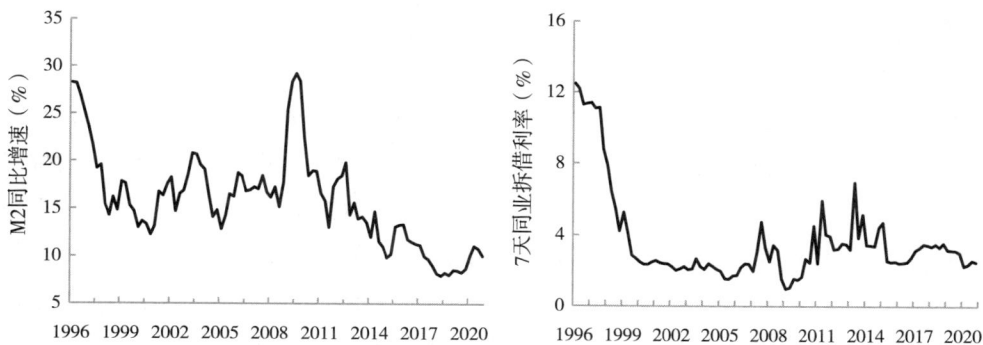

图 4-3　1996—2020 年我国 M2 同比增速、7 天同业拆借利率走势

数据来源：国家统计局。

一、数据来源及说明

本报告采用的 M2（广义货币）是 M1、居民储蓄存款、单位定期存款、单位其他存款、证券公司客户保证金的总和，M2 同比增速是重要的流动性和经济活跃度指标，也是我国数量型货币政策的政策中介目标。同时，采用季度平均的 7 天同业拆借利率代表货币市场利率，可以较高地反映货币市场融资的真实成本，在以往研究中常用于作为货币政策利率中介目标的替代变量。M2 同比增速、7 天同业拆借利率数据均来自国家统计局。

二、1996—2002 年稳健偏宽松的货币政策阶段

1996 年前我国通货膨胀持续高企，宏观调控政策偏紧。1996—1997 年我国货币政策仍然延续偏紧状态，其间 M2 同比增速呈下降趋势，从 1996 年第一季度的 28.26% 降至 1997 年第四季度的 19.58%，7 天同业拆借利率也有所下降，这是利率市场化改革的必然结果。1997 年亚洲金融危机爆发，国内有效需求和通货膨胀下降，我国采用适度宽松的货币政策应对危机冲击，其主要措施包括提高货币供应量和降低利率以提高市场的流动性、推广消费贷刺激消费需求以及增加对中小企业的贷款。因此 1998—2002 年我国平均 M2 同比增速为 15.45%，特别是，1998 年第三季度至 1999 年第二季度的 M2 同比增速分别为 16.19%、14.84%、17.82% 和 17.65%，货币供应量明显增加；1998 年央行三次降低存款利率，货币市场利率也反应明显。7 天同业拆借利率从 1998 年初的 7.88% 降至 2002 年末的 2.24%，降幅达 71.57%，市场融资成本显著下降。总的来说，该阶段货币政策调控偏宽松，从利率和货币供应量的反应来看，M2 同比增速在 1998 年第三季度才开始回升，货币供应渠道还不够畅通，而货币市场利率反应明显。虽然同期通货膨胀率下降影响了实际利率的下降效果，但货币政策还是起到了降低市场融资成本的目的。

三、2003—2005 年松紧结合的货币政策阶段

2003—2004 年我国经济增长加快，通货膨胀压力加大，特别是投资增长过快，经济有过热风险。其间货币政策处于偏宽松状态，其中 M2 同比增速从 2002 年第二季度的 14.74% 上升至 2003 年第二季度的 20.82%，在 2004 年第二季度仍然保持 19.11% 的高增速；7 天同业拆借利率相对平稳，2003—2004 年均值为 2.20%。随着通货膨胀压力上升，货币政策加强了前瞻性调控，2004—2005 年货币政策明显偏紧，主要表现在提高存款准备金率，加强信贷约束，M2 同比增速迅速下降至 2005 年第一季度的 12.86%。总的来说，该段时期的货币政策先偏松后偏紧，对宏观经济的前瞻性调控有所增强，保障了经济平稳较快发展。

四、2006—2008 年稳健的货币政策阶段

吸取上一阶段宽松宏观调控政策导致经济过热的教训，2006—2008 年宏观调控采用稳健的货币政策搭配稳健偏紧的财政政策，实施的稳健货币政策包括提高法定存款准备金率和提高存贷款利率。从 M2 同比增速和 7 天同业拆借利率走势可以看出，该时期 M2 同比增速放缓，其间均值为 16.71%；7 天同业拆借利率有所上升，其间均值为 2.39%，在 2007 年第四季度甚至达到 4.75%。从调控效果看，稳健的货币政策实现了维护物价稳定的目标（见图 4 - 1），同时搭配稳健偏紧的财政政策，实现了对投资过热的降温。

五、2008—2011 年偏紧—宽松—紧缩的货币政策阶段

事实上，由于 2007 年末通货膨胀压力急剧上升，2008 年上半年采取的是紧缩的货币政策，货币市场处于收缩状态，其间 M2 同比增速（7 天同业拆借利率）从 2008 年第一季度的 16.19%（2.53%）下降（上升）至 2008 年第三季度的 15.21%（3.16%）。但随着 2007 年美国次贷危机的冲击传至国内，2008 年下半年货币政策迅速转向宽松，并且持续至 2010 年末，其间平均 M2 同比增速高达 23.13%，7 天同业拆借利率迅速降至 2009 年第一季度的 0.99%。随着美国次贷危机的缓和和国内经济企稳，2011 年我国货币政策重新回到紧缩状态，M2 同比增速从 2010 年第四季度的 18.95% 下降至 2011 年第三季度的 13.06%，7 天同业拆借利率也从 2011 年第一季度的 2.42% 上升至 2011 年第四季度的 3.94%。总的来说，2008—2011 年由于国内通货膨胀压力，我国货币政策先采取偏紧的调控政策。美国次贷危机爆发后，货币政策迅速调整为宽松状态，避免了宏观经济滑向衰退。美国次贷危机冲击有所缓和后，货币政策又重回紧缩状态，重点调控通货膨胀，充分体现了我国货币政策调控的灵活性。

六、2012—2020 年稳健的货币政策阶段

虽然美国次贷危机已经过去四年，但是全球同步超级宽松的货币政策导致全球市场流动性泛滥，全球杠杆率上升，经济复苏的基础仍然薄弱，新的系统性风险在集聚。国内货币政策除了调控传统政策目标外，也关注防范系统性风险，注重对"防风险""稳增长""去杠杆"等多重政策目标的协调，其间 M2 同比增速整体处于下降趋势，从 2012 年第一季度的 18.13% 下降至 2020 年第四季度的 10.08%，同时 7 天同业拆借利率在这期间的均值为 3.22%，保持在较高水平。事实上，稳健的货币政策保障了我国宏观经济的稳定，提高了经济发展的韧性，2012—2020 年我国平均 GDP 同比增速为 6.5%，平均 CPI 同比增速也因为控制住货币供应量而保持在 2.18% 的水平。正是由于前期稳健性的宏观调控稳定住通货膨胀和经济增长，同时为货币政策的进一步调控储备了空间，2020 年新冠肺炎疫情冲击下我国的货币政策再次体现灵活调整的特征并取得了有效的调控效果，我国成为全球为数不多取得正增长的国家。

第四节　中国财政政策分析

财政政策是宏观调控的重要手段。财政政策主要有四大功能：第一，财政政策可以通过调节个人和企业的行为，进而引导国民经济的运行；第二，财政政策可以制约经济发展过程中的失衡状态，起到协调的作用；第三，财政政策可以通过调节经济个体行为，实现对宏观经济的有效控制；第四，财政政策通过逆周期调控，实现国民经济的稳定发展。因此，1996—2020 年，我国财政政策为宏观经济的稳定快速运行做出了巨大贡献。

一、数据来源及说明

本报告采用的财政赤字是指在财政编制预算时，财政预算支出与财政预算收入之差。若支出大于收入，称为财政赤字；若支出小于收入，称为财政盈余。我们采用实际财政赤字占 GDP 的比重作为财政政策的替代变量（见图 4-4），当该数值大于零时，表示实施扩张性财政政策；当该数值小于零时，则表明实施紧缩性财政政策。同时，由于该数据具有较强的季节性特征，我们采用 Tramo-Seats 方法对其做季节性处理。财政支出、财政收入数据均来自国家统计局。

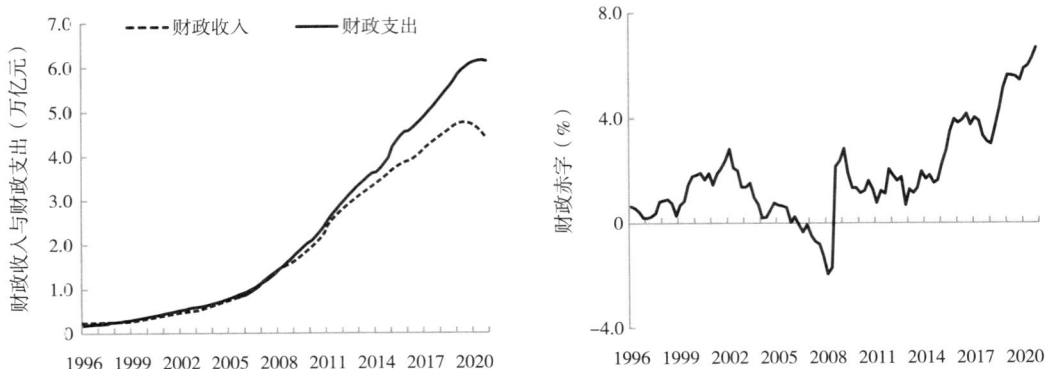

图 4 - 4　中国财政收入、支出和赤字走势

数据来源：国家统计局。

二、1996—2020 年中国财政政策分析

从图 4 - 4 右财政赤字走势可知，1996—2004 年财政赤字为正，表明政策部门实施积极的财政政策，而 2005—2007 年财政赤字有所下降且转正为负，在此期间，我国以稳健的财政政策替代积极的财政政策，而 2008 年后财政赤字转负为正，且总体呈现逐渐增加的趋势，表明中国在受到 2008 年美国次贷危机影响后，又启动新一轮积极的财政政策，并连续实施至今。结合 1996—2020 年中国财政收入、财政支出和财政赤字数据以及财政政策制度演变，本节分以下四个阶段对财政政策进行分析。

（一）1996—2004 年积极财政政策

1996—1997 年的财政政策相对较为稳定，而 1998 年，为应对亚洲金融危机的不利影响和国内需求不足，政策部门决定加大宏观调控力度，实施扩张性财政政策，从图 4 - 4 左可以看出在这一阶段财政收入和财政支出呈现明显的上升趋势。具体而言，采取了以下措施：第一，增发国债支持支出规模扩张，1998 年 8 月财政部增发 1 000 亿元国债，同时配套发放 1 000 亿元贷款，1999 年国内外债券发行量为 3 415 亿元，2000—2004 年共发行国债 28 739 亿元，超过一般公共预算支出的 20%；第二，完善非税收入政策，1998—2002 年取消 1 965 项收费项目，减轻企业和社会负担 1 332 亿元；第三，提高居民收入，扩大消费需求，实施了提高机关事业单位职工工资等增加居民收入的政策，进而拉动消费；第四，促进经济结构调整，支持国有企业改革，积极推动电力、电信行业的体制改革，支持汽车、石油等行业的重组和改革。以上一系列扩张性财政政策在促进中国经济发展、政治稳定和社会进步等方面发挥了重要作用，不仅缓解了经济运行中不稳定、不健康等突出矛盾和问题，而且保持了国民经济平稳较快发展。更重要的是，此次逆周期调节，为中国应对外部冲击积累了经验，为应对 2008 年美国次贷危机的影响做了充分的准备。

（二）2005—2007 年稳健财政政策

2005—2007 年中国经济平稳发展，市场调节机制的作用明显增加，稳健的财政政策取代了积极的财政政策。2005 年政府工作报告也明确指出，要加强和改善宏观调控，实施稳健的财政政策。具体而言，有以下几个措施：第一，适当降低中央财政赤字，从图 4 - 4 可以看出，2005—2007 年中国财政赤字明显下降，财政收支差额处于低位，甚至略有盈余；第二，优化财政支出结构，加大社会保障、教育、环境和生态建设、抚恤和社会福利救济等支出；第三，加强财政管理，深化财政管理制度改革，进行政府采购制度、部门预算制度、国库集中收付制度等一系列制度改革；第四，支持国有企业改革，推动中小企业发展，在此期间，出台了一系列促进外贸改革、支持国有企业改制改组、推动中小企业发展等财政政策。通过实施稳健的财政政策，中国经济实现了较快发展，物价水平稳定，财政收支差额处于低位，改革开放逐步推进。此次稳健财政政策的成功标志着中国经济体制改革取得阶段性成功，不仅激活了社会中的经济活力，还使国家财政职能更加专业，同时也可以集中解决社会转型变革问题。

（三）2008—2012 年积极财政政策

2008 年美国次贷危机给中国带来了巨大冲击，宏观经济运行进入下行区间。面对美国次贷危机的不利影响，中国开启了新一轮积极的财政政策。具体来看有以下措施：第一，扩大公共投资，优化公共投资结构，将投资用于灾后重建、民生工程、基础设施、生态建设等与人民生活相关的方面，通过加大支出规模扩大内需；第二，提高居民收入，促进消费需求，通过增加中低收入者收入、提高退休人员基本养老金、家电下乡补贴、农机购置补贴等方式，提升消费需求，促进消费增长，进而扩大消费对经济增长的拉动效应；第三，增加对科技创新和节能减排的支持力度，加大财政对科技的投入，完善有利于提高自主创新能力的财政政策，从而推动经济发展方式的转变，同时大力支持节能减排，建立资源集约、节约利用的长效机制，促进对生态环境的保护；第四，推动税费改革，实行结构性减税，减轻居民和企业的负担，促进消费和投资，促进宏观经济稳定。新一轮积极的财政政策极大地抵消了美国次贷危机对中国的不利影响，经济的衰退趋势也得到有效控制，同时，经济先行指标出现了回暖的迹象。

（四）2012—2020 年积极财政政策

2012 年中国经济进入新常态，中国特色社会主义也进入了新时代，顺应历史潮流、匹配中国国情、象征发展方向的现代财政制度应运而生。在此阶段，中国财政政策以积极财政政策为主，并且力度越来越大，具体有：第一，加大盘活财政资金的力度，其主要措施是将盘活的存量资金定向投入基础设施建设、民生、公共服务等领域，同时创新财政支出方式，提高使用效率；第二，继续推进国有企业改革，将社会资本引入国有企业，提升企业活力，同时清理"僵尸"企业，避免国家资源浪费；第三，推行乡村振兴战略，提升低收入群体收入，同时释放社会投资，促进消费需求；第四，2020 年为应对新冠肺炎疫情，中国政府提出"坚持积极的财政政策更加积极有为"的计划，因此，建立了关于新增财政赤字和抗疫特别国债的特殊转移支付机制，确保财政资金直接惠利于民。在此阶段，经济发展速度虽然有所减缓，但积极的财政政策在稳增长、促改革、调结构和惠民生等方面发挥了重要作用。更重要的是，在西方国家对中国经济的打压以及新冠肺炎疫情的冲击下，中国国内生产总值增长依旧平均保持在 6% 左右，2020 年中国更是成为全球为数不多取得正增长的主要经济体。

第五章　中国货币政策实践的逻辑、演进与启示

本章结合第四章中国宏观经济分析，构建了一个货币政策调控包括经济周期、通货膨胀和金融风险周期的多目标模型系统，实证阐述了 1996—2020 年中国的货币政策取向、货币政策调控多重政策目标的传导效率，并以此为基础，提出未来中国货币政策改革、制定与实施的具体建议。

第一节　货币政策模型构建

首先，需求函数设定。本报告采用 Kontonikas 和 Montagnoli（2006）理论模型，并借鉴曾宪久（2001）、盛朝晖（2004）和陈创练等（2016）的研究[①]，同时，为了刻画变量间的时变动态关系，我们将经济周期方程参数放宽至时变，由此设定经济体的时变参数总需求（IS 曲线）方程为：

$$y_t = a_{0,t} + a_{1,t}y_{t-1} + a_{2,t}(i_t - \pi_t) + \eta_t \qquad a_{1,t} > 0,\ a_{2,t} < 0 \qquad (5-1)$$

其中，y_t 表示经济周期，i_t 为名义利率，π_t 是通货膨胀率。上式表明，经济周期与前期经济周期存在正相关的时变关系（$a_{1,t} > 0$），而与滞后一期的实际利率（$i_t - \pi_t$）存在负相关的时变关系。这主要是实际利率提高挤出了实际投资，从而导致实际产出水平下降；反之，实际利率下降则导致实际产出水平提高。因此，$a_{2,t} < 0$。$a_{1,t}$ 和 $a_{2,t}$ 的数值大小分别刻画了经济周期平衡系数和利率对经济周期调控的强度。此外，η_t 表示经济周期的其他冲击影响因素。

其次，新凯恩斯菲利普斯曲线设定。基于交错价格调整模型，并借鉴 Scheibe 和 Vines

[①] 曾宪久（2001）考察了 1978—1998 年中国名义利率与产出的关系，研究发现名义利率每上升 1%，GDP 将下降 0.07%，即利率提高抑制了经济增长。与此同时，盛朝晖（2004）考察了 1994—2004 年中国货币政策的主要传导渠道效应，分析表明利率传导的作用主要体现在对产出的影响上，利率变化对产出的影响最大效应出现在第一个季度后，产出的利率弹性为 0.26，且方向相反，从而表明提高利率能够在一定程度上抑制经济增长。

（2005）以及 Galí 和 Monacelli（2005）等人的研究[①]，设定时变参数新凯恩斯菲利普斯曲线为：

$$\pi_t = b_{0,t} + b_{1,t}\pi_{t-1} + b_{2,t}y_t + u_t \quad b_{2,t} > 0 \tag{5-2}$$

其中，$b_{1,t}$ 测度的是滞后通货膨胀对当期通货膨胀的影响效应，也称通货膨胀惯性参数；$b_{2,t} > 0$ 则意味着在经济扩张时期（经济周期大于零），总需求大于总供给，此时一般伴随着物价水平上涨（通货膨胀）；反之，在经济收缩时期（经济周期小于零），总需求小于总供给，此时供给力量会导致物价水平下跌（通货紧缩）。u_t 表示通货膨胀的其他冲击影响因素。

再次，金融风险周期设定。Li 和 Tian（2018）研究表明，M2 同比增速每提高 1%，金融压力指数上升 0.4 个标准差；而 Moraes 和 Mendonca（2019）研究更是表明，利率与金融风险存在显著负相关关系。陈创练等（2020）研究认为利率和 M2 同比增速等紧缩性货币政策均能有效抑制金融风险周期，其中，在高风险区的抑制效果更显著。特别是，随着经济扩张，经济过度繁荣会推动信贷规模扩张，并导致金融风险持续扩大。由此，我们设定金融压力指数方程为：

$$FSI_t = d_{0,t} + d_{1,t}FSI_{t-1} + d_{2,t}(i_t - \pi_t) + d_{3,t}y_t + \varepsilon_t \tag{5-3}$$

其中，$d_{1,t}$ 表示金融压力指数的时变平滑特性；$d_{2,t}$ 则刻画了实际利率对金融压力指数的影响效应；一般 $d_{2,t} < 0$，表示随着利率的提高，金融压力指数呈现下降趋势，即紧缩性利率政策能够有效抑制金融风险；$d_{3,t} > 0$ 则表示经济扩张一般伴随着金融风险的增加。ε_t 表示金融压力指数的其他冲击因素。

最后，货币政策规则设定。经济周期和通货膨胀是央行制定货币政策需要考虑的两大首要目标，而当前应用最为广泛的货币政策工具是泰勒规则，它描绘出在给定通货膨胀目标和潜在产出水平下，央行的短期名义利率如何针对经济周期和通货膨胀进行调整，与 Clarida 等（2000）以及 Kim & Nelson（2006）的研究发现相一致，设定时变泰勒规则如下：

$$i_t^* = \bar{i}_{0,t} + \beta_{1,t}y_t + \beta_{2,t}(\pi_t - \pi_t^*) + \beta_{3,t}FSI_t \tag{5-4}$$

其中，i_t^* 表示最优货币政策规则建议的利率值，也即目标利率，而非名义利率的实际值；$\bar{i}_{0,t}$ 为长期时变均衡利率。$\beta_{1,t}$、$\beta_{2,t}$ 和 $\beta_{3,t}$ 为参数。[②] 遵循该领域研究惯例（如 Wood-

---

① Scheibe 和 Vines（2005）采用中国季度数据估计了基于经济周期的前瞻性和后瞻性新凯恩斯菲利普斯曲线，分析结果表明经济周期和通货膨胀惯性对中国通货膨胀率有显著影响作用。

② Taylor（1993）研究发现，美国实际均衡利率和目标通货膨胀率均为 2%，并且还设定通货膨胀缺口和经济周期相对于美国联邦基金利率的权重均等于 0.5，即 $\beta_{1,t} = \beta_{2,t} = 0.5$。

ford，1999；Clarida et al.，2000；Kim & Nelson，2006），考虑利率平滑性，设定利率的动态调整如下：

$$i_t = (1 - \rho_t) i_t^* + \rho_t i_{t-1} + e_t \qquad (5-5)$$

其中，$\rho_t \in [0, 1]$，表示名义利率的时变平滑参数，意味着央行并非将短期名义利率设定为目标利率，而是对目标利率和前期利率水平值进行部分调整，以消除与目标利率的偏差。由此，ρ_t 也刻画出名义利率调整的时变平滑特征。此外，e_t 为其他冲击影响的随机扰动项。

将式（5-4）代入式（5-5）可得时变泰勒规则的货币政策函数为：

$$i_t = (1 - \rho_t)(i_{0,t} + \beta_{1,t} y_t + \beta_{2,t} \pi_t + \beta_{3,t} FSI_t) + \rho_t i_{t-1} + e_t \qquad (5-6)$$

其中，$i_{0,t} = \bar{i}_{0,t} - \beta_{2,t} \pi_t^*$。上式表示考虑名义利率调整平滑特征的央行货币政策时变反应函数。其中，政策工具短期名义利率对经济周期、通货膨胀和金融风险周期的反应取决于 $\beta_{1,t}$、$\beta_{2,t}$ 和 $\beta_{3,t}$ 的大小和符号，其中，$\beta_{1,t}$、$\beta_{2,t}$ 和 $\beta_{3,t}$ 大于零表示经济周期、通货膨胀和金融风险周期伴随着利率变化作顺周期调整，从而维持经济和金融稳定增长；反之，$\beta_{1,t}$、$\beta_{2,t}$ 和 $\beta_{3,t}$ 小于零则表示经济周期、通货膨胀和金融风险周期伴随着利率变化作逆周期调整，加剧了经济和金融波动（郑挺国、刘金全，2010；陈创练等，2016）。由此可见，只有当利率与长期均衡利率相等，并且产出与潜在产出相等（经济周期为零）时，宏观经济才能保持稳定持续增长。

将上述模型设定的式（5-1）至式（5-3）和式（5-6）联立构成模型系统，我们将其记为"时变参数货币政策模型系统"，此即为后续分析中国、美国、英国和日本的货币政策取向和货币政策传导效率的基础理论模型。

第二节　货币政策取向逻辑

一、时变参数货币政策取向测度方法

结合上述时变参数货币政策模型系统，令 $Y_t = [\begin{matrix} i_t & y_t & \pi_t & FSI_t \end{matrix}]'$，由此，我们可以将其改写为如下结构式模型系统：

$$\Gamma_t Y_t = A_t + B_t Y_{t-1} + \upsilon_t \qquad (5-7)$$

其中，$A_t = [\begin{matrix} (1 - \rho_t)(\bar{i}_{0,t} - \beta_{2,t} \pi_t^*) & a_{0,t} & b_{0,t} & d_{0,t} \end{matrix}]'$，$\upsilon_t = (\begin{matrix} e_t & \eta_t & u_t & \varepsilon_t \end{matrix})'$，

$$\Gamma_t = \begin{bmatrix} 1 & -(1-\rho_t)\beta_{1,t} & -(1-\rho_t)\beta_{2,t} & -(1-\rho_t)\beta_{3,t} \\ -a_{2,t} & 1 & a_{2,t} & 0 \\ 0 & -b_{2,t} & 1 & 0 \\ -d_{2,t} & -d_{3,t} & d_{2,t} & 1 \end{bmatrix}, \; 且 \, B_t = \begin{bmatrix} \rho_t & 0 & 0 & 0 \\ 0 & a_{1,t} & 0 & 0 \\ 0 & 0 & b_{1,t} & 0 \\ 0 & 0 & 0 & d_{1,t} \end{bmatrix} 。$$

从上述模型设定可知，矩阵 Γ_t 的行列式非零，故可逆。因此，我们也可将上述结构式模型系统转换为如下简约式模型：

$$Y_t = \Phi_t + H_t Y_{t-1} + \zeta_t \tag{5-8}$$

其中，4×1 阶向量 $\Phi_t = \Gamma_t^{-1} A_t$，$4 \times 4$ 阶向量 $H_t = \Gamma_t^{-1} B_t$，4×1 阶向量 $\zeta_t = \Gamma_t^{-1} \upsilon_t$。故此，我们可以基于式（5-8）向量 $Y_t = \begin{bmatrix} i_t & y_t & \pi_t & FSI_t \end{bmatrix}'$ 构成的一阶自回归简约式模型系统的估计结果，通过逆推的方式求解结构式模型系统式（5-7），并结合式（5-7）的参数估计结果阐述央行货币政策盯住多重目标的政策取向。特别是，我们可以求解利率方程得到时变参数货币政策规则为：

$$i_t = (1 - \hat{\rho}_t)(\hat{i}_{0,t} + \hat{\beta}_{1,t} y_t + \hat{\beta}_{2,t} \pi_t + \hat{\beta}_{3,t} FSI_t) + \hat{\rho}_t i_{t-1} + \hat{\zeta}_t \tag{5-9}$$

其中，$\hat{\zeta}_t$ 为残差项，$\hat{i}_{0,t} = \dfrac{\hat{\Phi}_{l1,t}}{1-\hat{\rho}_t} - \dfrac{\sum\limits_{j=2}^{4}(\hat{H}_{1j,t} \sum\limits_{i=2}^{4} \hat{\Phi}_{l1,t} \hat{\Delta}_{i-1\,j-1,t})}{D_t(1-\hat{\rho}_t)}$，$\hat{\rho}_t = \hat{H}_{11,t} -$

$\dfrac{\sum\limits_{j=2}^{4}(\hat{H}_{1j,t} \sum\limits_{i=2}^{4} \hat{H}_{i1,t} \hat{\Delta}_{i-1\,j-1,t})}{\hat{D}_t}$，$\hat{\beta}_{1,t} = \dfrac{\sum\limits_{i=2}^{4} \hat{H}_{1i,t} \hat{\Delta}_{2i-1,t}}{D_t(1-\hat{\rho}_t)}$，$\hat{\beta}_{2,t} = \dfrac{\sum\limits_{i=2}^{4} \hat{H}_{1i,t} \hat{\Delta}_{1i-1,t}}{D_t(1-\hat{\rho}_t)}$，$\hat{\beta}_{3,t} = \dfrac{\sum\limits_{i=2}^{4} \hat{H}_{1i,t} \hat{\Delta}_{3i-1,t}}{D_t(1-\hat{\rho}_t)}$，

$\hat{\Delta}_t = \begin{bmatrix} \hat{H}_{22,t} & \hat{H}_{23,t} & \hat{H}_{24,t} \\ \hat{H}_{32,t} & \hat{H}_{33,t} & \hat{H}_{34,t} \\ \hat{H}_{42,t} & \hat{H}_{43,t} & \hat{H}_{44,t} \end{bmatrix}$，$\hat{D}_t = |\hat{\Delta}_t|$。

时变参数 $\hat{\Delta}_{ij,t}$（$i, j = 1, 2, 3, 4$）是矩阵 $\hat{\Delta}_t$ 划去第 i 行第 j 列剩下观察值构成的 3×3 维矩阵；$\hat{H}_{ij,t}$（$i, j = 1, 2, 3, 4$）为 4×4 维矩阵的第 i 行第 j 列的观察值；$\hat{\Phi}_{l1,t}$（$l = 1, 2, 3, 4$）为 4×4 维矩阵的第 l 行第 1 列的观察值。

式（5-9）货币政策规则的时变参数能够很好地展现我国货币政策规则的演变特征和政策取向。其中，平滑惯性参数 $\hat{\rho}_t$ 能够很好地捕捉长时期央行货币政策规则，关注调控宏观经济金融稳定的偏好强度，而时变参数 $\hat{\beta}_{1,t}$、$\hat{\beta}_{2,t}$ 和 $\hat{\beta}_{3,t}$ 则能够有效测度央行货币政策分别盯住经济周期、通货膨胀和金融风险周期目标的时变政策取向。其正负方向揭示了我国

经济周期、通货膨胀和金融风险周期变化，伴随着货币政策利率变化的调整方向和周期，其数值大小既反映我国货币政策盯住经济周期、通货膨胀目标和金融风险周期的偏好强度，也反映央行在特定时刻调控上述目标的政策取向。

二、基于时变参数泰勒规则的货币政策取向演进

基于上述模型设定，我们可以估计得到我国货币政策的时变参数泰勒规则，图 5 - 1 和图 5 - 2 给出了 1996—2020 年利率平滑的时变参数 $\hat{\rho}_t$、盯住经济周期的时变参数 $\hat{\beta}_{1,t}$、盯住通货膨胀目标的时变参数 $\hat{\beta}_{2,t}$、盯住金融风险周期的时变参数 $\hat{\beta}_{3,t}$ 和长期均衡利率的时变参数 $\hat{i}_{0,t}$ 的走势。

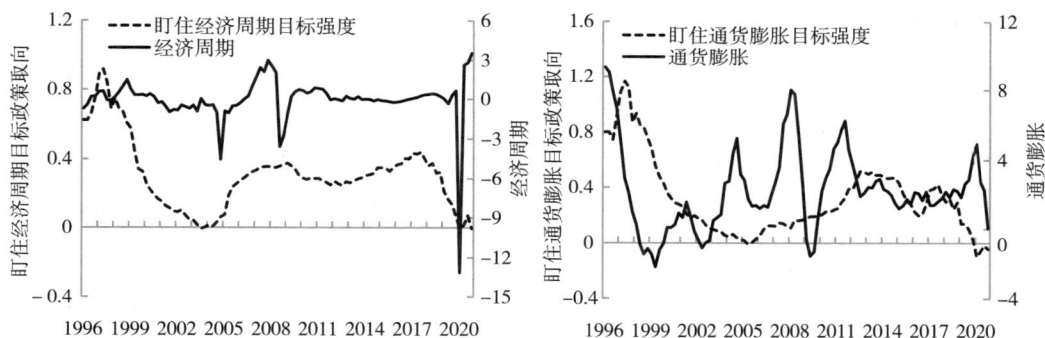

图 5 - 1　价格型货币政策盯住经济周期和通货膨胀目标的时变参数

数据来源：国家统计局和笔者估计。

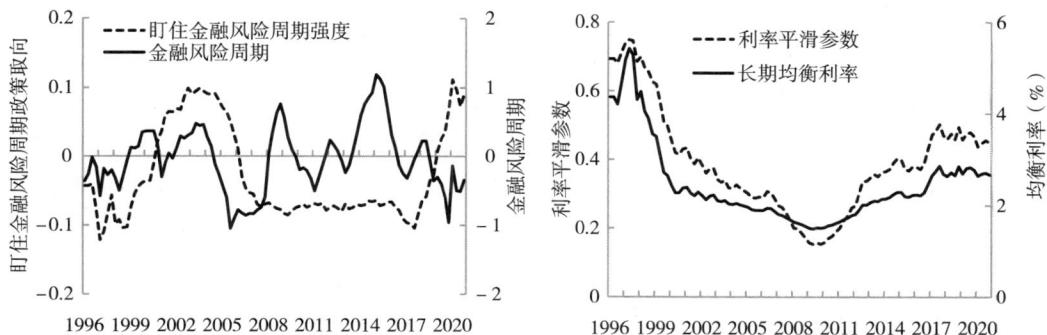

图 5 - 2　价格型货币政策盯住金融风险周期的时变参数、利率平滑参数和长期均衡利率

数据来源：国家统计局和笔者估计。

（一）盯住经济周期的时变参数

理论上，遵循泰勒规则的货币政策中，名义利率应该与经济周期成正比，即货币政策利率要盯住经济周期做逆周期调控，当经济周期上升（下降）时，采取提高（降低）利率的方式提高（降低）融资成本，抑制（刺激）经济过热（增长）。从图5-1左可见，1996—2020年，我国货币政策盯住经济周期的系数为正，表明我国货币政策采用盯住经济周期做逆周期调控的方式实现经济增长目标。从时序的角度看：①1996年第一季度至1997年第一季度盯住经济周期的时变参数从0.62上升至0.92，逆周期调控偏好呈增强趋势，同时期，我国经济出现过热现象，经济周期处于上升阶段，因此这一阶段货币政策有很强的调控经济周期的偏好；②1997年亚洲金融危机爆发后，盯住经济周期系数持续下滑，2004年盯住经济周期系数接近于零，货币政策对经济周期的逆周期调控偏好显著下降，原因可能在于在此阶段我国处于利率市场化改革早期，货币政策调控机制不够完善，同时为了维持汇率稳定，货币政策的独立性较低，对经济周期的调控更依赖于财政政策，因此货币政策对经济周期的调控强度在下降；③2005年我国对完善人民币汇率形成机制进行改革，汇率调整的灵活性得到增强，因此货币政策的调控能力也得到改善，盯住经济周期系数也逐渐上升，在2007年达到0.34，2008年美国次贷危机爆发后盯住经济周期系数进一步提高，在2009年达到10年来最高的0.36；④美国次贷危机后，盯住经济周期系数出现短暂下降，但很快在2012年后恢复上升趋势，在2017年第一季度达到0.40，在此期间盯住经济周期系数波动不大，经济周期也保持平稳，货币政策调控效果较好；⑤2017—2019年，盯住经济周期系数快速下降，甚至有掉入顺周期调控的风险，原因可能在于我国经济进入从"高速增长"向"高质量发展"转变的阶段，货币政策调控更强调保持稳定、精准，因此对经济周期的调控强度下降；⑥2019年第四季度新冠肺炎疫情爆发，经济周期出现断崖式下降，盯住经济周期系数也相应有所上升，可见我国货币政策具有明显的适时调整特征。

（二）盯住通货膨胀目标的时变参数

我国价格型货币政策具有显著的盯住通货膨胀目标做逆周期调控的偏好，且这种偏好在通货膨胀波动较大的时期得到加强，具体表现为：①1996—1997年，我国通货膨胀持续处于高位（如图5-1右所示），在此阶段货币政策调控通货膨胀目标的强度有所上升。②1998年后随着通货膨胀快速下降至温和通货膨胀区间，盯住通货膨胀目标强度也呈下降趋势。亚洲金融危机期间，我国经济增速低于潜在增长率，同时出现通货紧缩，为了刺激经济增长和通货膨胀，我国货币政策放松了对通货膨胀的逆周期调控强度并容忍通货膨胀率快速上升，2004年第三季度我国通货膨胀率达到5.27%，此时盯住通货膨胀目标强度已经下降至接近零值。③2005年后通货膨胀和经济周期同时出现回升，经济有过热迹象，在此阶段，盯住通货膨胀目标强度不断上升。2008 年美国次贷危机爆发，我国再次出现通货紧缩风险，为了能够迅速刺激通货膨胀、恢复经济，货币政策对通货膨胀目标的调控偏好得到进一步增强。④2013—2018 年，盯住通货膨胀目标强度保持平稳，政策调控偏好具有较高的连贯性，在此阶段，我国通货膨胀处于平稳波动阶段，整体表现温和。⑤长期的宽松货币环境削弱了政策调控能力，叠加长期的低通货膨胀，2018 年后盯住通货膨胀目标强度迅速下降，通货膨胀率随之有所提升。2019 年新冠肺炎疫情爆发后，通货膨胀率迅速下跌，我国货币政策将加强对通货膨胀的逆周期调控。在调控空间受限的情况下，2020 年盯住通货膨胀目标强度的提升并不明显。

（三）盯住金融风险周期的时变参数

近年来，我国经济工作会议多次提及"防风险""去杠杆"，作为宏观调控双支柱之一的货币政策理应关注金融风险周期，从价格型货币政策盯住金融风险周期的时变参数识别结果看（见图 5-2 左），1996 年以来我国货币政策多次出现盯住金融风险周期做逆周期调控的偏好，特别是，2018 年后这种逆周期调控的偏好明显增强。从时间变化的角度看，1996—1997 年，我国金融风险周期低于零，整体金融压力较低，货币政策在此阶段表现出盯住金融风险周期的时变参数为负，没有体现逆周期调控的偏好；1998 年亚洲金融危机爆发后，我国金融风险周期进入上升阶段，在 2000 年第一季度达到阶段性高点 0.36，货币政策盯住金融风险周期的时变参数也迅速上升到零值以上，即采用提高利率的方式降低金融风险。2003 年第四季度金融风险周期达到 1996 年来的最高点 0.47，货币政策盯住金融风险周期的时变参数达到 0.10，说明货币政策根据金融风险周期的变化加强了逆周期调控的强度。2004—2006 年，金融风险周期持续下降，金融压力得到有效释缓，盯住金融风险周期在 2006 年降至零值以下。可见，1996—2006 年货币政策在金融风险高的阶段迅速调整，采用逆周期的方式调控金融风险。2007—2018 年，金融风险周期不断上升，在 2008 年美国次贷危机和 2015 年我国股灾期间，金融风险周期达到阶段性高点，但是同期的盯住金融风险周期的时变参数平稳保持在 -0.065 左右，并没有迅速转变为逆周期调控方式，结合图 5-1 可以发现美国次贷危机爆发后，货币政策更专注于实现经济增长和维持温和通货膨胀，此时抑制金融风险周期可能会给经济增长带来更大压力，因此，这一阶段货币政策对金融风险周期表现为顺周期调控模式。2018 年党的十九大提出把防范化解重大风险问题作为全党决胜小康社会"三大攻坚战"之一的重点任务，坚决守住不发生系统性风险的底线，盯住金融风险周期参数迅速上升到零值以上，在 2019 年达到 1996 年以来最高点 0.11。从实际效果看，我国金融风险周期下降至零值以下，货币政策治理金融风险周期的效果显著。

（四）利率平滑的时变参数

利率平滑参数反映了货币政策根据上一期利率的微调程度。利率平滑参数越大，说明货币政策的连贯性越好。货币政策部门更注重对利率的微调而不是一次性的大幅调整。从图 5-2 右的结果可以发现，我国价格型货币政策的利率平滑在 1996—1997 年有短暂上升后，长期处于下滑趋势，说明随着利率市场化改革的推进，以及价格型货币政策调控体系的完善，我国越来越重视采用价格型货币政策调控宏观经济，特别是在 2008 年美国次贷危机期间，利率平滑参数达到样本区间的最低点 0.16，我国货币政策对市场的干预程度明显提高。2008 年后，我国价格型货币政策的利率平滑呈上升趋势。事实上，随着金融深化和市场化程度的提高，央行货币政策操作趋向"精细化"，利率平滑参数的提高反映了央行货币政策制定和实施能力得到有效提高。

（五）长期均衡利率的时变参数

1996—2020 年，我国长期均衡利率同样总体呈先下降后上升的趋势。1996—1998 年长期均衡利率出现短暂上升，随后迅速下降至 2000 年第四季度的 2.38%，长期均衡利率的下降有助于降低市场整体融资成本，促进经济增长。同时，1996—2000 年我国平均名义货币市场利率为 6.93%，明显高于平均长期均衡利率（3.77%），表明我国拥有较大价格型货币政策的调控空间。2000—2008 年长期均衡利率的下降速度趋缓，说明从长期均衡利率的角度看，社会融资成本接近下限，降低利率刺激经济增长的边际政策效果在减弱。2008 年后长期均衡利率呈上升趋势，而同期名义利率处于下行趋势，名义利率与均衡利率的利差收窄反映了我国价格型货币政策的调控空间正不断被压缩，因此货币政策应该避免大规模全面的降息操作，并通过前瞻性引导和精准微调来提高政策效果。

三、时变参数数量型货币政策的取向演进

事实上，我国同时使用数量型和价格型货币政策调控宏观经济。为了识别数量型货币政策的取向演进，此处基于式（5-6）的时变泰勒规则货币政策函数，采用数量型货币政策的政策工具变量 M2 增速替代货币市场利率，构建时变参数数量型货币政策模型，并采用 TVP-SVAR 模型估计得到我国数量型货币政策盯住经济周期、通货膨胀目标和金融风险周期的时变参数。

（一）盯住经济周期的时变参数

理论上，数量型货币政策针对传统经济目标采用逆周期调控方式。当经济周期上升时，央行应该降低 M2 增速减少流动性，抑制经济周期。从图 5-3 左的结果可见，我国的数量型货币政策盯住经济周期的时变参数大部分时间均为负，即采用逆周期的方式调控经济周期和通货膨胀目标。分阶段来看，第一阶段是 1996—2000 年数量型货币政策调控经济周期偏好的第一次转换时期。其中，1996—1998 年亚洲金融危机期间经济周期先升后跌，盯住经济周期参数持续为负，即采用逆周期的数量型货币政策应对危机；1999—2000

年亚洲金融危机后期经济恢复增长，经济周期大于零，并且同期的盯住经济周期参数由负转正，即对经济周期从逆周期调控转变为顺周期调控。究其原因，该时期的货币政策专注于实现经济增长，政策目标单一，缺少对政策目标的逆周期调控意识。第二阶段是 2001—2008 年数量型货币政策调控经济周期偏好的第二次转换时期。其中，2001—2002 年经济周期迅速下降，数量型货币政策的顺周期调控不再适用，盯住经济周期的参数迅速下降，在 2002 年由正转负，即对经济周期从顺周期调控转变为逆周期调控。2003—2008 年逆周期调控偏好持续增强，特别是在 2005 年和 2008 年经济周期迅速下降时，盯住经济周期参数也快速下降，可见货币政策不再一味追求经济的持续增长，而是采用逆周期的方式去熨平经济周期的波动，以此实现长期的经济平稳增长。第三阶段是 2009—2020 年，对经济周期的逆周期调控强度持续降低，从货币供给的角度看，数量型货币政策调控效果取决于对基础货币和货币乘数的控制能力，但随着金融脱媒和影子银行的不断发展，资金流向和货币派生愈加难以控制，这削弱了数量型货币政策的调控效果。特别是在 2012 年、2015 年和 2018 年央行持续降准期间，盯住经济周期参数均出现快速上升。2019—2020 年新冠肺炎疫情期间，数量型货币政策对经济周期的逆周期调控偏好有所增强。为了提高逆周期调控能力，央行需要进一步创新数量型货币政策工具，丰富不同期限结构的融资产品，提供具有绿色、创新引导效应的专项融资工具。

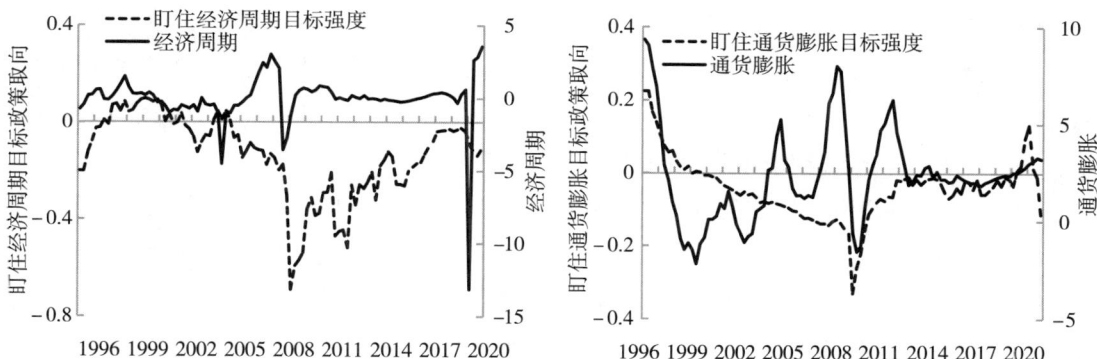

图 5-3 数量型货币政策盯住经济周期和通货膨胀目标的时变参数

数据来源：国家统计局和笔者估计。

（二）盯住通货膨胀目标的时变参数

从图 5-3 右的结果可见，长期以来我国数量型货币政策采用逆周期的方式调控通货膨胀目标。从演变规律看，盯住通货膨胀目标的时变参数的走势可以分为四个阶段：第一阶段是 1996—2000 年，盯住通货膨胀目标参数为正。事实上，1993—1995 年我国通货膨胀便已经连续三年超过10%，在政府紧缩政策的治理下，1996年我国通货膨胀率下降至10%以下，通货膨胀基本得到控制，但与合理区间仍然存在距离。因此，在通货膨胀下行阶段，我国采用顺周期的数量型货币政策，即通过减少货币发行量、抽取市场流动性的方式进一步加快通货膨胀下行。但这种顺周期的调控方式在通货紧缩时反而成为通货紧缩的"加速器"，1999年第四季度我国通货膨胀率下跌至历史最低的 −2.17%。第二阶段是2001—2009年，我国盯住通货膨胀目标参数转变为负值，即采取逆周期的方式调控通货膨胀目标，而且这种逆周期调控的强度呈不断增强的趋势。特别是，2008年美国次贷危机爆发，我国通货膨胀率再次下跌至零值以下（2009年通货膨胀率为 −0.70%），此时，盯住通货膨胀目标参数显著下降，说明央行为了应对危机迅速增强了数量型货币政策对通货膨胀目标的逆周期调控强度。第三阶段是2010—2018年美国次贷危机后期，盯住通货膨胀目标参数逐渐上升，并且在2012—2018年平稳运行在零值附近，区间均值仅为 −0.02，数量型货币政策对通货膨胀目标的调控有掉入顺周期调控的风险。结合宏观经济走势可以发现，2012—2018年我国通货膨胀率均值为2.00%，处于低通货膨胀阶段，同时经济增长从"高速增长"转向"高质量发展"，核心通货膨胀中枢下降。在外围市场上，全球同步进入"低增长、低通胀和高资产价格"的阶段，因此我国对通货膨胀目标的调控趋于谨慎，逆周期调控强度较低。第四阶段是2019—2020年新冠肺炎疫情期间，由于全球主要国家屡次采用大规模宽松政策来对冲新冠肺炎疫情的冲击，全球流动性泛滥、大宗商品价格上涨，通货膨胀的压力再次出现，但我国迅速控制了通货膨胀，使得货币政策可以更集中于实现经济增长目标，因此这一阶段数量型货币政策对通货膨胀目标的调控偏好为顺周期调控。

（三）盯住金融风险周期的时变参数

图5−4左的结果表明，我国数量型货币政策具有较强的盯住金融风险周期进行逆周期调控的偏好，即在金融风险周期高的阶段采用紧缩的数量型货币政策，反之，采用宽松的数量型货币政策。结合金融风险周期走势看，数量型货币政策的金融风险周期逆周期调控具有显著的适时调整和非对称性特点，其具体为：1996—1999年，虽然爆发了亚洲金融危机，但我国由于金融开放程度较低，内部金融风险周期整体处于低位并有下降趋势，这一阶段盯住金融风险周期的参数处于下降趋势，表明我国适时加强逆周期调控能促使金融风险周期回归平衡点；2000—2003年我国金融风险周期处于上行阶段，特别是2003年第二季度金融风险周期上升至0.47，在此阶段，数量型货币政策对金融风险周期的逆周期调控也相应增强；2004—2006年金融风险周期再次进入下行阶段，盯住金融风险周期的参数迅速下降，在此阶段，数量型货币政策对金融风险周期的逆周期调控的增强幅度明显高于上一个金融周期上行阶段。由此可见，1996—2006年在金融风险周期下行或上行阶段，数

量型货币政策会加强逆周期调控强度，但金融风险周期下行阶段的逆周期调控偏好增强幅度明显高于金融风险周期上行阶段，原因可能在于我国金融风险周期整体较低，对系统性风险影响较小，因此相对而言数量型货币政策更注重于在金融风险周期低于平衡点时，采用注入流动性的方式刺激金融风险周期回升，进而带动经济周期上升。除了在 2008 年美国次贷危机期间有所下降外，2006—2020 年盯住金融风险周期的参数整体呈上升趋势，但仍然保持逆周期调控的偏好。究其原因，2008 年后我国 M2 增速持续处于高位，长期宽松的货币政策导致金融风险周期波动加剧（2008—2020 年金融风险周期最高为 2015 年第二季度的 1.15，最低为 2019 年第四季度的 −0.96），货币政策需要从以数量型为主转变为以价格型为主，因此在这一阶段数量型货币政策的逆周期调控强度持续下降。

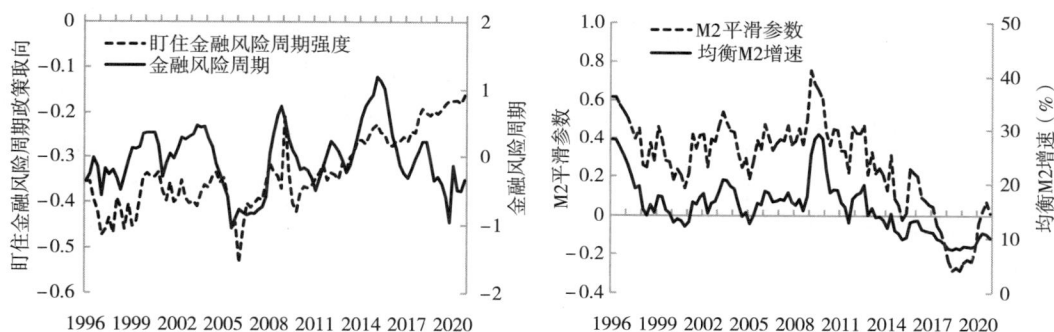

图 5 - 4　数量型货币政策盯住金融风险周期时变参数、M2 平滑参数和均衡 M2 增速

数据来源：国家统计局和笔者估计。

（四）时变 M2 平滑参数

时变 M2 平滑参数估计结果表明，我国 M2 平滑参数整体处于下行趋势（见图 5 - 4 右），数量型货币政策对市场的干预程度在增强，且 M2 平滑参数波动加大，体现数量型货币政策调控具有较强的适时调整特征。分阶段看，1996—2007 年 M2 平滑参数波动加剧，其间最高点为 1996 年第一季度的 0.61，最低点为 2000 年第一季度的 0.14。事实上，这一阶段的数量型货币政策的制定和实施还比较粗放，与市场的沟通不足，经常出现货币政策急转弯的情况，因此平滑性较差。2008—2009 年美国次贷危机期间 M2 增速持续处于高位（平均 M2 增速达到 22.25%），因此这一阶段平滑性较高，M2 平滑参数达到样本区间内的最高点 0.75。2010—2020 年 M2 平滑参数持续下滑，原因可能在于长期宽松的货币政策限制数量型货币政策进一步调控的空间，同时影子银行规模扩大、金融深化和金融创新削弱了数量型货币政策的调控效果，使得 M2 增速保持平滑的难度加大，反映了我国数量型货币政策需要进一步提高与市场的沟通程度，提高政策的前瞻性和可预测性，同时要

加快货币政策调控框架从以数量型货币政策为主转向以价格型货币政策为主。

（五）时变均衡 M2 增速

1996—2020 年我国均衡 M2 增速呈下滑趋势（见图 5 - 4 右），说明均衡 M2 增速中枢下移，数量型货币政策的调控空间减小。从演变规律看，1996 年第一季度均衡 M2 增速为 28.19%，随后持续下降至 1999 年第四季度的 14.30%。2000—2007 年均衡 M2 增速波动较大，其间均衡 M2 增速均值为 16.49%，最高为 2003 年第一季度的 19.58%，最低为 2001 年第二季度的 13.19%。结合 M2 平滑参数走势可见，均衡 M2 增速波动变大造成了 M2 平滑参数的不稳定，其原因在于这一阶段数量型货币调控框架还不完善以及我国宏观经济的不稳定性较高。2008 年美国次贷危机期间，经济周期下行压力加大，恐慌情绪的蔓延加剧了市场流动性的不足，因此均衡 M2 增速迅速上升。2010—2020 年均衡 M2 增速处于持续下滑趋势，在 2020 年均衡 M2 增速为 10.08%，高于实际 M2 增速，这表明经过"去杠杆""防风险"以及货币政策的"稳健"调整，央行基本控制住 M2 增速，成功为数量型货币政策应对新冠肺炎疫情冲击腾出了政策空间。

第三节　货币政策传导效率

一、货币政策传导效率测度

货币政策传导效率是指在一定的传导速度下，货币政策各层次变量作用于实体经济的强度，其表现为货币政策目标对货币政策的敏感程度，是评估政策效果的关键。央行工作会议多次强调要"疏通货币政策传导，提高货币政策传导效率"。因此，为了进一步测度货币政策对宏观调控目标影响的传导效率，本报告基于包含货币政策目标（通货膨胀、经济周期、金融风险周期）和货币政策工具变量（货币市场利率或 M2 增速）的时变参数向量自回归模型，并基于广义脉冲响应函数和方差分解构建和估计得到价格型和数量型货币政策的时变参数溢出传导指数。令基于广义方差分解的货币政策时变参数溢出传导指数为：

$$M_{i \leftarrow j,t}^{n} = \frac{\sigma_{jj,t}^{-1} \sum_{i=0, i \neq j}^{n} (\varepsilon_{i,t}' \Phi_{l,t} \Sigma_t \varepsilon_{j,t})^2}{\sum_{l=0}^{n} (\varepsilon_{i,t}' \Phi_{l,t} \Sigma_t \Phi_{l,t}' \varepsilon_{j,t})} \qquad (5-10)$$

其中，$\Sigma_t = \{\sigma_{ij,t}, \ i, j = 1, 2, \cdots, N\}$，$\Phi_{l,t}$、$\varepsilon_{j,t}$ 是广义脉冲响应函数 $C_{j,t}(l) = \sigma_{jj,t}^{-1/2} \Phi_{l,t} \varepsilon_{j,t}$ 中的变量，分别表示无限移动平均展开后残差的时变系数，以及 $N \times 1$ 阶且 j

行等于 1，其他行为 0 的选择向量。由此，我们可以测度货币政策（i_t）对内生变量经济周期（y_t）、通货膨胀率（π_t）和金融风险周期（FSI_t）影响的时变传导效应，估计结果如表 5 - 1、表 5 - 2 和图 5 - 5、图 5 - 6 所示。

二、基于时变参数泰勒规则的货币政策传导效率分析

我们将泰勒规则的货币政策的时变参数溢出传导指数求算术平均值，得到 1996—2020 年基于时变参数泰勒规则的货币政策平均传导效率矩阵，结果如表 5 - 1 所示。首先，剔除自身影响后，金融风险周期的总传导效率最大，达到 58.60%，其次是经济周期（46.78%）、利率（16.54%）和通货膨胀（8.91%）。理论上，经济周期和金融风险周期具有较高的同步性，同时我国长期依赖债务拉动经济增长，因此经济周期和金融风险周期的相互传导效率都很高（经济周期对金融风险周期的传导效率为 18.97%，金融风险周期对经济周期的传导效率为 25.15%）。值得注意的是，金融风险周期的总传导效率最大，这表明金融风险周期与经济周期、通货膨胀和利率的内生性很强，因此货币政策除了关注传统政策目标外，还要加强对金融风险周期的调控。从总吸收效率看，剔除自身影响后，总吸收效率从高到低依次是经济周期、通货膨胀、利率和金融风险周期。其中，经济周期和通货膨胀是我国宏观调控的主要政策目标，因此其总吸收效率更大。从利率的传导效率看，利率对经济周期的传导效率最大，达到 10.55%，其次是金融风险周期（3.05%）、通货膨胀（2.94%）。事实上，我国货币政策的最终目标是促进经济增长，对通货膨胀和金融风险周期目标的调控最终是为了实现经济增长，因此利率对经济周期的传导效率最大。

表 5 - 1　基于时变参数泰勒规则的货币政策平均传导效率矩阵

单位：%

	利率	经济周期	通货膨胀	金融风险周期	总吸收效率*
利率	68.27	16.91	1.21	13.63	31.74
经济周期	10.55	56.78	7.52	25.15	43.22
通货膨胀	2.94	10.90	66.33	19.83	33.67
金融风险周期	3.05	18.97	0.19	77.79	22.21
总传导效率*	16.54	46.78	8.91	58.60	——

注：*总传导效率指除自身影响外，行变量对列变量的传导效率指数之和；总吸收效率指除自身影响外，列变量接受来自行变量的传导效率指数之和。

从传导效率的历史演变规律上看（见图 5 - 5），1996—2006 年价格型货币政策对经济

周期的传导效率处于下降趋势，从 1996 年的 22.15% 降至 2006 年第四季度的 13.97%。究其原因，这一阶段我国利率市场化程度较低，特别是存贷款利率缺乏浮动机制，因此政策传导效率下降明显。与此同时，价格型货币政策对金融风险周期的传导效率在 1996 年第三季度至 1997 年第四季度、1999 年第一季度至 2000 年第二季度、2004 年第二季度至 2006 年第三季度出现快速上升，结合金融风险周期走势看，这三个阶段均是金融风险上升阶段，因此价格型货币政策加强了对金融风险周期的调控，导致传导效率上升。2006——2008 年价格型货币政策对金融风险周期的传导效率超过了对经济周期的传导效率，而且两者均呈下降趋势。可见，美国次贷危机前，我国价格型货币政策对经济周期和金融风险周期的传导不佳，金融风险没有得到提前控制，最终在美国次贷危机时爆发；美国次贷危机后，我国价格型货币政策对经济周期、通货膨胀和金融风险周期的传导效率都大幅增加，在 2009 年第四季度分别达到 38.62%、3.27%、25.36% 的历史新高。事实上，美国次贷危机爆发后我国加快了利率的市场化改革，特别是商业银行利率定价机制的发展有利于提高利率的传导效率，同时，央行开始重视对系统性风险的防范和治理。因此，货币政策对三大目标的传导效率都得到提高。2019 年突发新冠肺炎疫情，利率对经济周期的传导效率急速上升，相反，对金融风险周期的传导效率则迅速下降。结合前文分析，价格型货币政策对经济周期的逆周期调控强度在此期间有所加强，对金融风险周期的逆周期调控强度则略有下降。提高对经济周期的传导效率能够弥补价格型货币政策调控空间下降的不足，有助于提高价格型货币政策通过逆周期调控经济周期来应对新冠肺炎疫情冲击的能力。

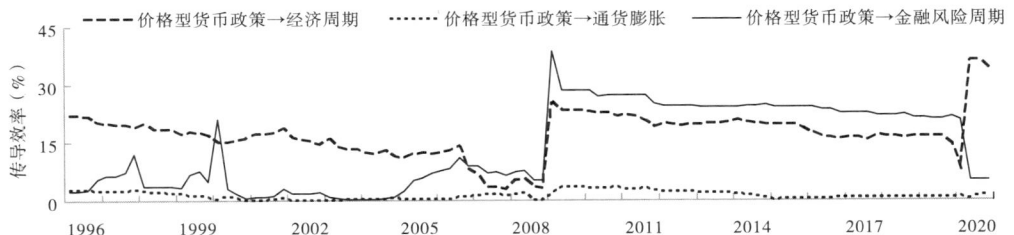

图 5-5　价格型货币政策对政策目标影响的传导效率

三、时变参数数量型货币政策传导效率分析

与表 5-1 结果相比，通货膨胀在数量型货币政策框架中的总吸收效率明显降低，达到 32.42%，高于金融风险周期的 27.27% 和经济周期的 12.23%。根据费雪方差，其他条件不变时，货币供应决定物价水平，数量型货币政策对通货膨胀的调控效果更明显，这也可以从 M2 增速对其他经济变量的总传导效率中对通货膨胀的传导效率（7.29%）最大中

得到印证。同时，从经济周期的吸收效率（见表5-2）可以看出，通货膨胀对其影响最大，而经济周期对金融风险周期的影响最大。从这一传导链条可见，M2增速对金融风险周期也应有较高的传导效果。估计结果显示，M2增速对金融风险周期的传导效率为5.06%，高于经济周期。不同于价格型货币政策，M2增速对经济周期的传导效率仅为3.54%。综合来看，数量型货币政策框架下M2增速对经济周期的调控效果比价格型货币政策差。事实上，正是由于数量型货币政策调控的综合效果不佳，我国货币政策框架正加速从以数量型货币政策为主转向以价格型货币政策为主。

表5-2 基于时变参数数量型货币政策传导效率矩阵

单位：%

	M2增速	经济周期	通货膨胀	金融风险周期	总吸收效率*
M2增速	92.88	1.66	4.83	0.62	7.12
经济周期	3.54	87.77	4.50	4.19	12.23
通货膨胀	7.29	18.33	67.58	6.80	32.42
金融风险周期	5.06	13.41	8.80	72.73	27.27
总传导效率*	15.89	33.41	18.13	11.61	79.04

注：*总传导效率指除自身影响外，行变量对列变量的传导效率指数之和；总吸收效率指除自身影响外，列变量接受来自行变量的传导效率指数之和。

数量型货币政策对政策目标影响的传导效率同样具有明显的时变性。从图5-6估计结果可见，1996年数量型货币政策对通货膨胀的传导效率显著上升，在1996年达到7.90%。1997—2002年其对通货膨胀的传导效率保持在高位，其间均值为7.93%，明显高于同期的数量型货币政策对经济周期（其间均值0.35%）和金融风险周期（其间均值0.35%）的传导效率。事实上，这一阶段我国物价水平波动较大，先后经历持续通货膨胀和通货紧缩，宏观调控的重要目标是控制通货膨胀，因此数量型货币政策对通货膨胀的传导效率最高。2003—2004年数量型货币政策对通货膨胀的传导效率反而持续下降，2005年第一季度至2008年第二季度数量型货币政策对通货膨胀、经济周期和金融风险周期的平均传导效率分别仅为0.39%、0.16%和0.26%。数量型货币政策对经济目标的传导近乎失效，原因可能在于，2001年我国正式加入了世界贸易组织，此后出口增长迅速并成为拉动我国经济增长的主要动力，同时也使得我国外汇储备快速增加，该阶段货币供应主要通过"外汇占款"的模式被动投放，数量型货币政策的独立性较低。2008年美国次贷危机爆发后，国际贸易大幅萎缩，我国数量型货币政策变得更加积极有为，2008—2018年数量型货币政策对三大目标变量的传导效率均有所提升。2019—2020年新冠肺炎疫情期间，经济活动严重受阻，宏观调控"稳增长"的压力加剧，此阶段数量型货币政策对三大目标的传导效率迅速增加，特别是对经济周期的传导效率，从 2019 年第四季度的 1.67% 提高到 2020 年第一季度的 30.50%，2020 年平均传导效率达到 25.96%，表明在此阶段数量型货币政策调控经济周期的传导效率得到大幅度提升，但从走势看，此后呈显著下滑趋势。

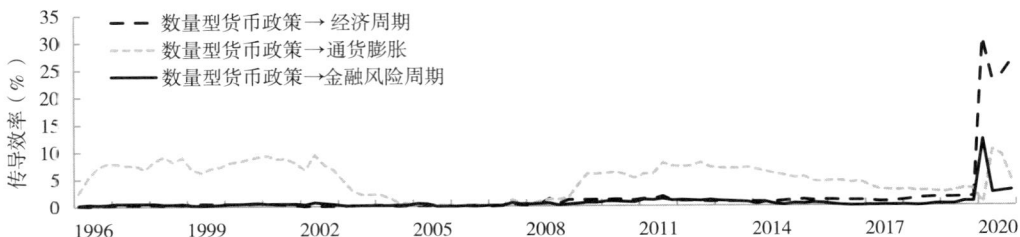

图 5 - 6　数量型货币政策对政策目标影响的传导效率

第四节　结论与启示

本章采用 TVP - SVAR 模型构造包含货币市场利率、M2 增速、经济周期、通货膨胀和金融风险周期的五变量内生结构模型，在此基础上，结合逆推的方法识别了我国纳入金融风险周期的价格型货币政策规则和数量型货币政策规则的时变参数，以此刻画我国两种类型的货币政策对政策目标的调控风格和变化规律。进一步地，基于广义脉冲响应函数和方差分解法，构建了利率或 M2 增速对经济周期、通货膨胀和金融风险周期的时变传导指数和传导效率矩阵，由此可以识别不同货币政策调控框架下各政策变量之间的传导效率，有助于评估我国价格型和数量型货币政策的政策效果。

本章的研究有三点主要结论：

第一，价格型和数量型货币政策规则取向的估计结果显示，在调控经济周期和通货膨胀两大传统政策目标上，我国价格型货币政策有较强逆周期调控的偏好，即通过提高利率的方式抑制经济周期和通货膨胀，而数量型货币政策同样对经济周期和通货膨胀采用逆周期调控方式，但盯住强度弱于价格型货币政策。从调控金融风险周期取向上看，数量型货币政策对金融风险周期的逆周期调控强度更大，不过 M2 平滑系数波动较大，反映出数量型货币政策"精准微调"能力较差，容易对市场造成强力干预，不利于市场预期的形成。值得注意的是，长期均衡利率和均衡 M2 增速下降过快，两种货币政策的进一步调控空间有限。对此，一方面需要注重价格型货币政策和数量型货币政策的协调使用，充分发挥不同货币政策规则的优势，扎实推进"六稳""六保"，实现宏观经济的综合治理目标；另一方面需要加快从以数量型货币政策为主的货币调控框架转向以价格型货币政策为主的货币调控框架，提高货币政策调控的精准度和灵活性，降低货币政策的调控成本和对市场的强力干预。

第二，从货币政策规则的历史演变规律上看，我国价格型货币政策和数量型货币政策均有明显的适时调整特征。主要表现为：在1996—1999年早期高通货膨胀阶段，货币政策对政策目标的调控偏好并不统一，价格型货币政策对经济周期和通货膨胀有很强的逆周期调控偏好，但是数量型货币政策采用顺周期的方式调控通货膨胀，这种调控方式容易加大通货膨胀波动。在1999—2002年低通货膨胀阶段，数量型货币政策对通货膨胀的调控偏好转变为逆周期调控。在2008年美国次贷危机期间，两种货币政策对经济周期和通货膨胀的调控强度均有所增强，特别是数量型货币政策对经济周期和通货膨胀的盯住系数迅速下降（逆周期调控强度增强），这反映出数量型货币政策在应对危机时的强大干预能力。不同的是，价格型货币政策对金融风险周期的调控在美国次贷危机期间没有出现大幅调整，而且同期数量型货币政策对金融风险周期的逆周期调控强度反而减小了，这说明危机发生时对金融风险周期的调控应以"缓和"为主，避免产生更大的处置风险。2019—2020年新冠肺炎疫情期间，两类货币政策对经济周期的盯住强度都有所提升，但受制于政策空间，提升幅度不大。鉴于此，随着我国货币政策制定和实施越来越成熟，应该进一步提高货币政策的灵活性，做好对经济变量和金融风险的测量和追踪，根据经济形势的变化做好货币政策的前瞻性调整，同时，应该通过制度创新和工具创新，丰富货币政策工具箱，改善货币政策调控的空间和有效性。

第三，传导效率结果显示，从平均总传导效率来看，价格型货币政策和数量型货币政策总传导效率相近。其中，价格型货币政策框架下利率对经济周期的传导效率最大，而数量型货币政策框架下M2增速对通货膨胀的传导效率最大。从时变的角度看，2008年美国次贷危机后，两类货币政策对三大经济变量的传导效率都得到明显改善。其中，价格型货币政策对金融风险周期的传导效率上升幅度最大，数量型货币政策对通货膨胀的传导效率上升幅度最大。2019—2020年新冠肺炎疫情期间，两类货币政策对经济周期的传导效率均大幅提高，充分体现了货币政策重心的转移。

上述结论提供了两点重要启示：一是两类货币政策对其他经济变量的总传导效率均不高，存在较大的提升空间，因此需要进一步创新货币政策调控框架，疏通货币政策传导渠道，提高货币政策的传导效率；二是近年来货币政策对经济周期和金融风险周期的传导效率明显增强，但是对通货膨胀的传导效率仍显不足，因此在新冠肺炎疫情突发后各国采取大规模宽松政策带来通货膨胀压力之下，我国货币政策亟须提高对通货膨胀的调控能力。

第六章　中国财政政策实践的逻辑、演进与启示

本章结合第四章中国宏观经济分析以及近年来中国政策部门调控经济周期、通货膨胀和金融风险周期目标的典型事实，构建一个财政政策调控多重目标的模型系统，并借用两阶段工具变量法和卡尔曼滤波方法消除内生性对模型系统估计的影响，有效识别1996—2020年中国的财政政策取向、财政政策调控多重政策目标的传导效率，在此基础上详尽解读中国财政政策实践的逻辑、演进，提出未来中国财政政策改革、制定与实施的具体建议。

第一节　财政政策模型构建

一、财政政策规则反应函数设定

关于财政政策实践规则，参照 Favero 和 Monacelli（2003）以及陈创练和林玉婷（2019）的设定，我们将财政赤字设定为政策部门实施财政政策的重要工具变量。其中，当政府财政赤字为正时，表示政策部门采取扩张性财政政策，可表现为财政支出增加或财政收入（如税收）缩减；反之，当政府财政赤字为负（即财政盈余）时，则意味着政策部门采取紧缩性财政政策，可表现为财政支出减少或政府收入（如税收）增加。理论上，政府是一个非营利组织，财政政策的主要目标在于维护宏观经济运行以及实现经济增长目标。特别是，考虑到近年来我国政策部门调控宏观经济运行和维护金融风险不爆发底线的政策目的，过度的财政扩张会引发经济过度繁荣，导致物价上涨。事实上，通货膨胀具有明显的财政政策吸收效应（陈创练等，2018）。因此，本报告设定财政政策执行的主要目的是维护宏观经济稳定（调控经济周期和通货膨胀目标）和金融稳定（调控金融风险周期）。同时，为了识别财政政策调控多重目标政策取向的动态演变过程，笔者将模型参数均放宽至时变参数，由此，本报告设定财政政策反应函数为：

$$f_t^* = \bar{f'}_{0,t} + \phi_{y,t} y_t + \phi_{\pi,t} (\pi_t - \pi_t^*) + \phi_{FSI,t} FSI_t \tag{6-1}$$

其中，f_t^* 表示政策部门的财政赤字目标，$\bar{f}_{0,t}'$ 为均衡财政赤字率，y_t、π_t 和 FSI_t 分别表示经济周期、通货膨胀和金融风险周期，π_t^* 则为通货膨胀目标。$\phi_{y,t}$、$\phi_{\pi,t}$ 和 $\phi_{FSI,t}$ 分别表示财政政策盯住经济周期、通货膨胀和金融风险周期的时变参数。考虑到宏观政策的制定与执行需要保持一定的连贯性和平滑性，因此，本报告设定财政政策的动态调整规则为：

$$f_t = （1 - \theta_t） f_t^* + \theta_t f_{t-1} + \mu_t \tag{6-2}$$

其中，时变参数 θ_t（$0 < \theta_t < 1$）刻画了财政政策的平滑性特征。上式表明政策部门的财政政策规则是财政赤字目标值与上一期财政赤字的加权平均。其中，θ_t 越大则表明财政政策的平滑性特征越强；反之，θ_t 越小则表明财政政策的制定与执行更加关注宏观调控的政策目标。μ_t 则表示财政政策规则的其他冲击影响因素。特别是，为了符合财政政策规则平滑性要求，即满足 $\theta_t \in （0，1）$，遵循 Kim 和 Nelson（2006）以及陈创练和林玉婷（2019）的研究，笔者设定：

$$\theta_t = \frac{1}{1 + \exp（-\phi_{f,t}）} \tag{6-3}$$

将式（6-1）代入式（6-2）可得财政政策规则的反应函数为：

$$f_t = （1 - \theta_t） \left[\bar{f}_{0,t} + \phi_{y,t} y_t + \phi_{\pi,t} \pi_t + \phi_{FSI,t} FSI_t \right] + \theta_t f_{t-1} + \mu_t \tag{6-4}$$

其中，$\bar{f}_{0,t} = \bar{f}_{0,t}' - \phi_{\pi,t} \pi_t^*$。上式表明，若时变参数 $\phi_{y,t}$、$\phi_{\pi,t}$ 和 $\phi_{FSI,t}$ 小于零，表示在经济过度繁荣、高通货膨胀或者经济风险较高时，政策部门通过逆周期的方式下调财政赤字率予以应对，具体可以表现为财政支出下降或者上调以税收为代表的财政收入；反之，若这三个参数大于零，则表示政策部门采取的是顺周期的方式来调控宏观经济运行，由此必将进一步加剧宏观经济波动，如经济过度扩张、通货膨胀进一步增加或者金融风险不断积聚加大。由此可见，只有当这三个参数为负时，财政政策的逆周期调控才能够起到熨平宏观经济运行的政策目的。我们将式（6-4）视为财政政策规则反应函数，用于刻画政策部门在调控宏观经济运行上的政策取向。

二、识别方法构建

为了刻画式（6-3）和式（6-4）联立模型系统的时变特征与 Kim 和 Nelson（2006）的研究相一致，笔者设定模型系统参数服从如下一阶自回归过程：

$$\phi_{i,t} = \phi_{i,t-1} + \xi_{i,t}，\xi_{i,t} \sim N（0，\sigma_{\xi,i}^2），i = f，y，\pi，FSI \tag{6-5}$$

同时，考虑到式（6-4）具有较强的异方差性，与 Sims 和 Zha（2002）以及 Nakajima（2011）的研究相一致，笔者设定残差 μ_t 的波动率服从如下随机游走过程：

$$\mu_t | \Gamma_{t-1} \sim N（0，\sigma_{\mu_t}^2） \tag{6-6}$$

$$h_{t+1} = \Phi h_t + \tau_t, \quad \sigma_{\mu_t}^2 = \varphi \exp\left(h_t\right) \tag{6-7}$$

其中，Γ_{t-1} 为在 $t-1$ 时刻可以获得的所有信息，h_t 是随机波动率。设定 $\varphi > 0$，$|\Phi| < 1$，以期使得随机波动率 h_t 保持平稳性，τ_t 是随机波动率方程的残差，而且设定其满足独立同分布，即 $\tau_t \sim N\left(0, \sigma_\tau^2\right)$。

接着，本报告采用卡尔曼滤波法和极大似然方法对式（6-3）至式（6-7）进行联立估计。考虑到上述模型设定存在较强的内生性，由此可能导致模型的估计结果有偏，因此，本报告借鉴 Kim 和 Nelson（2006）的研究设定，拓展采用两阶段工具变量法消除上述模型系统的内生性问题。具体的实际估计过程是：第一步，选择主要的内生变量（经济周期、通货膨胀、金融风险周期）对工具变量组进行估计，以期估计得到内生变量的预测值和模型估计的残差值。其中，本报告选择财政赤字、经济周期、通货膨胀、金融风险周期和以利率为代表的货币政策规则这些变量的滞后第 1~4 期变量作为工具变量（Z_t）。这么做的主要目的是将模型式（6-4）中的残差分解成与解释变量相关和与解释变量无关的两部分。第二步，将估计得到的与解释变量相关的残差代入上述模型系统，由此使得模型残差与解释变量无关，最终消除内生性对模型系统估计的影响。其中，令内生变量 $Y_t = \left(y_t \quad \pi_t \quad FSI_t\right)'$，此时，工具变量估计的模型系统为：

$$Y_t = Z_t'\alpha + e_t, \quad e_t \sim N\left(0, \sigma_{e_t}^2\right) \tag{6-8}$$

其中，$\alpha_t = \alpha_{t-1} + \nu_t$，$\nu_t \sim N\left(0, \Sigma_{\nu_t}\right)$，$\sigma_{\nu_t}^2 = b_0 + b_1\nu_{t-1}^2 + b_2\sigma_{\nu_{t-1}}^2$。故此，基于式（6-8）我们可以将内生性变量分解为各自的预测值和残差值两部分。与 Kim 和 Nelson（2006）的研究相一致，将残差向量标准化 e_t^*。故此，e_t^* 与式（6-4）残差 μ_t 的协方差矩阵可设定如下：

$$\begin{bmatrix} e_t^* \\ \mu_t \end{bmatrix} \sim N\left(\begin{bmatrix} 0_3 \\ 0 \end{bmatrix}, \begin{bmatrix} I_3 & \lambda\sigma_{\mu,t} \\ \lambda'\sigma_{\mu,t} & \sigma_{\mu,t}^2 \end{bmatrix}\right) \tag{6-9}$$

其中，0_3 和 I_3 分别表示 3×1 维零向量和单位向量，$\lambda = \begin{bmatrix} \lambda_1 & \lambda_2 & \lambda_3 \end{bmatrix}'$ 为 3×1 维系数向量。采用 Cholesky 分解，上述式（6-9）协方差矩阵可表述为：

$$\begin{bmatrix} e_t^* \\ \mu_t \end{bmatrix} = \begin{bmatrix} I_3 & 0_3 \\ \lambda'\sigma_{\mu,t} & \sqrt{1 - \lambda'\lambda}\,\sigma_{\mu,t} \end{bmatrix}\begin{bmatrix} e_t^* \\ \psi_t \end{bmatrix}, \quad \begin{bmatrix} e_t^* \\ \psi_t \end{bmatrix} \sim N\left(\begin{bmatrix} 0_3 \\ 0 \end{bmatrix}, \begin{bmatrix} I_3 & 0_3 \\ 0_3' & 1 \end{bmatrix}\right) \tag{6-10}$$

此时，令 $\psi_t^* = \sqrt{1 - \lambda'\lambda}\,\sigma_{\mu,t}\psi_t$，由上式可得：

$$\mu_t = \sigma_{\mu,t}\lambda'e_t^* + \psi_t^*, \quad \psi_t^* \sim N\left(0, \left(1 - \lambda'\lambda\right)\sigma_{\mu,t}^2\right) \tag{6-11}$$

基于上述设定，我们将式（6-4）残差 μ_t 分解为两部分，即与解释变量相关部分 $\sigma_{\mu,t}\lambda'e_t^*$ 和与解释变量无关部分 ψ_t^*。将式（6-3）和式（6-11）代入式（6-4）可得时变参数泰勒规则模型设定为：

$$f_t = \left[1 - \frac{1}{1 + \exp\left(-\phi_{f,t}\right)} \right] \left[\bar{f}_{0,t} + \phi_{y,t} y_t + \phi_{\pi,t} \pi_t + \phi_{FSI,t} FSI_t \right] +$$
$$\frac{1}{1 + \exp\left(-\phi_{f,t}\right)} f_{t-1} + \sigma_{\mu,t} \lambda' e_t^* + \psi_t^* \qquad (6-12)$$

最后，本报告采用卡尔曼滤波方法对上述非线性模型进行估计和识别。结合式（6-12）可知，由于将原来财政政策反应函数模型的残差 μ_t 分解出来与解释变量相关部分 $\sigma_{\mu,t}\lambda' e_t^*$ 共同作为解释变量加入模型，因此，模型系统式（6-12）的残差 ψ_t^* 与解释变量无关。故此，本报告基于卡尔曼滤波方法对式（6-12）进行估计识别，能够有效消除内生性对模型系统估计的影响，并从估计结果的时变参数 $\phi_{f,t}$ 断定我国财政政策的平滑性特征。特别是，时变参数 $\phi_{y,t}$、$\phi_{\pi,t}$ 和 $\phi_{FSI,t}$ 能够很好地刻画出政策部门制定的财政政策盯住经济周期、通货膨胀目标和金融风险周期的时变政策取向。这些参数的历史演变特征，不仅能勾勒出我国财政政策盯住各类宏观政策目标的偏好和取向演变，还能为未来财政政策的制定与实施，特别是如何与货币政策合理搭配提供重要的决策依据。

第二节　财政政策取向逻辑

在上述模型设定基础上，本报告估计得到中国财政政策反应函数。由此，我们可以进一步解读1996—2020年中国财政政策取向调控的逻辑和演变。

一、盯住经济周期的时变参数

由图6-1左可知，长期以来中国实施逆周期的方式调控经济周期，即政策部门在经济衰退时采取扩张性的财政政策刺激经济复苏，而在经济萧条时则采取紧缩性的财政政策抑制经济过热。从历史演变角度看，逆周期政策取向可以划分为四个阶段：第一阶段是1996—2002年，这一时期表现为时变参数数值呈现下降态势，表明财政政策盯住经济周期目标的政策取向越发强烈，一旦发现经济周期偏离政策目标则采取更强烈的财政政策予以应对。其中，在经济萧条（繁荣）时期，经济周期缩减（扩张）意味着财政赤字增长（下降），由财政政策乘数效应可知，此时扩张性（紧缩性）财政政策促使经济复苏（回调）。特别是，当财政政策盯住经济周期目标的时变参数大于 -1 时，财政政策更为注重调节经济周期目标偏好，同时，从侧面也反映出在这个时期，需要依赖更多的财政扩张政策去熨平宏观经济目标。但当财政政策盯住经济周期目标的时变参数小于 -1 时，则财政政策调节经济周期的目标偏好有所减弱，但从另外一个侧面看，也可能是此时财政政策在调节经济周期上的政策效果更为有效。如图6-1左所示，在1999—2002年该数值小于

−1，表明该时期财政政策（赤字）能够有效起到刺激经济复苏和抑制经济衰退的作用，财政政策在该时期的宏观经济调控效果也更为显著。第二阶段是 2003—2004 年，这一时期的时变参数呈现增长态势，结合这一时期的经济周期可以发现，在此阶段中国经济经济周期小于零，表明宏观经济处于收缩状态，因此，政策部门的逆周期调控强度有所减弱，时变参数逐渐从小于 −1 增加至 −0.5，这同时也表明在该阶段财政政策的效果相对较弱。第三阶段是 2005—2015 年，这一时期表现为时变参数呈现显著下降态势，而且，从 2008 年起该数值小于 −1，由此表明，在该阶段我国政府的财政政策具有较强调控经济周期的目的，盯住经济周期目标的强度不断增强，同时也表明在该时期财政政策在调控宏观经济增长上的功效有所减弱，但也正是在这一阶段，我国政策部门采取较强的财政政策来熨平宏观经济运行，由此也使得在该时期中国的经济周期基本为零，财政政策在调控经济周期上取得较好的效果。第四阶段是 2016—2020 年，这一阶段表现为时变参数呈现显著增加态势，由此可见，这一时期财政政策盯住经济周期目标的政策取向有所减弱。究其原因，自 2016 年第三季度起，我国的宏观杠杆率高于 250%，首次超过美国的 248%，降杠杆成为当时政策部门宏观调控的首要政策目标。特别是，自 2017 年起政策部门提出维护我国系统性风险不爆发的底线起，许多的政策趋向于降低我国的金融系统性风险。从实际数据观察看，降低系统性风险的主要政策手段之一就是降低宏观杠杆率。结合经济学理论可知，杠杆率下调自然减小了宏观经济增长的内生动力，最终表现政策部门盯住经济周期目标的政策取向不断走弱。但从参数的实际数值看，该数值目前依旧小于零，这表明政策部门依然采取逆周期的财政政策来调控经济周期。其中，鉴于 2020 年受新冠肺炎疫情冲击影响，我国的经济周期出现了一个显著的下降过程，但相信在未来我国财政政策在调控经济周期上的政策取向会不断变强。

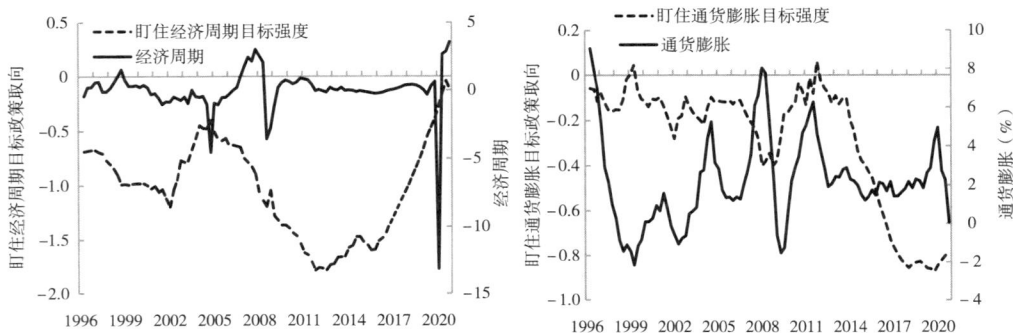

图 6 − 1　财政政策盯住经济周期和通货膨胀目标的时变参数

二、盯住通货膨胀目标的时变参数

由图 6-1 右可知，除少数季度外，财政政策盯住通货膨胀目标的时变参数均小于零，这表明我国采取逆周期的财政政策调控通货膨胀目标。从时变参数走势看，可以划分为三个阶段：第一阶段为 1996—2008 年，表现为参数值呈现缓慢下降态势，由此可见，在此期间中国财政政策盯住通货膨胀目标的政策取向不断走强。究其原因，从实际通货膨胀走势可知，自 1996 年初中国通货膨胀处于高位，虽然此后呈现显著下降态势，但是自 1999 年起通货膨胀有回升的迹象，至 2007 年底其高达 8%，位于高位。结合宏观经济学可知，财政扩张势必引发物价上涨，并形成供给推动型通货膨胀。如果实施财政紧缩，则有助于通过抑制需求的方式达到降低物价的目标。因此，在此阶段中国政策部门采取更强的逆周期财政政策，其根本意图之一就是起到有效抑制通货膨胀的作用。第二阶段为 2008—2012 年，具体表现为时变参数回升。其主要原因在于受 2008 年美国次贷危机影响，中国政府实施了扩张性财政政策刺激经济回升，由此必然降低了财政政策调控通货膨胀目标的政策取向。第三阶段为 2013—2020 年，其表现为时变参数呈现显著下降态势。从现实看，2013 年起我国宏观经济开始步入新常态，经济周期基本上等于零，宏观经济稳增长的政策压力相对较小。同时，后次贷危机使我国的通货膨胀回升。故此，财政政策盯住通货膨胀目标的时变参数急速下降表明政策部门具有较强降低通货膨胀的政策取向，由此也导致在此期间中国的通货膨胀处于相对较低水平。但我们也发现，自 2017 年后盯住通货膨胀的目标参数保持稳定而且具有回升迹象，其主要原因可能是在此阶段中国金融风险处于高位，政策部门具有较强调控金融系统性风险的政策取向，这必然降低了财政政策调控通货膨胀的政策偏好。

三、盯住金融风险周期的时变参数

由图 6-2 左可知，中国财政政策盯住金融风险周期的政策取向可以划分为两个阶段：第一阶段为 1996—2011 年，在此阶段我国财政政策采取顺周期的方式来调控金融风险周期，即当金融风险周期大于零，金融风险相对较高时，政策部门采取扩张性的财政政策来刺激经济扩张，以期通过需求扩张的方式去消化金融系统中所蕴含的风险。从经济学角度看，此阶段我国财政政策并未具有调控金融风险周期的政策目标。其主要原因可能在于，此阶段我国金融系统虽然也蕴含着一定的风险，但是总体上处于相对较低水平，而且也基本上围绕零上下波动，故此，系统性风险不是该阶段政策部门需要调控的重要目标。第二阶段为 2012—2020 年，此时时变参数转正为负，并呈现显著下降态势，表明财政政策采取的是逆周期的方式来调控金融系统性风险。结合金融风险周期走势可知，自 2011 年起金融系统性风险周期呈现显著上升态势，而且在 2014 年达到历史极大值，这说明此时中国金融系统蕴含着较大风险，故此，也促使政策部门开始采取逆周期的财政政策予以应对。特别是，随着 2016 年降杠杆和 2017 年维护中国金融系统性风险不爆发底线的有关政策相继被提出，政策部门采取许多政策，如财政政策和货币政策均具有更强逆周期调控金融风险周期的政策取向。从实际政策效果看，我们也发现自 2015 年起中国金融风险周期呈现显著下降态势，表明逆周期的调控方式取得较好的政策效果。

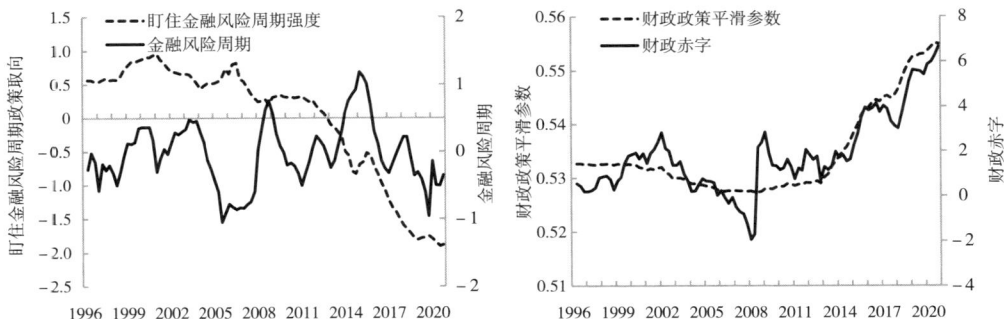

图 6 - 2　财政政策盯住金融风险周期时变参数和财政政策平滑参数

四、时变财政政策平滑参数

由图 6 - 2 右可知，财政政策平滑参数从 1996 年的 0.534 稍微下降后，于 2008 年开始不断攀升，并于 2020 年达到 0.558，表明我国的财政政策具有一定的平滑性特征，同时也说明中国的财政政策不足一半的政策目标用于调控经济周期、通货膨胀和金融风险周期，而超过一半的政策取向是为了保持财政赤字具有一定的平滑性和稳定性。1996—2008 年财政赤字数值呈现一定下降态势，特别是 2008 年该数值处于最低位，表明为了抵御美国次贷危机对我国宏观经济的影响，政策部门主动推出了四万亿元的刺激政策，由此打破了传统财政政策的执行惯性，并表现更强的主动性和灵活性，此时财政政策具有更强的维护宏观经济稳定和金融稳定的政策取向。但是，此后随着我国财政赤字水平不断增加，我国的财政政策也相对具有更强的平滑性特征，说明此后政策部门更倾向于维护财政政策执行的连贯性和一致性，在调控宏观经济运行和维护金融稳定上的政策取向有所减弱。

第三节　财政政策传导效率

为了进一步测度财政政策对宏观调控目标影响的传导效率，本报告借鉴 Diebold 和 Yilmaz（2009，2014）的思路，结合时变参数向量自回归模型，构建一个包括内生变量 $(y_t \quad \pi_t \quad FSI_t \quad f_t)'$ 的模型系统，并基于广义脉冲响应函数估计得到时变参数溢出传导指数。令时变参数广义脉冲响应函数为：

$$\varphi_{j,t}\,(n)\,=\sigma_{jj,t}^{-\frac{1}{2}}A_{n,t}\omega_{j,t} \tag{6-13}$$

其中，$\Sigma_t = \{\sigma_{ij,t},\ i,\ j = 1,\ 2,\ \cdots,\ m\}$，$A_{n,t}$ 表示无限移动平均展开后残差的时变系数，$\omega_{j,t}$ 是一个 $m \times 1$ 阶且 j 行等于 1，其他行为 0 的选择向量。由此可得，基于广义方差分解的时变参数广义脉冲响应函数的时变参数溢出传导指数为：

$$\gamma_{i\leftarrow j,t}\,(n)\,=\frac{\sigma_{jj,t}^{-1}\sum\limits_{i=0,i\neq j}^{n}(\omega'_{i,t}A_{l,t}\Sigma_t\omega_{j,t})^2}{\sum\limits_{l=0}^{n}(\omega'_{i,t}A_{l,t}\Sigma_tA'_{l,t}\omega_{i,t})} \tag{6-14}$$

由此，我们可以测度财政政策（f_t）对内生变量经济周期（y_t）、通货膨胀（π_t）和金融风险周期（FSI_t）影响的时变传导效应，估计结果如表 6 - 1 和图 6 - 3 所示。

表 6 - 1　财政政策传导效率矩阵

单位：%

	财政赤字	经济周期	通货膨胀	金融压力	总吸收效率*
财政赤字	77.82	11.69	4.78	5.71	22.18
经济周期	12.18	80.00	3.75	4.07	20.00
通货膨胀	11.34	18.19	64.24	6.24	35.76
金融压力	12.60	11.38	6.40	69.63	30.37
总传导效率*	36.12	41.25	14.93	16.01	108.31

注：* 总传导效率指除自身影响外，行变量对列变量的传导效率指数之和；总吸收效率指除自身影响外，列变量接受来自行变量的传导效率指数之和。

从表 6 - 1 估计结果可见，财政政策的总传导效率为 36.12%，相比货币政策而言更高（见第五章分析），对经济周期、通货膨胀、金融压力的传导效率分别为 12.18%、11.34%、12.60%，这反映了财政政策对三大政策目标的传导效率接近。从总吸收效率看，经济周期和金融压力对财政赤字的总吸收效率均为自身吸收来自其他变量的传导效率中的最大值，这说明在财政政策调控框架下，财政赤字对经济周期和金融压力的调控效果更好。

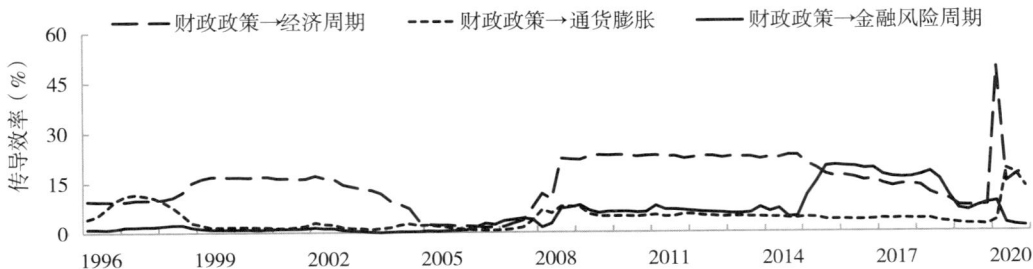

图 6-3　财政政策对三大政策目标影响的传导效率

　　从图 6-3 估计结果看，财政政策对经济周期的传导效率最高，平均达到 15%；对金融风险周期和通货膨胀的传导效率分别平均达到 5.5% 和 4.3%。由此可见，财政政策对经济周期的调控政策效果最强，结合政策取向参数强度大小可知，我国财政政策制定与执行的最主要目的是调控宏观经济平稳运行。从时变传导效率的历史演变看，1996—2005 年财政政策对三大目标的传导效率从大到小依次是经济周期、通货膨胀和金融风险周期，这表明此阶段财政政策调控的主要政策对象是经济增长和物价稳定问题。2005—2007 年三者的传导效率差异不大，但是自 2008 年起财政政策对经济周期的传导效率突然迅猛激增，这表明政策部门维护经济稳定的影响效应不断增强。究其原因，在 2008 年为了规避美国次贷危机冲击的影响，我国政策部门适时推出了四万亿元的财政刺激政策，有效刺激经济复苏和需求扩张。从实际效果看，2008—2014 年财政政策对经济周期的传导影响效应是相当显著的。同时，我们也发现，自 2015 年起，财政政策对金融风险周期的传导影响不断增强，但是对经济周期的影响却逆向变弱，这种此消彼长的关系表明，在此期间我国政策部门具有较强的调控金融风险周期的政策偏好，而且调控经济稳定目标的政策取向逐渐让位于金融稳定目标。结合前文分析可知，主要是因为在此期间中国的金融风险处于较高水平，政策部门在此阶段主要的政策任务是维护金融系统性风险不爆发的底线。从实际政策效果看，我们也发现财政政策在此时期不仅具有较强的盯住金融风险周期的政策取向，而且其对金融风险周期的调控影响传导效率也相对较大。此外，我们还发现 2020 年财政政策对经济周期的传导效率忽增至 50%，而对通货膨胀的影响也激增至 20%，这表明受新冠肺炎疫情冲击影响，我国财政政策维护经济增长和保持物价稳定的目标偏好和政策效果变得非常强烈。此时，"稳增长"是当下中国宏观调控最主要的政策任务。从上述分析可知，时变传导效率较好地刻画出财政政策对三大政策目标影响的动态演变规律。

第四节 结论与启示

本章拓展采用工具变量法、卡尔曼滤波法和马尔科夫链蒙特卡洛方法估计了财政政策盯住经济周期、通货膨胀和金融风险周期目标的时变政策取向，同时，借鉴 Diebold 和 Yilmaz（2009，2014）的思路，结合时变参数向量自回归模型估计了财政政策对三大政策目标影响的传导效率。从估计结果看，我们可以得到如下三点结论与启示：

（1）中国财政政策在调控三大政策目标上的政策取向存在适时调整过程，即盯住不同政策目标的政策取向并非一成不变，而是随着政策目标动态变化表现适时调整的特征。特别是，对于某一阶段，如果某一政策目标成为影响当时宏观经济稳定运行最主要的因素，则财政政策表现更强的盯住该政策目标的政策取向。从财政政策实践的逻辑看，除少数几个季度外，财政政策采取逆周期的方式调控经济周期和通货膨胀目标。在金融风险处于低位时，采取顺周期方式调控金融稳定，但是一旦金融风险处于高位或者政策部门具有较强抑制金融系统性风险的政策任务，则财政政策采取逆周期的方式调控金融风险周期。由此可见，从历史角度看，我国财政政策在调控宏观经济运行上具有较强的主动性和灵活性，其具体表现为在美国次贷危机期间，财政政策平滑系数略有下降，而盯住三大政策目标的权重逆向变强。但是，美国次贷危机后期，特别是近年来，随着财政政策平滑系数不断上升，当下财政政策更倾向于维护财政政策执行的连贯性和一致性，在调控宏观经济运行和维护金融稳定上的政策取向有所减弱。

（2）从财政政策实践的演变历史看，2008 年以前财政政策虽然采用逆周期的方式调控经济周期和通货膨胀目标，但是强度相对较弱。美国次贷危机期间，财政政策盯住经济周期目标的强度急速变大，这表明财政政策在此期间具有较强的维护宏观经济稳定的政策目的，但次贷危机后期，由于政策部门具有较强调控金融稳定的政策任务，财政政策盯住经济增长目标的政策取向有所减弱。同时，2013 年以前财政政策盯住通货膨胀目标的政策取向相对较小且较为稳定，但自 2014 年起该数值急速变小表明财政政策调控通货膨胀的政策取向逐渐变强，由此也使得在此期间我国的通货膨胀处于相对较低位置。此外，近年来随着我国金融系统性风险处于相对较高的位置，我国财政政策盯住金融风险周期目标的政策取向开始从顺周期转向逆周期。盯住通货膨胀和金融风险周期参数逐渐变强表明，近年来我国财政政策早期调控经济增长目标的政策取向逐渐让位于维护金融稳定和物价稳定的目标。但同时，由于 2020 年受新冠肺炎疫情冲击影响，我国的经济周期出现了一个显著的下降过程，相信在未来我国财政政策在"稳增长"上的政策取向会不断变强。

（3）从财政政策传导效率看，财政政策对经济增长的影响最强，其次是金融风险周期，最后是通货膨胀目标。由此可见，财政政策制定与执行的最主要目标是维护宏观经济政策目标。从历史长周期看，在次贷危机期间，财政政策对经济增长的传导影响突然激增，而且显著大于其他两个目标，这同时也表明2008年四万亿元的财政刺激政策最主要的影响对象是经济增长，由此对通货膨胀和金融风险周期的传导效应相对较弱。特别是，本研究还发现，自2015年起财政政策对金融风险周期的传导影响不断变强，并于2016—2019年在传导效率上大于其他两类目标，同时，结合实际数据走势和政策文件可知，自2016年起我国的宏观杠杆率首次超越美国，处于相对较高位置，而且2017年起政策部门提出维护我国系统性风险不爆发底线的政策任务。从实际估计结果看，我国财政政策自2016年起对金融风险周期的传导影响超越对经济周期的影响，这从另外一个侧面表明我国的财政政策在调控三大政策目标上具有较强的机动性和针对性，并在维护宏观经济稳定和金融稳定的目标上不断切换。此外，估计结果也显示，2020年我国财政政策对经济周期的传导效率突然激增至50%，这表明受新冠肺炎疫情影响，当下政策部门"防风险"的政策取向逐渐让位于"稳增长"，维护经济稳定增长是当下财政政策的最主要政策任务，由此也使得财政政策对宏观经济稳定的传导影响效应显著高于对金融稳定和物价稳定的传导影响效应。

总体上，我国财政政策具有一定的调控经济稳定、物价稳定和金融稳定的政策偏好，并在特定的时刻，其政策取向会随着三大政策目标的重要性和严重性而不断进行调整和平衡兼顾。特别是，政策取向的偏好强度具有较强的灵活性和针对性。但同时，笔者发现近年来随着财政政策平滑系数不断上升，当下政策部门更倾向于维护财政政策执行的连贯性、一致性和稳定性。

第七章　中国宏观调控实践的逻辑、演进与抉择

本章在结合第四章中国宏观经济分析，第五章中国货币政策实践的逻辑、演进与启示以及第六章中国财政政策实践的逻辑、演进与启示的基础上，首先，构建了一个宏观调控经济周期、通货膨胀以及金融风险周期三重目标的模型系统；其次，通过马尔科夫链蒙特卡洛方法测度 1996—2020 年价格型货币政策、数量型货币政策以及财政政策调控三大政策目标的政策效果；再次，通过反事实方法评估单一财政政策或货币政策以及财政政策和货币政策组合的效果；最后，总结归纳了中国宏观调控实践的逻辑、演进与抉择。

第一节　宏观调控政策模型构建

借鉴 Favero 和 Monacelli（2003）以及泰勒规则原理，我们将经济增长、通货膨胀和金融稳定作为财政政策和货币政策的主要调控目标，构建一个能够测度这三个目标动态平衡的宏观调控理论模型，同时，该模型将用于检验 1996—2020 年财政—货币政策搭配调控多重政策目标的效果。财政政策和货币政策是当前我国宏观调控的两大政策工具，且二者的政策效果相互影响。因此，我们将财政赤字作为政策部门实施财政政策的重要工具变量。同时，考虑到财政赤字具有平滑性的特征，参照泰勒规则将财政政策动态调整规则设定为：

$$f_t = (1 - \theta_t)\left[\phi_{0,t} + \phi_{y,t}y_t + \phi_{\pi,t}\pi_t + \phi_{FSI,t}FSI_t + \phi_{MP,t}MP_t\right] + \theta_t f_{t-1} + \mu_t \qquad (7-1)$$

其中，f_t 为财政政策工具；$\theta_t \in [0, 1]$ 为财政政策的时变平滑参数；y_t 为经济周期；π_t 为通货膨胀；FSI_t 为金融风险周期；MP_t 为货币政策工具，其包括价格型货币政策（利率规则）和数量型货币政策（货币供给）；时变参数 $\phi_{y,t}$、$\phi_{\pi,t}$、$\phi_{FSI,t}$ 分别表示财政政策盯住三大政策目标的强度；$\phi_{MP,t}$ 为财政政策对货币政策的时变响应参数；μ_t 为财政政策规则的其他冲击影响因素。

接着，将利率作为价格型货币政策的替代变量，并将 M2 增速作为数量型货币政策的替代变量。考虑到货币政策平滑特征（Kim 和 Nelson，2006），根据泰勒规则将政策规则

设定为：

$$MP_t = (1 - \overline{\omega}_t)(\varphi_{0,t} + \varphi_{y,t}y_t + \varphi_{\pi,t}\pi_t + \varphi_{FSI,t}FSI_t + \varphi_{f,t}f_t) + \overline{\omega}_t MP_{t-1} + \eta_t \quad (7-2)$$

其中，$\overline{\omega}_t \in [0, 1]$ 为货币政策时变平滑参数，$\varphi_{0,t}$ 为时变均衡利率，时变参数 $\varphi_{y,t}$、$\varphi_{\pi,t}$ 和 $\varphi_{FSI,t}$ 分别表示货币政策盯住三大政策目标的强度，$\varphi_{f,t}$ 和 $\varphi'_{f,t}$ 分别为价格型货币政策和数量型货币政策对财政政策的时变响应参数[①]，η_t 为其他冲击影响的随机扰动项，同时 η_t 和 η'_t 分别表示价格型货币政策和数量型货币政策冲击。

三大政策目标构成的变量组合为 $H_t = [y_t \quad \pi_t \quad FSI_t]'$，财政政策和货币政策工具为 $P_t = [f_t \quad MP_t]'$，设定测度财政政策和货币政策组合政策效果的内生模型：

$$H_t = \psi_t + \gamma_t H_t + \Sigma_{l=1}^n \nu_{l,t} H_{t-l} + \Sigma_{k=0}^n \vartheta_{k,t} P_{t-k} + \varepsilon_t \quad (7-3)$$

其中，$\gamma_t = \begin{bmatrix} 0 & \gamma_{12,t} & \gamma_{13,t} \\ \gamma_{21,t} & 0 & \gamma_{23,t} \\ \gamma_{31,t} & \gamma_{32,t} & 0 \end{bmatrix}$；$\vartheta_{k,t} = \begin{bmatrix} \vartheta_{11,k,t} & \vartheta_{12,k,t} \\ \vartheta_{21,k,t} & \vartheta_{22,k,t} \\ \vartheta_{31,k,t} & \vartheta_{32,k,t} \end{bmatrix}$；$\nu_{l,t} = \text{diag}(\nu_{11,l,t} \quad \nu_{22,l,t} \quad \nu_{33,l,t})$；

截距项 $\psi_t = [\psi_{1,t} \quad \psi_{2,t} \quad \psi_{3,t}]'$；随机扰动项 $\varepsilon_t = [\varepsilon_{1,t} \quad \varepsilon_{2,t} \quad \varepsilon_{3,t}]'$。用 $\gamma_{ij,t}$（$i, j = 1, 2, 3; i \neq j$）测度内生变量之间的同期时变内生关系，$\nu_{ii,l,t}$（$i = 1, 2, 3$）为内生变量滞后一期的时变参数，$\vartheta_{ij,k,t}$（$i, j = 1, 2$）分别刻画价格型货币政策和数量型货币政策以及财政政策对内生变量的时变影响效应。

联立财政政策动态调整规则方程式（7-1）、货币政策动态调整规则方程式（7-2）和政策效果方程式（7-3），令 $\widetilde{H}_t = [H'_t \quad P'_t]'$，测定宏观调控政策效果模型系统为：

$$\widetilde{M}_t \widetilde{H}_t = \widetilde{A}_t + \widetilde{E}_t \widetilde{H}_{t-1} + \widetilde{\varepsilon}_t \quad (7-4)$$

其中，$\widetilde{M}_t = \begin{bmatrix} 1 & -\gamma_{12,t} & -\gamma_{13,t} & -\vartheta_{11,t} & \vartheta_{12,t} \\ -\gamma_{21,t} & 1 & -\gamma_{23,t} & -\vartheta_{21,t} & \vartheta_{22,t} \\ -\gamma_{31,t} & -\gamma_{32,t} & 1 & -\vartheta_{31,t} & \vartheta_{32,t} \\ -(1-\theta_t)\phi_{y,t} & -(1-\theta_t)\phi_{\pi,t} & -(1-\theta_t)\phi_{FSI,t} & 1 & -(1-\theta_t)\phi_{MP,t} \\ -(1-\overline{\omega}_t)\phi_{y,t} & -(1-\overline{\omega}_t)\phi_{\pi,t} & -(1-\overline{\omega}_t)\phi_{FSI,t} & -(1-\overline{\omega}_t)\varphi_{f,t} & 1 \end{bmatrix}$，

$\widetilde{A}_t = [\psi_{1,t} \quad \psi_{2,t} \quad \psi_{3,t} \quad (1-\theta_t)\phi_{0,t} \quad (1-\overline{\omega}_t)\phi_{0,t}]'$，

$\widetilde{E}_t = \text{diag}(\nu_{11,t} \quad \nu_{22,t} \quad \nu_{33,t} \quad \theta_t \quad \overline{\omega}_t)$，$\overline{\varepsilon}_t = [\varepsilon_{1,t} \quad \varepsilon_{2,t} \quad \varepsilon_{3,t} \quad \mu_t \quad \eta_t]'$，

由于 $\widetilde{M}_t$ 可逆，上述结构式模型可写为：

---

① 当 MP 采取利率作为替代变量时，f_t 估计系数为 $\varphi_{f,t}$；当采取 M2 增速作为 MP 替代变量时，f_t 估计系数为 $\varphi'_{f,t}$。

$$\widetilde{H}_t = O_t + E_t\widetilde{H}_{t-1} + \zeta_t \qquad\qquad (7-5)$$

其中，$O_t = \widetilde{M}_t^{-1}\widetilde{A}_t$，$E_t = \widetilde{M}_t^{-1}\widetilde{E}_t$，$\zeta_t = \widetilde{M}_t^{-1}\widetilde{\varepsilon}_t$。上述时变参数宏观调控政策效果模型系统为后续分析中国、美国、英国和日本宏观调控政策效果的基础理论模型。

第二节　宏观调控政策效果测度

在理论模型设定的基础上，采取时变参数向量自回归模型（TVP-VAR）识别了模型系统，并采用脉冲响应函数估计利率、M2增速以及财政赤字三类冲击对经济周期、通货膨胀和金融风险周期的时变影响效应，以此考察1996—2020年我国价格型货币政策、数量型货币政策以及财政政策对三大目标的政策效果。

一、价格型货币政策效果测度

（一）盯住经济周期的政策效果

从价格型货币政策对经济周期的政策效果看（见图7-1左），总体上，短期和中期（半年和一年）利率冲击对产出的影响比长期效应（两年）更明显，这表明货币政策对产出的影响不具有长期持久性。从历史长期看，1996—2002年短期和中期经济周期对价格型货币政策的脉冲响应为正，而长期效应为负，但其响应值较小，表明紧缩性价格型货币政策对经济周期在长期只会有较弱的影响，这是由于在此阶段我国正处于利率市场化改革的启动阶段，利率影响渠道尚未完全疏通，货币政策通过利率渠道对经济周期的影响较弱。2003—2008年短期和中期经济周期对利率冲击的脉冲响应值为负，且其绝对值不断增大，表明紧缩性价格型货币政策对经济周期的影响效应呈现增强的态势。究其原因，随着利率市场化改革的推进，利率市场化程度提高改善了货币政策利率传导的产出效应，紧缩性价格型货币政策更有利于抑制经济波动。2009—2014年短期和中期经济周期对利率冲击的脉冲响应为负，但其绝对值逐渐减小，表明紧缩性价格型货币政策对经济周期的影响效应逐渐减弱，这是由于在财政政策突发性大规模扩张时期，利率政策对经济周期的影响效应受到挤占，价格型货币政策对经济周期的调控作用逐渐减弱。2015年起经济周期对利率冲击的短期效应又逐渐增大，其原因是在扩张性财政政策逐渐退出的同时，我国进入利率市场化改革的深化阶段，利率市场化程度显著提高增强了紧缩性价格型货币政策对经济周期的抑制作用。

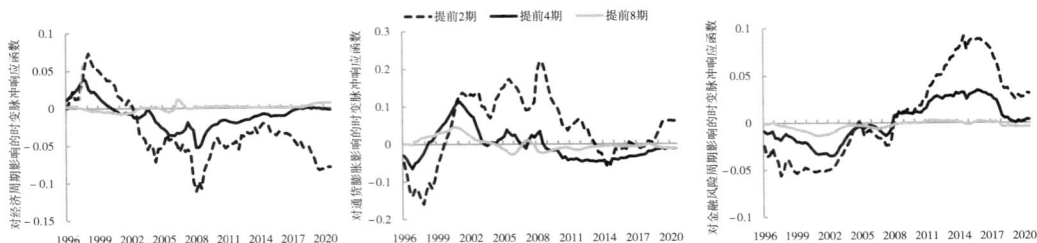

图 7 - 1　价格型货币政策对三大目标影响的时变脉冲响应函数

（二）盯住通货膨胀目标的政策效果

从价格型货币政策对通货膨胀目标的政策效果看（见图 7 - 1 中），利率冲击对通货膨胀的影响在短期和中期的影响效应大于长期，并且短期和中期影响均经历了两个周期先下降后上升的过程。具体而言，1996—1998 年短期和中期通货膨胀对利率冲击的脉冲响应为负，且其绝对值不断增加，表明紧缩性价格型货币政策对通货膨胀的影响效应增强，这是由于在此期间，我国经济实现第一次"软着陆"，紧缩性价格型货币政策对通货膨胀的调控作用逐渐增强。而在 1998—2000 年通货膨胀对利率冲击的脉冲响应绝对值呈现减小的趋势，并在 2000 年转负为正，这表明紧缩性价格型货币政策对通货膨胀的影响效应逐渐减弱，其原因是 1998 年为应对国内外金融危机和经济衰退，我国采取了降低利率等稳健的货币政策，随着紧缩性价格型货币政策逐渐退出，其对通货膨胀的影响效应逐渐减弱。2001—2012 年通货膨胀对利率冲击的脉冲响应值为正，并且呈现先上升，在 2008 年达到峰值后下降的趋势。究其原因，在此期间我国处于财政扩张阶段，尤其在 2008 年为应对美国次贷危机的影响，我国实施四万亿元财政刺激政策，使得利率对通货膨胀的影响受到极大挤占，削弱了紧缩性价格型货币政策对通货膨胀的抑制作用。而 2013—2018 年通货膨胀对利率冲击的脉冲响应转正为负，表明利率冲击对通货膨胀有明显的抑制效应，这与图 5 - 1 右得出的结论——2013 年起我国政策部门具有较强降低通货膨胀的政策目标一致。2018 年以后通货膨胀对利率冲击的短期响应转负为正，而中、长期为负，表明紧缩性价格型货币政策对通货膨胀在中、长期有抑制效应。

（三）盯住金融风险周期的政策效果

从价格型货币政策对金融风险周期的政策效果看（见图 7 - 1 右），与长期效应相比，短期和中期利率冲击对金融风险周期的影响更明显。脉冲结果显示，1996—2007 年金融风险周期对利率冲击的脉冲响应值为负，表明紧缩性价格型货币政策对金融风险周期抑制效应明显。其中，1996—2002 年脉冲响应绝对值呈现增大的趋势，表明紧缩性价格型货币政策对金融风险周期的抑制作用逐渐增强，其原因是在此期间，适度从紧的货币政策导致我国金融风险周期不断下降。2003—2007 年脉冲响应绝对值逐渐减小，表明紧缩性价格型货币政策对金融风险周期的抑制作用逐渐减弱，由于在此期间我国处于低风险时期，紧缩性货币政策对金融风险周期的调控作用相对较弱。而 2008 年以后金融风险周期对利率冲击的脉冲响应值转负为正，其中，2008—2014 年脉冲响应值逐渐增加，并在 2014 年达到峰值。究其原因，为了应对美国次贷危机对我国的不利影响，我国采取宽松的价格型货币政策，导致风险急剧上升，同时为了保持经济适度增长，在此期间央行多次下调存贷款利率，也使得金融风险飙升，并在 2014 年达到顶峰。2015 年以后，短期和中期金融风险周期对利率冲击的脉冲响应值为正，但呈现减小的趋势，同时长期效应也在 2017 年由正转负，表明新一轮"防风险"的宏观调控正在逐渐发挥作用。

二、数量型货币政策效果测度

（一）盯住经济周期的政策效果

从数量型货币政策对经济周期的政策效果看（见图 7 – 2 左），1996—1999 年经济周期对 M2 增速冲击的脉冲响应值为正，且短期效应比中长期效应更明显，其中 1996—1998 年脉冲响应值逐渐增大，并在 1998 年达到峰值，这表明扩张性数量型货币政策对经济周期的影响逐渐增强。究其原因，在此阶段我国实施适度宽松的货币政策，对产出具有拉动效应，尤其在 1998 年，为应对东南亚金融危机的影响，我国采取总量调控方式将 M2 增速调高至 30%，有效拉动了产出增长。2000—2002 年，短期经济周期对 M2 增速冲击的脉冲响应值转正为负，而中长期脉冲响应值为正，表明数量型货币政策对经济周期只会在中长期有较弱的影响。2003 年起短期经济周期对 M2 增速的脉冲响应值转负为正，其中 2003—2008 年的响应函数值逐渐增大，并在 2008 年达到峰值，其原因是我国实施宽松的数量型货币政策促进了经济增长，特别是 2008 年为了积极应对美国次贷危机对我国经济的不利冲击，央行加大货币供给量，对经济增长产生了促进作用。而 2009 年以后经济周期对 M2 增速的脉冲响应逐渐减小，表明扩张性数量型货币政策对经济周期的调控作用逐渐减弱，其原因可能是在此期间我国以稳健的货币政策为主，政策目标更偏向于调整经济增长结构、逐渐转变"投资推动型"的发展模型，从而使得数量型货币政策对经济周期的影响效果逐渐减弱。

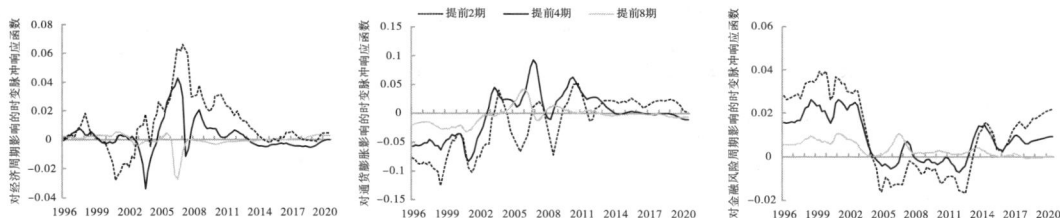

图 7 – 2　数量型货币政策对三大目标影响的时变脉冲响应函数

（二）盯住通货膨胀目标的政策效果

从数量型货币政策对通货膨胀目标的政策效果看（见图7-2中），总体上，通货膨胀对M2增速冲击的脉冲响应值呈正负交替出现。具体而言，1996—2003年通货膨胀对M2增速冲击的脉冲响应值为负，且在1998年其绝对值达到最大值，表明扩张性数量型货币政策对通货膨胀的政策效果不明显。结合图7-1中可知，仅依靠数量型货币政策无法达到稳定物价的目的，在通货紧缩时期，价格型货币政策对通货膨胀的调控效果较好。2004年通货膨胀对M2增速冲击的脉冲响应值转负为正，表明扩张性数量型货币政策会助推通货膨胀率上升。究其原因，2004年传统工业投资需求旺盛，货币供给通过传统工业投资渠道造成物价上涨。2005—2006年其脉冲响应值又转正为负，其可能的原因是在此阶段我国实施的稳中偏紧的数量型货币政策对通货膨胀的助推作用下降。2007年脉冲响应值又转为正，表明扩张性数量型货币政策对通货膨胀有正向作用，这是由于增加的货币供应量通过股票市场的非理性繁荣，最终导致物价上涨。而2008年通货膨胀对M2增速冲击的脉冲响应值又转正为负，意味着面对2008年美国次贷危机的不利影响，仅通过数量规模扩张无法应对信贷规模的突然收缩，从而无法起到维持物价稳定的作用。2009年以后通货膨胀对M2增速冲击的脉冲响应值转为正值，表明扩张性数量型货币政策对通货膨胀的政策效果增强，且从长期看，2009—2013年中期效果较强，而2014年以后短期效果增强，中期效果逐渐减弱。

（三）盯住金融风险周期的政策效果

从数量型货币政策对金融风险周期的政策效果看（见图7-2右），与长期效应相比，短期和中期金融风险周期对M2增速冲击的政策效果更明显。从历史长期看，1996—2003年金融风险周期对M2增速冲击的脉冲响应值为正，表明扩张性数量型货币政策导致金融风险上升，其可能的原因是宽松的货币政策助推企业增加杠杆扩大生产，进而导致金融风险上升。2004—2012年金融风险周期对M2增速冲击的脉冲响应值为负，其主要原因是央行为了防止经济过热，在此期间多次上调法定存款准备金率，使得金融风险得到有效抑制。其中2008年脉冲响应绝对值相对较小，这是由于为了应对美国次贷危机的不利影响，我国加大信贷投放，使得数量型货币政策对金融风险的抑制作用减弱。2013年起金融风险周期对M2增速冲击的脉冲响应值又转为正值，表明扩张性数量型货币政策助推金融风险上升。究其原因，在此阶段我国经济增速有所下滑，为了促进经济增长，我国央行多次下调法定存款准备金率，由此也使得金融风险飙升。

三、财政政策效果测度

（一）盯住经济周期的政策效果

从财政政策对经济周期的政策效果看（见图 7 - 3 左），1996—2003 年经济周期对财政赤字的脉冲响应逐渐增大，表明其政策效果逐渐增强。究其原因，在此期间，我国实施积极的财政政策，财政赤字的增加通过政府支出和收入乘数效应促进经济增长。2004—2007 年，经济周期对财政赤字的脉冲响应值逐渐减小，并在 2005 年转正为负，表明积极的财政政策对经济周期的促进作用逐渐减弱，其主要原因是，在此阶段，我国财政赤字下降，表现为政府支出小于政府收入，政府支出增幅相对较小，削弱了财政赤字对经济增长的影响效应。而 2007 年后经济周期对财政赤字冲击的脉冲响应值转负为正，并在 2008 年达到峰值，这是由于为了应对美国次贷危机的冲击，政策部门实施了四万亿元财政扩张政策，政府支出的增长进一步提升了财政赤字对经济增长的正向促进作用。2008 年以后经济周期对财政赤字的脉冲响应逐渐减小，表明财政政策对产出的拉动效应逐渐减弱，其可能的原因是，在大规模财政扩张后，财政政策熨平经济波动的政策效果逐渐减弱，也意味着我国逐渐转变依赖投资和财政扩张的经济增长模式。从长期政策效果看，中期的脉冲响应大于短期和长期，表明财政政策对经济增长的拉动效应在中期更显著。

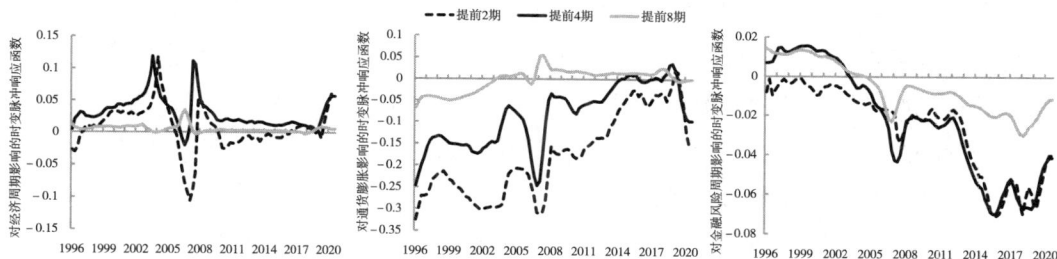

图 7 - 3　财政政策对三大目标影响的时变脉冲响应函数

（二）盯住通货膨胀目标的政策效果

从财政政策对通货膨胀目标的政策效果看（见图 7 - 3 中），总体上，短期通货膨胀对财政赤字冲击的脉冲响应值为负，表明扩张性财政政策不会引发通货膨胀率上升，其走势可以分为三个阶段：第一个阶段是 1996—2007 年，在此期间，通货膨胀对财政赤字冲击的脉冲响应值为负，且其绝对值相对较大，其主要原因可能是，此阶段我国通货膨胀率处于高位，财政扩张将引发通货膨胀率上升，因此，政策部门实施紧缩性财政政策以达到抑制通货膨胀的目标。第二个阶段是 2008—2018 年，通货膨胀对财政赤字冲击的脉冲响应值为负，但是其绝对值逐渐减小，表明扩张性财政政策不会助推通货膨胀率上升，其中，2008 年脉冲响应值下降幅度最大。究其原因，2008 年受到美国次贷危机的不利影响，我国政府实施了扩张性财政政策，其主要目标是刺激经济回升，因而调控通货膨胀的政策效果较弱，不会引发通货膨胀率上升。从长期政策效果看，长期通货膨胀对财政赤字冲击的脉冲响应值为正，虽然其数值较小，但表明在此阶段实施的财政刺激政策，短期内不会对通货膨胀有明显的政策效果，长期却会导致通货膨胀率上升，这也与图 6 - 1 右得出的在美国次贷危机后期我国通货膨胀率上升结论相契合。第三个阶段为 2019—2020 年，通货膨胀对财政赤字冲击的脉冲响应绝对值呈现增大的态势，表明扩张性财政政策没有引发通货膨胀率上升的政策效果，其可能的原因是，在此阶段我国政策部门以调控金融风险为主要目标，因而对通货膨胀的调控效果较差。

（三）盯住金融风险周期的政策效果

从财政政策对金融风险周期的政策效果看（见图 7 - 3 右），1996—2003 年短期金融风险周期对财政赤字冲击的脉冲响应值为负，而中期和长期脉冲响应值为正，表明扩张性财政政策在中长期会加剧风险上升。2004 年起，金融风险周期对财政赤字冲击的脉冲响应值均为负，其中，2004—2007 年脉冲响应逐渐增大。究其原因，在此期间我国实施稳中偏紧的财改政策，国债发行额减少等紧缩性财政政策抑制了金融风险的上升。2008—2011 年脉冲响应绝对值减小，并保持在一个稳定值，这与图 6 - 2 左得出的结论一致。在此阶段，为了应对美国次贷危机的影响，我国采取了增加国债发行规模、结构性减税等扩张性财政政策刺激经济扩张，以期通过需求扩张消化金融系统中的风险。2012—2015 年金融风险周期对财政赤字冲击的脉冲响应值为负且其绝对值逐渐增大，其主要原因是在此期间我国采取逆周期的调控方式来抑制金融风险上升。2017 年脉冲响应有所减小，但在 2018 年再次增大，这是由于随着一系列筑牢防范系统性金融风险安全底线的相关政策提出，政策部门加大财政政策逆周期调控强度，并且取得了较好的政策效果。从政策效果看，与短期和长期脉冲响应相比，中期的脉冲响应值更大，表明财政政策对金融风险周期的调控中期效应最明显。

第三节　反事实：宏观调控政策抉择

为了评估调控宏观经济政策目标的最佳宏观调控搭配，本报告采用反事实方法展开进一步估计。首先，在基准模型下估计财政政策与货币政策组合对经济周期、通货膨胀以及金融风险周期的影响效应；其次，关闭财政政策对三大政策目标的影响效应，同样采用上述模型估计价格型货币政策和数量型货币政策的反事实估计结果；最后，关闭价格型货币政策和数量型货币政策对三大政策目标的影响效应，得到财政政策的反事实时变政策效果。对比反事实和基准模型参数结果，笔者可以得到财政政策与货币政策组合以及剔除财政政策（货币政策）条件下，货币政策（财政政策）对三大政策目标影响效应的异同。

一、盯住经济周期的反事实政策效果

从盯住经济周期的反事实政策效果看（见图 7 - 4），在货币政策结果中，对于价格型货币政策，短期和中期基准模型的估计结果显著为负，反事实模型估计结果也为负，但其数值较小，表明剔除财政政策的影响，价格型货币政策对经济周期的政策效果在短期和中期将减弱。其主要原因是宽松的价格型货币政策可以促进经济增长，其搭配财政政策可以通过乘数效应进一步对产出产生拉动效应。而长期基准模型的估计结果在 1996—2002 年显著为负，且绝对值大于反事实结果，表明在此阶段，财政政策和货币政策配合的政策效果比单独采用货币政策效果更强。2003 年起，基准模型的估计结果转负为正，而反事实结果为负，表明单独使用价格型货币政策对产出的促进作用更显著。究其原因，从历史长周期看，我国财政政策具有较强的独立性，无论是政府的赤字融资还是债务的货币融资均会使得货币政策处于从属地位和被动适应财政政策（杨子晖，2008）。特别是，在 2008 年我国政府适时推出四万亿元规模的财政刺激政策，这由此也改变了财政政策和货币政策的搭配格局，在某种程度上削弱货币政策的政策功效。对于数量型货币政策效果，短期、中期和长期基准模型的政策效果均优于反事实的政策效果，表明缺乏财政政策的配合，宽松的数量型货币政策对经济周期的促进作用将减弱，其原因是财政政策的乘数效应会增强宽松货币政策对经济的刺激效果。在财政政策效果中，短期反事实政策效果优于基准模型，而中期和长期基准模型的政策效果明显较短期更显著。究其原因，扩张性财政政策在短期会通过扩大支出等措施刺激经济增长，但当经济过度繁荣（衰退）时，央行会采取紧缩性（扩张性）货币政策促使经济回落（复苏），从而削弱财政政策对经济周期的影响效应。从长期看，只有财政政策与货币政策搭配使用才能更大程度促进经济增长。

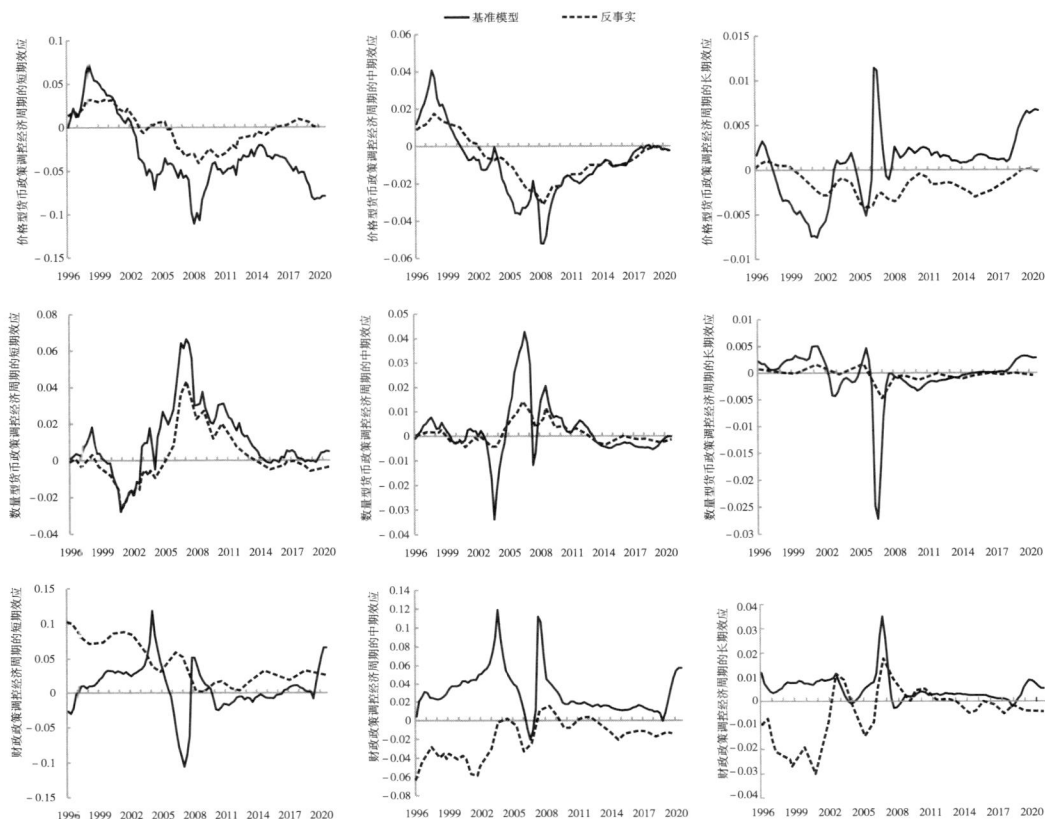

图 7 - 4　财政政策与货币政策组合盯住经济周期的反事实政策效果

二、盯住通货膨胀目标的反事实政策效果

从盯住通货膨胀的反事实模拟结果看（见图 7 - 5），在货币政策效果中，就价格型货币政策而言，总体上基准模型的影响效应均优于反事实模型估计结果。这表明缺乏财政政策的配合，价格型货币政策对通货膨胀的政策效果会减弱，但 2013—2018 年长期基准模型的估计结果小于反事实模型估计结果。结合图 7 - 1 和图 7 - 3 可知，在此阶段我国货币政策以调控通货膨胀为主，而财政政策则主要调控金融风险周期，因而单独采用货币政策调控的效果优于财政政策和货币政策搭配使用。从数量型货币政策看，基准模型的影响效应均大于反事实模型，表明剔除财政政策的影响将削弱数量型货币政策对通货膨胀的影响，但 2007 年短期反事实模型的估计结果更优，其主要原因是 2007 年扩张性的数量型货币政策引发通货膨胀率上升，如若叠加扩张性财政政策势必导致通货膨胀率飙升。因此，政策部门实施紧缩性财政政策以达到抑制通货膨胀的目标。从财政政策实施效果看，长期

基准模型的脉冲响应值为正，表明剔除货币政策的影响后，财政政策对通货膨胀的政策效果将减弱，其可能的原因是，财政政策会通过货币渠道影响通货膨胀，扩张性财政政策将增加货币供给，并进一步促进消费增加，进而引发通货膨胀率上升。当缺乏货币政策配合时，必将削弱财政政策对通货膨胀的调控效果。

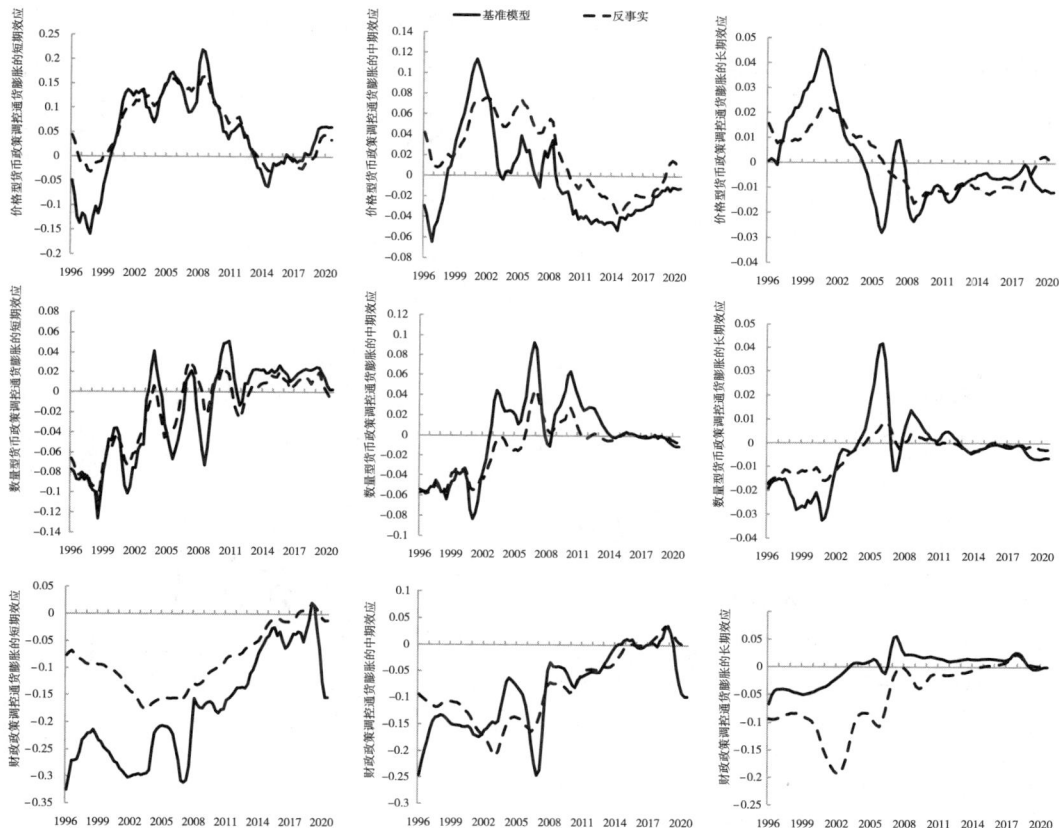

图 7 - 5　财政政策与货币政策组合盯住通货膨胀的反事实政策效果

三、盯住金融风险周期的反事实政策效果

从盯住金融风险周期的反事实模拟结果看（见图 7 - 6），在货币政策效果中，就价格型货币政策而言，基准模型的政策效果优于反事实模型的结果，表明剔除财政政策后，紧缩性价格型货币政策降低金融风险的功效将减弱，其主要原因是财政政策在应对防范化解金融风险方面具有重要作用，价格型货币政策搭配财政政策使用将强化货币政策的效果。从数量型货币政策实施效果看，总体上，基准模型的影响效应大于反事实模型，而在

2007—2014 年短期和中期反事实模型的估计结果大于基准模型，但长期看基准模型的影响效应优于反事实模型，表明财政政策将削弱数量型货币政策对金融风险周期的调控效果。其主要原因是在此阶段，数量型货币政策和财政政策短期目标不一致，导致其搭配财政政策使用时，数量型货币政策对金融风险的影响效应减弱，而二者长期目标一致，将强化彼此的政策效果。在财政政策效果中，总体上，基准模型的估计结果为负，而反事实模型的估计结果基本为正，表明当财政政策和货币政策目标均为降低金融风险时，二者搭配使用能进一步强化彼此的政策效果，而当财政政策目标不是抑制金融风险上升，即二者目标不一致时，单独使用财政政策效果更优。

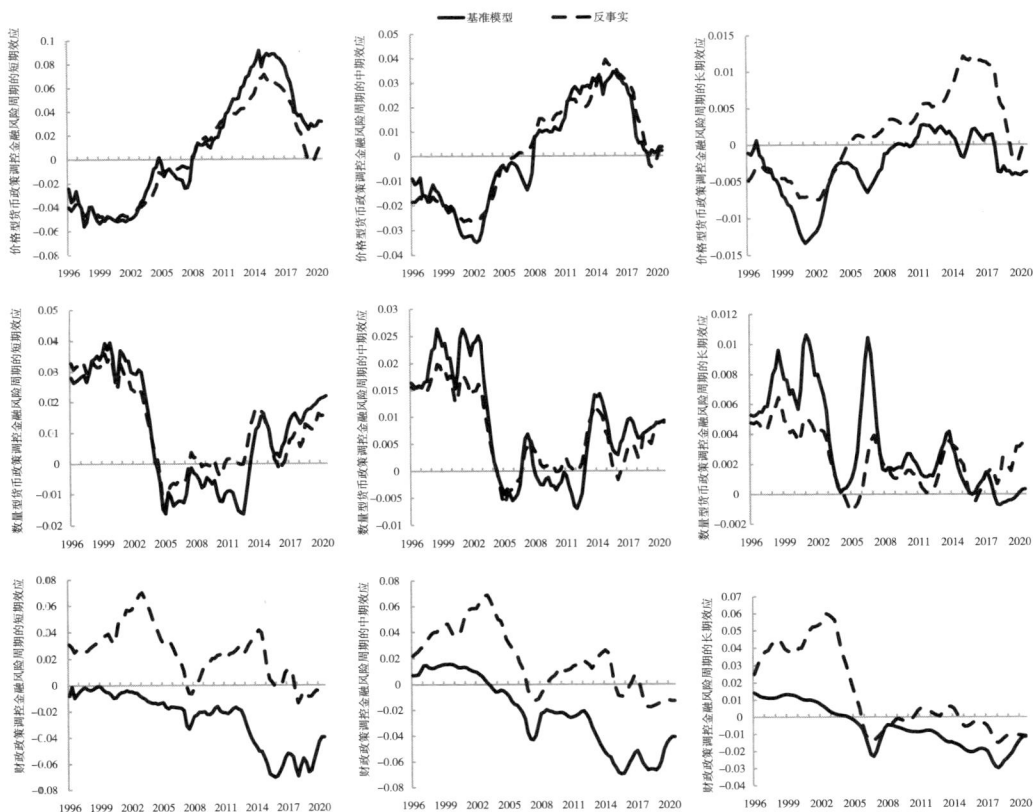

图 7-6　财政政策与货币政策组合盯住金融风险周期的反事实政策效果

第四节　宏观调控政策抉择

为了得到调控经济周期、通货膨胀和金融风险周期的最优宏观调控政策搭配，本章首先构建了一个宏观调控政策模型，然后在此模型基础上，通过马尔科夫链蒙特卡洛（MCMC）方法估计了价格型货币政策、数量型货币政策以及财政政策对调控三大目标的政策效果，最后通过反事实方法测度和评估单一财政政策或货币政策以及财政政策和货币政策组合的效果。

从政策效果看，价格型货币政策对经济周期、通货膨胀和金融风险周期有明显的调控作用，并且随着利率市场化改革程度的加深，其政策效果逐渐增强，但当财政政策大规模扩张时，势必挤占价格型货币政策的影响效应空间。2008年以前扩张性数量型货币政策和财政政策对产出有拉动效应，但近年来随着我国经济发展逐渐转变成依赖投资和财政扩张的经济发展模式，其对经济周期的影响也逐渐减弱。在调控通货膨胀目标时，宽松的数量型货币政策会助推通货膨胀率上升，但仅依靠数量型货币政策难以达到稳定物价的目标，而扩张性财政政策只有在以通货膨胀为目标时才有明显的调控效果。在调控金融风险周期方面，宽松的数量型货币政策将导致金融风险上升，而严控货币供给规模有助于控制金融风险；紧缩性财政政策能够抑制金融风险的上升，但在某些特殊时期，扩张性财政政策也可通过需求扩张消化金融系统中的风险。从长期政策效果看，货币政策短期和中期的政策效果明显，而财政政策长期的政策效果更显著。

从反事实结果看，对经济周期目标而言，总体上，只有财政政策与货币政策搭配使用才能最大程度促进经济增长，但有两种特殊情况将会削弱彼此的政策效果：第一种是当实施过度财政刺激政策时，将会改变财政—货币政策搭配格局，从而在某种程度上削弱货币政策对经济增长的政策效果；第二种是当经济过度繁荣（衰退）时，扩张性财政政策会刺激经济增长，而央行会采取紧缩性（扩张性）货币政策促使经济回落（复苏），从而弱化了财政的政策效果。对通货膨胀和金融风险周期目标而言，当财政政策和货币政策目标一致时，将强化彼此的政策效果；反之，则会削弱彼此的影响效应。因此，总体上，只有财政政策和货币政策协调配合才有利于使调控经济周期、通货膨胀和金融风险周期的政策效应最大化。

第八章　国际宏观调控实践与政策分析：以美国为例[①]

本章首先回顾美国宏观调控实践历史，其次基于前述章节中所构建的理论模型，测度美国 1996—2020 年的政策取向及传导效率，再次采用反事实的方法对该时期美国的宏观调控政策效果进行分析，最后总结出三点美国在宏观调控抉择方面可以供我国借鉴的经验及教训。

第一节　宏观调控政策实践

1929—1933 年出现的大萧条使美国政府与经济学家逐渐认识到自由放任的市场经济孕育出的垄断导致的不平衡无法由市场解决。在凯恩斯理论的支持下，罗斯福上台后开始实行以政府为主导的经济复苏救济计划，美国的宏观调控时代自此拉开序幕。如果考察宏观调控实践中的政策演变，可以发现美国政府的宏观调控经历了从倚重财政政策到财政政策与货币政策并重，再到目前更加强调货币政策三个阶段，这也体现了美国主流经济学派由凯恩斯主义到新自由主义的发展。本节将回顾美国宏观调控历史中不同阶段的理论发展，并对其宏观调控政策重心及政策效果进行分析。

一、1933—1945 年被动到主动的扩张性财政政策：以恢复经济为主要目标（凯恩斯主义的实践）

针对 20 世纪 30 年代西方国家出现的经济大萧条现象，英国经济学家凯恩斯提出了与古典财政理论中政府平衡收支原则相反的主张，认为在经济衰退时政府应积极实行赤字预算，通过增支减税的方法刺激社会总需求。在凯恩斯的理论中，财政政策占有极其重要的地位，货币政策作用则在很大程度上被忽视了。在凯恩斯理论支持下，罗斯福在任期间采用了诸如福利救济、结构性减税、建立社保体系、举办公共工程等扩张性的财政政策，使

---

① 本章由暨南大学邬嘉彧和陈创练共同撰写。

美国迅速走出了经济危机的泥淖。

二、1946—1961 年货币政策辅助下的补偿性财政政策：以充分就业为主要目标（凯恩斯主义的实践）

第二次世界大战过后，美国社会出现了大量失业的现象，同时伴随着通货膨胀率上升的问题。鉴于此，美国凯恩斯主义学者阿尔文·汉森提出"补偿性财政政策"的概念，并呼吁政府应当正视货币政策的作用。他认为政府收支应该以实现周期性平衡为目标，在经济繁荣时通过实行紧缩性的财政政策实现的财政盈余可以弥补经济萧条时实行扩张性的财政政策造成的财政赤字。在凯恩斯主义学派学者一系列的研究指导下，杜鲁门政府签署了《1946 年就业法》，确认了联邦政府干预经济的合法地位。但杜鲁门与艾森豪威尔在 20 世纪 50 年代实行的这种为了实现对财政赤字的控制与财政收支的平衡的补偿性政策最终导致了该时期美国经济衰退与危机频发，后人称这段时期为"艾森豪威尔停滞"。值得注意的是，1951 年 3 月，美联储正式从财政部独立出来，但此时货币政策的主动权还很小，只是作为财政政策的辅助手段被人们加以运用。

三、1962—1981 年以"需求端"的扩张性财政政策为主搭配"相机抉择"的货币政策（货币政策地位上升）：以经济增长与充分就业为目标（凯恩斯主义的实践）

美国经济学家赫勒认为实行补偿性财政政策意味着政府为了弥补治理危机时的财政赤字，将在危机后实行紧缩性的财政政策，这一行为将降低经济复苏期的社会总需求，制约长期经济增长。这也是长时间实行补偿性财政政策后，社会出现经济增速放缓与高失业现象的原因。故此，他和托宾提出增长性财政政策的概念，主张实行长期赤字财政政策来减小经济周期，并提到为了保持赤字预算的有效性，需要搭配扩张性的货币政策。肯尼迪政府接受了这一主张，为了使美国尽快走出经济停滞的状态，他首次在经济社会未出现衰退时使用积极的财政政策刺激经济，以实现长期经济增长的目标。他的继任约翰逊延续了他的做法，使美国社会实现了"二战"后持续时间最长的经济增长，进一步将美国推向了"福利国家"的道路。但是在长期的增长性财政政策的背景下，以"相机抉择"为理论基础的货币政策为了抑制通货膨胀时紧时松，使得经济陷入了"货币宽松—通货膨胀—货币紧缩—经济停滞"的恶性循环，最后导致 20 世纪 80 年代的美国出现了高通货膨胀和高失业率与低经济增长同时存在的"滞胀"的迹象。值得一提的是，在此期间，货币政策的地位得到了长足的提升。美国国会于 1978 年对《联邦储备法》进行了重要修正，以法律的形式确定了美联储调控经济的合理地位。1977—1981 年，美联储主席沃尔克宣布货币政策的中介目标将由之前的联邦基金利率转为货币供应量。1979 年美联储正式实行"单一规则"的货币政策，美联储的独立性日渐增强。

四、1981—1992 年"货币稳定规则下"的紧缩性货币政策与"供给端"的紧缩性财政政策并重：以抑制通货膨胀为主要目标（供给学派与现代货币主义的实践）

凯恩斯主义在面对严重的"滞胀"问题前的无力表现使得供给学派势力逐渐扩大，他们强调供给端在经济增长中的重要地位，否定了凯恩斯主义中"需求会自动创造供给"的观点并给出了相反结论，认为供给是需求可靠且唯一的来源，并认为在"供给管理"中应该弱化政府的作用，强化市场的作用。同时，自由主义与现代货币主义学说盛行，现代货币主义学者认为财政政策是无效的，主张政府实行"单一规则"的货币政策，在该时期体现为货币稳定规则。在这些理论的冲击下，货币政策正式登上宏观调控的舞台，与财政政策并驾齐驱。里根在任期间持续实行紧缩性货币政策与削减个税、削减企业税、减少政府开支的财政政策，将宏观调控的重心转移到激发市场微观主体的积极性，鼓励技术革新与产业结构调整。这些举措帮助美国从"滞胀"的困境走出，美国出现了被称为里根经济繁荣的时期，但也给美国带来了高赤字、高汇率和高利率等供给学派无法解释的新问题。

五、1993—1998 年"中性"货币政策主导下的宏观调控：以经济增长与抑制通货膨胀为主要目标（新凯恩斯主义与供给学派的中和）

美国国会分别于 1992 年与 1993 年相继否决了布什和克林顿两位总统的反周期财政政策刺激法案，同年在美国民主党、共和党争执下，预算平衡计划的回归使得联邦政府不得不从根本上压缩了财政政策调控空间，进而在很大程度上削弱了财政政策作用。这两起事件标志着美国依靠"赤字财政"提振经济的调控模式正式退出美国的宏观调控舞台，从此财政政策调控向着结构化、精准化的方向转变。以克林顿提出的"综合经济发展计划"中的税收、支出为例，克林顿政府吸收了"新凯恩斯主义"与"自由主义"思想的精华部分，追求"供求并重"的财政政策。新凯恩斯主义认为政府调控可以有效弥补市场失灵等缺陷，而市场具有信息传导迅速、存在自然生产激励机制等优点，可以弥补单一政府调控的不足。以克林顿政府财政政策为例，提高最高边际税率的税收政策可以通过收入再分配效应改善社会贫富差距的情况，而政府提高对高科技企业与小企业的扶持力度可以在提高技术创新水平的同时增加更多的就业机会。

货币政策从此成了美国政府对经济社会进行宏观调控的主要工具。在此契机下，自 1987 年开始任职美联储主席的格林斯潘开始大显身手，他认为随着美国金融发展深化程度的上升，货币供应量与经济增长、通货膨胀之间的相关性正在不断弱化。于是，在 1994 年格林斯潘宣布货币政策的中介目标将由货币供应量转为短期实际利率，即联邦基金利率。格林斯潘将"货币稳定增长规则"与美国学者泰勒提出的"泰勒规则"相结合，提出了"中性"货币政策。该规则认为在面对经济增长和抑制通货膨胀的双重目标下，利率维持"中性"立场，既不过紧也不过松，可以实现低通货膨胀、低失业率与适度经济增速的平衡。

在克林顿政府一系列鼓励技术创新与社会公平的结构性财政政策与更加积极的货币政策的有效配合下，政府赤字情况得到很大的改善，知识技术密集型产业逐渐成为美国最具竞争力的产业。在此阶段，美国高新技术产业如计算机和半导体产业已处于世界领先地位，互联网产业的兴起助推了美国经济增长与股市繁荣，财富效应与工资水平的提升促进居民消费，进一步带动了产出的扩张。GDP 增速在 1993—2000 年平均达到 3.5% ~ 4%，高于世界平均水平约 2.5%，失业率由一开始的 7.4% 降至 4.1%。与此同时，令人惊讶的是，在保持经济高速增长的同时，通货膨胀率也由 20 世纪 90 年代初期的 4% 降至 2%，并维持了较长时期，赤字情况由 1993 年的 3 167 亿美元到 1998 年转亏为盈。就这样，美国从 1992 年开始维持着近九年的低通胀高增长的经济状态，被现任美联储主席罗姆·鲍威尔称为"令人惊艳的十年"（The Fabulous Decade）。

六、1999—2001 年"过度自信"的货币政策为主导的宏观调控：以抑制通货膨胀为主要目标

股票市场与房地产市场蒸蒸日上带来的是资产价格与债务水平的快速上涨等经济过热情况。尽管在这一时期，美联储有所察觉，于 1994 年 2 月 4 日至 1995 年 2 月 1 日连续 7 次提高目标利率，在有效控制了通货膨胀的势头的同时，尽力减少了对产出的负面影响，基本实现了宏观调控的"软着陆"，但这无法阻止危机的萌生。在 1999 年自由主义思潮冲击下，金融自由化的加速与 90 年代的金融监管进一步放松拓宽了直接融资渠道，也使得 20 世纪 90 年代末一些不合格的互联网企业在某些金融机构的包装下得以上市。这股投资热潮使得纳斯达克综合指数从 1998 年 10 月 8 日的 1 419 点暴涨至 2000 年 3 月 10 日的 5 049 点，涨幅达 256%，其中计算机指数与电信指数上涨幅度分别为 322% 和 296%。同期，标准普尔 500 指数和道琼斯指数仅分别上涨 45% 和 14%。

然而好景不长，这股投资热潮很快随着市场温度冷却演化成了抛售热潮，纳斯达克综合指数从 2000 年 3 月 10 日的 5 049 点一路下跌至同年 9 月 21 日的 1 423 点，半年内跌幅超过 72%。在股市大幅震荡的过程中，许多公司出现亏损甚至破产等情况。但美国在 20 世纪 90 年代保持的优秀经济成绩使得格林斯潘对宏观调控信心十足，坚定不移地进行

"给经济降温"的逆周期调控政策。于是,从1999年6月开始,美联储再次启动新一轮的"加息"周期:通过连续6次加息,联邦基金目标利率由4.75%一路上涨至6.5%,并且该利率一直延续到了2000年年底。从结果上看,美联储此次一意孤行的"加息"策略不仅助推了科技股泡沫的破裂,使得资产市场出现大幅震荡,而且使得经济增速明显放缓,GDP同比数据由1999年6月份的4.73%下跌至2000年12月份的2.90%。虽然美联储后知后觉地于2001年初开启一轮"快速降息",但还是无力挽回经济急转直下的态势。

七、2001—2004年超宽松货币政策的宏观调控:以经济增长和抑制通货膨胀为主要目标

屋漏偏逢连夜雨,"9·11"事件的爆发加快了美国经济下行速度。为此,美联储货币政策的调控力度空前增大:在2001年进行了7轮降息,联邦基金利率已由6.0%降至3.5%的前提下,美联储开启新一轮降息操作。直到2004年6月30日,美国基准利率才从已经维持了一年的1%的超低区间逐渐回升。事实证明,美联储在2001—2005年内长时期"降息"的超宽松货币政策的效果不错:经济增速自2002年第一季度起开始反弹,而失业率也重新回到了自然失业率水平。但值得注意的是,将联邦基金利率长期维持在超低区间意味着在长时间内维持着高额的实际基础货币投放量和信贷供给。美国商业银行信贷增速从2002年6月30日的2.6%在一年内上涨到了13.4%,创下了自1980年以来的最高纪录。在按揭贷款政策相当放松的环境下,商业银行提供的约37%的信贷资金流入了房地产市场,造成了美国房地产市场的空前繁荣。与此同时,由于金融监管的宽松与金融创新的活跃,次级抵押贷款及其证券化产品的数量与日俱增,为2008年美国次贷危机的爆发埋下了伏笔。

八、2005—2007年紧缩性货币政策的宏观调控:以抑制通货膨胀为主要目标

尽管从2003年底就有美国金融监管部门开始注意到了抵押贷款市场潜在的风险,彼时惠誉评级机构(Fitch Rating)将一家次级房贷机构添加进"信用观察"名单,认为其主营业务存在较大的风险。对此,美联储选择用一轮长达3年的"加息"周期来给房地产市场降温,从2004年6月30日到2006年6月29日,连续17次提息,将基准利率从1%提到了5.25%,并将5.25%的高利率维持到了第二年9月。在如此猛烈的流动性收紧刺激下,在房地产迅速降温的同时,次级抵押贷款违约率在急剧上升。可惜的是,由于当时金融监管制度与体系的不完善,美联储对次级贷款市场的风险反应显得有点慢,市场出现了不良反应。2007年8月初,当时美国第五大投资银行的贝尔斯登银行发行的两只主要持仓次级贷款证券化产品的对冲基金宣布倒闭,美联储才在2007年9月18日开启降息行

动，在不到 9 个月的时间内通过 7 次降息，将联邦基金目标利率由 5.25% 下调至 2%。但这一措施已经无力拯救濒临崩盘的次级抵押贷款与其衍生品市场，雷曼兄弟的破产宣告更是压死骆驼的最后一根稻草。强烈的信贷紧缩效应影响了股票市场与居民、企业的投资行为，进而引发系统性的金融危机。

九、2008—2014 年以非常规货币政策为主导的宏观调控：以充分就业和金融稳定为主要目标

为了缓解市场紧绷的情绪与流动性压力，美国政府在将联邦利率继续下压至 0～0.25% 区间的基础上，推出了如前瞻性指引、大规模资产购买计划等非常规货币政策，向市场注入信心与流动性。除此之外，美联储还出台了一系列创新性货币政策如商业票据融资工具（CPFF）、一级交易商借贷便利（PDCF）和定期证券借贷便利（TSLF）来提供在长期的零利率环境下丰富的宏观调控手段。同时，为了尽量减少失业对消费造成负面影响，带来进一步衰退的可能，奥巴马政府在 2009 年提出了总额为 7 870 亿美元的经济刺激计划，其主要包括结构性减税、提高低收入阶层的医疗保险投入、推进绿色能源开发等，大规模的刺激方案很快带来了政府债务高企的问题。同时，为了进一步加快经济复苏进程，美国开始实行"先进制造业伙伴计划"，以去"空心化"的方式振兴制造业，在夯实经济增长基础的同时，提高就业水平。奥巴马政府在缩减赤字规模的基础上，进一步优化财政收支结构：2013 年，美国大幅裁减军费支出，增大对关键清洁能源技术的投入，将高收入人群个税率上调至 39.6%，降低新能源汽车研发与生产中的税收杠杆，并对制造业研发支出实行永久性的税收抵扣。

十、2015—2018 年常规货币政策回归背景下的宏观调控：以充分就业和抑制通货膨胀为主要目标

在美联储于 2014 年 10 月 29 日正式对外宣布退出量化宽松货币政策后，美国经济情况向好形式不变。失业率也由美国次贷危机带来的最高值 9.93% 下降到 5.03% 的正常值。考虑到劳动力市场情况得到了大幅度的改善，通货膨胀目标也有所回升，美联储在 2015 年 12 月 17 日宣布将联邦基金目标利率调升 25 个基点，启动了新的一轮"加息"计划，这一举动也代表了美国利率正常化进程的开启。截至 2018 年 9 月底，美联储共进行了 8 次加息操作，总体来说，联邦基金利率在美国货币政策的核心地位正在逐渐恢复。

十一、2018—2020 年在新冠肺炎疫情冲击下的非常规货币政策与财政政策并行的宏观调控：以充分就业为主要目标

2019 年全球新冠肺炎疫情的冲击对美国乃至全球的经济复苏造成了重创。为了纾困，

美国在短时间内推出了力度空前、接踵而至的超常规宏观调控政策：2020年3月3日，美联储紧急调降50个基点，之后不到两周的时间内，于3月15日再次下调100个基点，将基准利率重新逼回零利率区间，并推出了总量为7 500亿美元的量化宽松计划；3月23日，美联储宣布将实施无上限的量化宽松计划。值得一提的是，在全球大部分发达经济体均处于低利率环境的背景下，货币政策对经济增长的边际效应显著下降，财政政策在此次应对新冠肺炎疫情冲击的调控中越发活跃。2020年，美国政府总共签发了6轮财政救助计划，总规模约3.4万亿美元。这一系列财政刺激计划的主要对象是小企业与居民，二者合计占比约69%，主要有直接派发新冠肺炎疫情救济补贴、提供企业贷款便利、增加失业保险等措施，其目的是减小居民失业率，防止消费萎缩带来更深程度的经济衰退。2020年4月，政府转移支付占个人收入比重一度超过了30%，耐用品消费与住宅投资在2020年后半年连续创下10%以上的同比高增。从数据上看，财政救助有效地缓解了美国国内需求不足的问题，有效地提振了经济市场。虽然目前美国财政刺激方案的长期效果还未可知，新冠肺炎疫情依旧笼罩着全球所有经济体，未来超低利率时代仍在继续，但是可以预见的是，在后新冠肺炎疫情时代，财政政策在宏观调控中的地位或将继续提升。

第二节　宏观调控手段与宏观经济运行情况

一、数据来源及说明

为了对美国货币政策及财政政策建模，本报告选取的变量包括利率、财政赤字、经济周期、通货膨胀、金融风险周期，样本时间跨度为1996年第一季度至2020年第四季度，样本频率为季度（见图8-1和图8-2），各指标的选取和说明如下：①货币政策：本章选取联邦基金有效利率作为美国货币政策的替代变量，利率数据来源于联邦储备经济数据库（FRED）。②财政政策：本报告采用财政赤字作为美国财政政策的替代变量，借鉴陈创练和林玉婷（2019）的计算方法，采用实际财政赤字占GDP的比重作为美国财政政策的代理变量。当该数值大于0时，表示实施扩张性财政政策，反之，则实施紧缩性财政政策，并采用Hodrick-Prescott滤波方法进行季节性调整。[①] 数据来源于CEIC经济数据库。③经济周期：本报告使用产出缺口作为美国经济周期的代理指标，具体计算步骤参考第四章第一节。当产出缺口大于零时，实际产出高于潜在产出，经济周期上升，反之，则经济

---

① 陈创练，林玉婷. 财政政策反应函数与宏观调控政策取向研究［J］. 世界经济，2019（2）.

周期下降。数据来源于 CEIC 经济数据库。④通货膨胀：本报告使用 GDP 平减指数代表美国社会总体通货膨胀水平。数据来源于 CEIC 经济数据库。⑤金融风险周期：本报告使用圣路易斯联储报告的金融压力指数来刻画美国的金融风险周期。该指数由 18 个数据使用主成分分析（PCA）计算得到：七个利率、六个收益率利差和五个其他指标，用来衡量不同金融市场总体压力状况。金融压力指数为正，代表金融压力高于平均水平，金融系统性风险上升；金融压力指数为负，则代表金融压力低于平均水平。数据来源于美国联邦储备经济数据库。

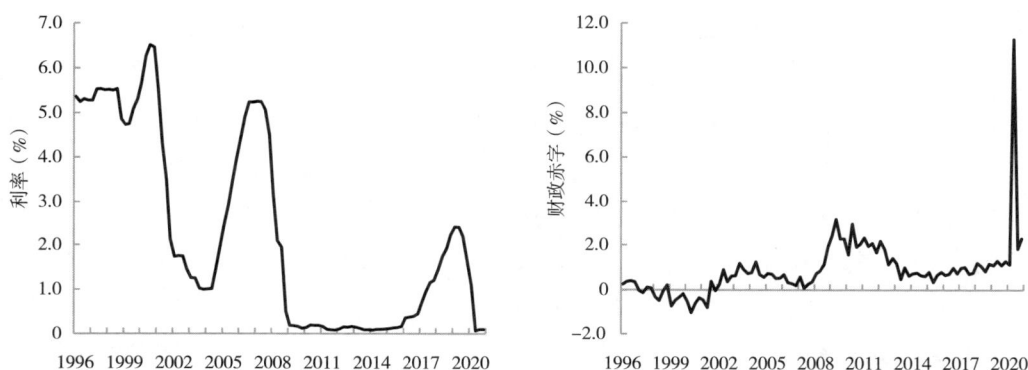

图 8-1　利率、财政赤字走势

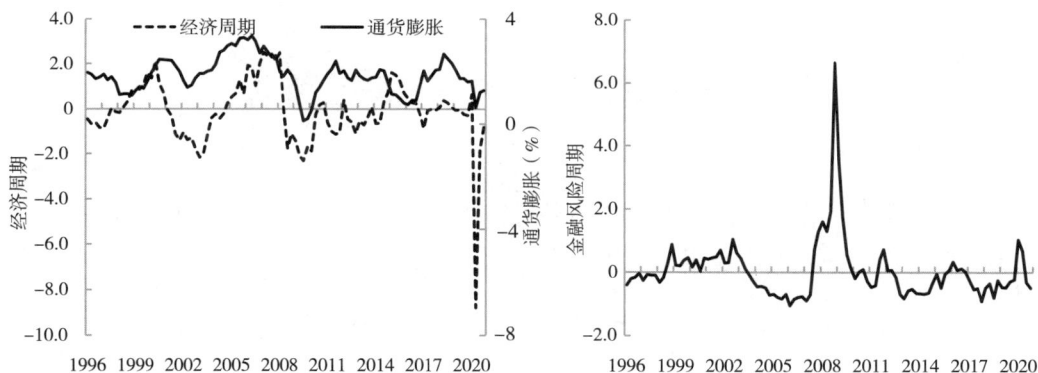

图 8-2　经济周期、通货膨胀、金融风险周期走势

二、美国宏观经济运行走势分析

下面就所选取变量的走势对美国宏观经济运行情况进行简要分析。从利率走势可以看出，1996—2020 年，美国共经历了 3 轮加息周期（1999—2000 年、2004—2006 年和 2015—2018 年）与 3 轮降息周期（2001—2003 年、2007—2008 年和 2019—2020 年）。前两次加息主要是美联储为了抑制经济过热的情况（经济周期与通货膨胀率均上升至高位）而进行的，但是这两次收紧流动性的行为引发了股票市场与信贷市场强烈的震动，分别导致了互联网泡沫的破裂与美国次贷危机的爆发。为了遏制金融危机带来的经济衰退，美联储分别在 2001 年与 2007 年进行了短期内大幅降息的操作，同时期美国政府为了抑制进一步的经济衰退出台了一系列经济刺激方案，赤字率有所上升。而美国次贷危机过后，基准利率被长期维系在零利率下限，在非常规货币政策的帮助下，美国经济复苏进程较为顺利。到 2014 年底，美国经济增速与通货膨胀进入正常区间，美联储正式宣布量化宽松政策的退出，并于隔年开启新的一轮加息周期。由于 2015 年 12 月 17 日首次加息后美国出现了经济增速下滑与股市下跌的不良信号，美联储放缓了此轮加息的进度。2019 年底出现的新冠肺炎疫情在对美国经济社会造成严重冲击的同时，也抬高了金融风险，美国利率正常化的进程被彻底终止，美联储宣布重启"零利率 + 7 000 亿美元量化宽松"政策。在货币政策不断加码的同时，财政政策也火力全开，2020 年美国政府总共签发了 6 轮财政救助计划，总规模约 3.4 万亿美元。如此强劲的财政政策与无限量化宽松的货币政策搭配使用，可见美国稳定当前市场恐慌情绪、纾解经济困局的迫切。

第三节　财政政策和货币政策取向

本节内容中对于美国货币政策、财政政策取向的测算方法分别与本书第五、六章采取的方法相同，限于篇幅原因这里不再赘述。

一、货币政策取向逻辑（基于时变参数泰勒规则的货币政策取向演进）

（一）盯住经济周期的时变参数

美联储自 1993 年以来一直坚持泰勒规则，即货币政策的利率与经济周期成正比，在经济周期上升（下降）时，采取紧缩性（扩张性）货币政策回收（投放）流动性，以此来实现对经济增长的抑制（刺激）作用。通过观察图 8 - 3 左，我们可以发现美国货币政策盯住经济周期的系数在绝大多数时段都为正值，表明货币政策对经济周期主要以逆周期的方式进行调控。我们从几个明显的时变参数趋势转变节点来分析：①1996—1997年第二季度美国基准利率对经济周期反应系数为负，在1997年中达到最低点 -0.30，表明此阶段美国货币政策对经济增长的逆周期调节失灵。值得一提的是，在不久之前，也就是1994年到1995年2月，美联储曾通过连续7次调升联邦目标利率来抑制美国经济过热的情况，虽然成功地使通货膨胀情况得到抑制，但也给产出带来了一定的负面影响。故1996年到1997年的顺周期反应系数更多的可能是因为美联储在消化前期的政策调控影响。②1997年至1999年，利率盯住经济周期的时变参数呈现急速上升的趋势，虽然该趋势曾在1997年下半年受到亚洲金融危机的影响略有下降，但是很快又回升，甚至于1999年第三季度创下观测期最高纪录0.74，说明此期间美国货币政策具有很强的盯住经济周期的偏好。③2000—2002年，在这段时间内盯住经济周期的时变参数一路下行至0.076，货币政策对经济周期的逆周期调控偏好显著下降，从经济周期的走势也能看出这段时期货币政策对经济周期调控的无力，考虑到美国利率的主要传导机制是资产价格渠道，而当时股票市场波动较为剧烈：2000年初美国科技股泡沫破裂，股市出现短期内暴涨暴跌的情况，而2001年发生的"9·11"恐怖袭击使美股市值缩水将近1.4万亿美元，这接连发生的两起事件影响了货币政策对经济周期的调节能力。④2003—2006年，美国利率盯住经济周期的时变参数显著上升，在2006年第三季度达到0.68的高点，而经济周期在该时段也呈现上升趋势，说明该时段货币政策调控效果较好。⑤但2006年第三季度至2015年，盯住经济周期目标强度一路下行，说明在这段时间内美国利率并没有很好地盯住经济增长或者实现充分就业目标，或者说利率进行逆周期调节的偏好在减弱，其原因有两个：第一，2004年到2006年连续提息导致贷款违约率上升的不良后果在该时段开始爆发出来，金融体系风险急剧上升，美联储将工作重心转移至去杠杆、降风险等金融稳定目标上；第二，美国次贷危机的发生迫使美联储在极短的时间内将利率下压至零利率区间，利率空间被极端压缩，逆周期调节偏好变得不明显了。这是由于在美国次贷危机期间美联储开发了许多非常规货币政策与创新性便利工具，2008年以后美国实现调控目标主要是依靠资产负债表工具，也就是我们所说的量化宽松政策。⑥2015—2020年利率盯住经济周期的时变参数总体呈现上升趋势，这主要因为美联储时隔近八年首次加息开启利率正常化进程。在利率空间恢复的同时，泰勒规则有效性也得以复苏，这一结论可以从在2017年12月13日将联邦基金利率提到1.50%水平后，图8-3左中利率盯住经济周期参数回到正值看出。虽然受新冠肺炎疫情冲击，美国利率正常化的进程被暂时叫停，但我们从2019年之后保持正值且一直上升的时变参数可以看出，再次回到零利率下限的联邦基金利率调控经济周期或充分就业的偏好仍在增强，表明新冠肺炎疫情以来美国抗击经济衰退的欲望非常强烈。

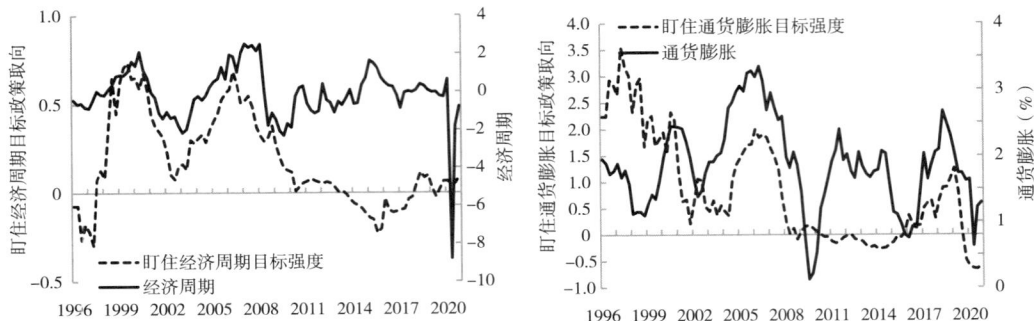

图 8 - 3　货币政策盯住经济周期和通货膨胀目标的时变参数

（二）盯住通货膨胀目标的时变参数

从美联储政策目标设定，结合图 8 - 3 右可以看出，美国货币政策一直具有显著的盯住通货膨胀目标的取向，且有着很强的逆周期调控偏好。但由于不同经济状态下货币政策的重心有所偏颇，对通货膨胀目标盯住的强度也略有差异。比如，1996 年到 1997 年年中，货币政策盯住通货膨胀的时变参数从 2.23 上涨至 3.53，表明该时期美联储防止经济过热、稳定通货膨胀率的强偏好，结合同期通货膨胀率的下行走势，可以看出这段时间内利率调节通货膨胀的效果较好。1997 年年中到 2002 年第三季度，盯住通货膨胀目标强度总体呈现下降趋势，通货膨胀率一直在攀升，这主要是因为前期通货膨胀率已经达到一个比较低的位置，这段时间政策重心不再是控制通货膨胀，结合图 8 - 3 右我们可以验证这一观点。2002 年到 2003 年，此时美国实行的是极为宽松的货币政策，以治疗互联网泡沫破裂给美国经济带来的创伤，可以看出这段时期利率对通货膨胀目标盯住强度维持在一个比较稳定的低位水平。

2004 年至 2006 年随着美国逐渐从股市泡沫破裂的阴影中走出来，联邦基金利率盯住通货膨胀的强度开始回升。从 2006 年下半年到 2008 年，随着通货膨胀率的下降，利率进行逆周期调节的动力开始变小，盯住目标强度开始走低。美国次贷危机的爆发使得联邦利率走入零利率区间，可以看到一直到 2015 年美联储时隔七年再次加息，联邦利率对通货膨胀遵循泰勒规则的调控原则都是处于失效状态的，这与当时美国主要依赖数量型的量化宽松货币政策进行宏观调控的背景是吻合的。2015 年至 2017 年新冠肺炎疫情爆发前，随着利率正常化进程的推进，盯住通货膨胀目标强度稳步提高。2017 与 2018 年密集的加息过程使得市场恐惧情绪上升，此时经济增速开始放缓，通货膨胀率也随之下降，盯住目标强度逐渐回落，该趋势一直持续至新冠肺炎疫情爆发前。

（三）盯住金融风险周期的时变参数

理论上来讲，利率将以逆周期的方式调控金融风险周期，即风险上升（下降）采用提高（降低）利率的方式回收（增加）市场中的流动性。但是我们从图 8 - 4 左中可以看出美国利率对于金融风险周期做逆周期调控的趋势并不是很明显。这可能与美国过去货币政策重点并不是金融稳定，金融风险较常通过周期性的金融危机的形式进行集中排解等因素相关，从侧面也体现货币政策在调节金融风险周期上的效果较弱。在图中表现为，1998 年伊始，利率盯住金融风险周期的强度有一个迅速拉升的趋势，而 1998 年年中到 2001 年年末盯住强度都在零轴以上，说明亚洲金融危机过后利率对金融风险有较强的逆周期调控偏好，这一点也从 20 世纪 90 年代末期美国试图通过加息操作给急涨的股票市场降温的历史中得到印证。但美联储这次信心十足坚持加息的行为反而提高了金融压力，市场恐慌情绪上升，投资者纷纷出逃形成的踩踏效应最终造成的是 2001 年美股互联网泡沫的破灭。在此之后，2001 年至 2003 年美国实行超宽松货币政策来刺激经济复苏，信贷市场与房地产市场呈现一片欣欣向荣的景象，金融压力在下降。为了给经济降温，美联储在 2004 年 6 月 30 日后启动连续 17 轮加息计划，在图中表现为这段时期盯住金融风险周期时变参数的上升。如此激烈的收紧流动性政策直接打破了次级信贷市场岌岌可危的平衡，贷款违约率的飙升使得金融系统性风险急剧增加，最终导致 2008 年美国次贷危机的爆发。2008 年至 2020 年，由于利率长期处于零利率区间与非常规货币政策的主导地位，再加上金融风险指数一直处于一个较低的位置，联邦基金目标利率在图中并没有表现盯住金融风险周期的倾向。

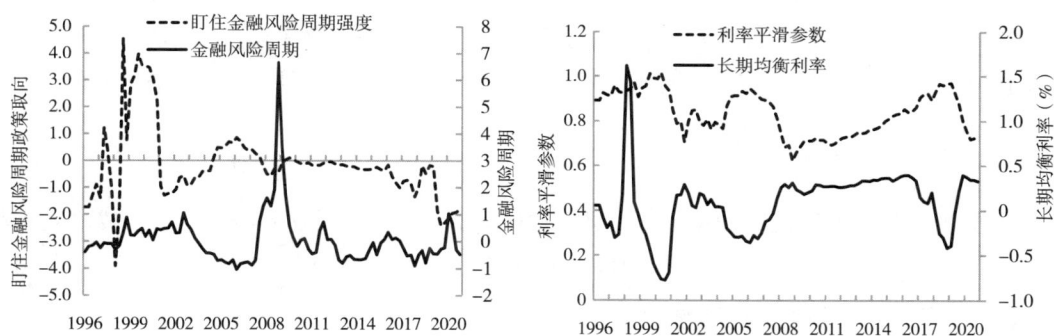

图 8 - 4　货币政策盯住金融风险周期时变参数、利率平滑参数和长期均衡利率参数

（四）利率平滑的时变参数

利率平滑是指政策部门调整利率的方式不是通过一步到位的大幅调整，而是采取少量多次的同向微调方式。利率平滑的时变参数越高，说明货币政策的平滑程度越高，即货币部门的操作更加"精细"。从图 8 - 4 右的结果我们可以发现利率平滑的时变参数均位于 0.6 之上，说明美联储的货币政策每一次调整的幅度比较小。但是在某些特殊时期，美联储会通过

增大利率调整的幅度来实现短时间内的强调控，如 2000 年 5 月 16 日，在美股科技股出现上市热潮时，美联储一改以往 25 个基点的调整力度，一次调升 50 个基点；从 2001 年 1 月互联网股市泡沫的破灭到 2003 年 6 月 25 日进行的 13 次连续降息中，有 9 次 50 个基点的调整；美国次贷危机期间，美联储于 2008 年 1 月 22 日宣布降低 75 个基点的联邦基金目标利率，在短短一年内通过 7 次降息将利率由 3.5% 打压至 0～0.25% 的零利率区间；在新冠肺炎疫情的冲击下，美国雷厉风行地将 2015 年以来缓慢攀升到 2.50% 水平的利率再次下调至零利率区间，利率平滑的时变参数也由 2019 年初的 0.98 迅速滑落到年末的 0.80。

（五）长期均衡利率的时变参数

从图 8-4 右可以看出，美国长期均衡利率在 1996—1997 年间经历了短暂的上升后于 1998 年开始迅速下滑，该下降趋势一直延续到 2005 年接近零值。均衡利率的下降有助于降低市场整体融资成本，促进经济增长，说明美国经济在此期间整体处于一个宽松的信贷环境。这促进了房地产市场和信贷市场的繁荣，加快了经济复苏。值得注意的是，1996—2005 年美联储基准利率为 3.87%，远高于长期均衡利率，货币政策空间较为充裕。2005 年以后，由于经济数据的回暖，美联储开始加息，体现为长期均衡利率略有上升。2008 年美国次贷危机爆发后，均衡利率上升速度明显趋缓，究其原因是在此阶段美国利率空间遭受了明显的挤压，这也是美联储利率工具在 2008 年至 2015 年失效的主要原因。2011 年以后，可以看到美国经济社会已经习惯了低利率环境，均衡利率开始呈现下降趋势，此时名义利率与均衡利率的负缺口得以缩小甚至变为正值，货币政策调控空间的恢复与经济情况的好转，促使美联储在 2015 年 12 月再启动加息计划，长期均衡利率在小幅回升后略有回落并维持在 0.34% 的平均水平。但是，该平衡在 2019 年被新冠肺炎疫情打破，长期均衡利率进入负值区间。

二、财政政策取向逻辑

在本书第六章模型设定的基础上，本节报告估计得到美国财政政策反应函数。由此，我们可以进一步解读 1996—2020 年美国财政政策取向调控的逻辑和演变。

（一）盯住经济周期的时变参数

从图 8-5 左可以很轻易地看出，美国财政政策对经济周期具有显著的逆周期调控倾向，即政府在经济繁荣时缩减财政赤字给经济降温，在经济衰退时增加财政赤字来提振经济。当然，这种逆周期调控的偏好在不同的经济状态下略有差异，体现的是美国财政政策在不同时期对经济增长目标取向的改变。大致可以分为三个阶段：①1996 年到 2004 年第二季度，这一时期内财政政策盯住经济周期目标的时变参数呈现波段式下降趋势，表明政府对经济周期进行逆周期调控的偏好正在增强，也就是说，财政赤字对于同等程度的经济增速变化的反应更加灵敏。②2004 年至 2011 年，盯住经济周期目标强度逐渐减小，说明财政政策调节经济周期的目标偏好有所减弱。③2011年至2020年末，财政政策盯住经济周期的政策取向显著提升，体现为时变参数迅速下降。一般我们认为该参数小于 −1 时，政府对使用周期性财政平衡来熨平宏观经济波动有强烈的偏好。而图8−5左中，美国财政政策盯住经济周期的时变参数自2011年初减小到 −0.14 后仍旧维持着惊人的下降趋势，甚至2020年美国新冠肺炎疫情严重时达到了最低平均值 −2.46。这充分说明，近十年以来，美国的财政政策在调控经济周期上的政策取向正在不断增强。结合经济周期与财政政策时变参数趋势来看，在1996年到1999年，时变参数基本保持稳定而经济周期上升；1999年到2004年财政政策逆周期偏好上升但经济周期走弱趋势不改；2004—2007年财政政策对经济周期调控取向减弱，但经济周期持续走强。不难发现，在美国次贷危机以前，美国财政政策对经济周期调控的无力，这与美国宏观调控中美联储处于核心地位有关。而美国次贷危机发生后，在利率维持在零利率区间的2008—2011年，财政政策盯住经济周期时变参数减弱而经济周期走强，从侧面也反映出在这个时期，财政政策逆周期调控更为有效，依赖更少的财政赤字政策就能熨平宏观经济波动。在新冠肺炎疫情冲击下，美联储利率再回零利率下限，与此同时，美国政府财政政策的预算平衡立场似乎也不那么坚定了，拜登政府延续实行的声势浩大的财政刺激方案或许是新冠肺炎疫情后期财政政策重返美国宏观调控主舞台的预兆。

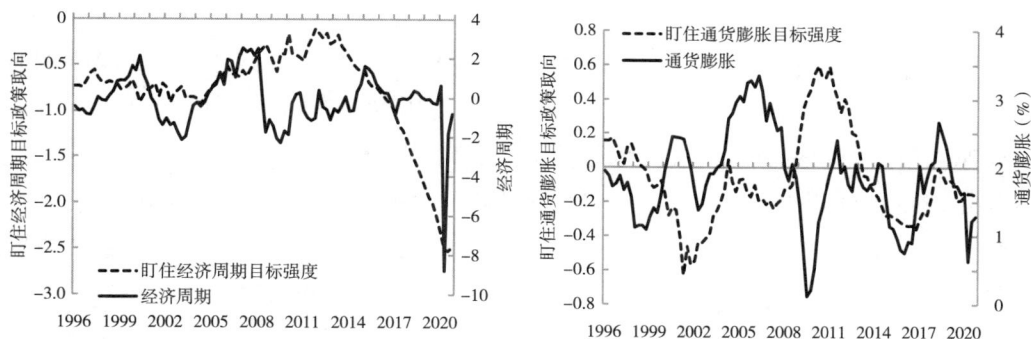

图8−5　财政政策盯住经济周期和通货膨胀目标的时变参数

（二）盯住通货膨胀目标的时变参数

通过观察图8−5右，我们发现美国财政政策盯住通货膨胀目标的时变参数在大部分时期均小于零，说明美国财政政策采取逆周期的方式调控通货膨胀目标。从时变参数走势分析，1996—2001年，参数数值由正转负，且负值一直减小。在这段时期，经济处于上行通道，美国财政政策盯住通货膨胀目标的政策取向也在稳步上升。互联网泡沫破裂后的2001—2004年，可以看到盯住通货膨胀目标参数显著减小，这主要是因为此时经济社会正处于复苏阶段，财政政策对于盯住通货膨胀的政策取向并不强。2004—2008 年，通货膨胀率由于经济情况的好转开始回到正常上升区间，我们可以看到此时财政政策盯住通货膨胀目标的强度不断提高。而 2008—2011 年，由于该阶段美国社会的主要矛盾变成了美国次贷危机，我们可以看到财政政策并没有盯住通货膨胀目标。2011—2015 年，盯住通货膨胀目标参数逐渐下跌，回到正常的逆周期调节区域。2015—2018 年随着利率正常化的推进，美国财政部盯住通货膨胀目标的政策取向开始走弱，2018 年后开始走强，2020 年有基本稳定但小幅减弱的倾向。

（三）盯住金融风险周期的时变参数

由于美国的财政赤字水平较为稳定，我们结合财政赤字数据对美国财政政策盯住金融风险周期的政策取向进行分析。可以得到结论，美国财政政策对金融风险周期的调控主要是以顺周期的方式开展的，表现为当金融风险周期上升加剧经济下行压力时，政府会采取扩张性财政政策如减税、增加转移支付用以纾困，试图缓解劳动力市场紧张程度或减弱危机期间的需求萎缩程度。故从调控模式来看，美国财政政策对金融风险的调控并不属于预防式的"前瞻性"调控，而是危机后的"纾困式"调控。这种顺周期的调控在图 8 – 6 左中可以从三个时段看出来：第一阶段是亚洲金融危机时期，1998 年开始金融风险周期有一个显著的提高过程，而这种外围风险被消化后，在美国资本市场的活跃刺激下金融风险持续上升直至 2001 年互联网泡沫的破裂。但是我们可以从图 8 – 6 右中得知，1996—2001 年，美国财政赤字一直在减小，直到 2001 年下半年该数值才有一个明显的上升趋势。第二阶段是美国次贷危机时期，从图 8 – 6 左中可以看到，财政政策盯住金融风险周期时变参数在 2008—2009 年有一个非常急剧的拉升过程，从 2008 年第三季度的 – 0.24 上涨到 2009 年第二季度的 0.49，表明政府采用扩张性财政政策救市的愿望十分强烈。这一结论从同期由 1.13 上涨到 3.13 的财政赤字数据中得到验证。第三阶段是新冠肺炎疫情时期，美国推出的一轮又一轮规模空前的财政刺激计划再一次证实了美国财政政策在危机时期"纾困"的政策取向。

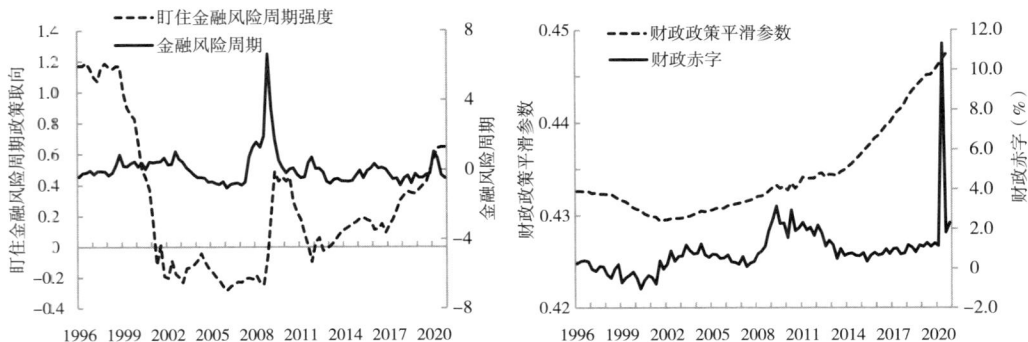

图 8 – 6　财政政策盯住金融风险周期时变参数和财政政策平滑参数

（四）时变财政政策平滑参数

财政政策平滑参数反映的是政府每期财政赤字变动的幅度，平滑参数越大，说明财政政策的连贯性越好，从侧面也说明了政府对于预算平衡的重视程度。从图 8-6 右的结果可以发现美国财政政策平滑参数在中止了 1996—2001 年的下滑趋势后，长期处于上升的状态，说明美国政府对于财政政策的操作更趋于"保守化""精细化"。这种改变的趋势来源于政府越来越成熟及严格的财政预算平衡法案，从侧面反映出美国宏观调控思想中新凯恩斯主义色彩的浓厚。事实上，自从 20 世纪 90 年代末期以来，美国的财政政策侧重点一直朝着结构化、功能化转型，由凯恩斯主义时期通过赤字财政扩大需求从而拉动经济的思路转变为更加侧重于发挥财政政策的供应管理职能，而新凯恩斯主义吸收了日本产业政策的思想，重视通过政府扶持企业实现产业结构优化，最大限度地发挥市场的作用。

第四节 财政政策和货币政策传导效率

一、基于时变参数泰勒规则的货币政策传导效率分析

我们用泰勒规则的货币政策的时变参数溢出传导指数求算术平均值，得到 1996—2020 年基于时变参数泰勒规则的美国货币政策平均传导效率矩阵，结果如表 8-1 所示。首先，剔除自身影响后，金融风险周期的总传导效率最高，达到 53.58%，然后依次是利率（30.72%）、经济周期（24.99%）和通货膨胀（20.20%），这说明金融风险周期对各宏观经济变量的影响力很大，从侧面也反映出金融风险周期调控的重要性。从总吸收效率看，剔除自身影响后，总吸收效率从高到低依次是经济周期（40.74%）、利率（37.54%）、通货膨胀（37.14%）和金融风险周期（14.08%）。而就货币政策本身而言，利率对经济周期的传导效率最高，达到 16.11%，其次是通货膨胀（9.74%），对金融风险周期的传导效率最低，仅达到 4.88%。传导效率的低下表明货币政策对金融风险周期的调控有些力不从心，美联储想要实现设定的在金融稳定基础上充分就业和市值稳定的调控目标，还需要想办法加强利率对金融风险周期的调控效率。

表8-1　基于时变参数泰勒规则的货币政策平均传导效率矩阵

单位:%

	利率	经济周期	通货膨胀	金融风险周期	总吸收效率*
利率	62.46	11.65	7.64	18.26	37.54
经济周期	16.11	59.26	7.28	17.35	40.74
通货膨胀	9.74	9.43	62.86	17.97	37.14
金融风险周期	4.88	3.92	5.29	85.92	14.08
总传导效率*	30.72	24.99	20.20	53.58	129.50

注：＊总传导效率指除自身影响外，行变量对列变量的传导效率指数之和；总吸收效率指除自身影响外，行变量接受来自列变量的传导效率指数之和。

从传导效率的历史走势来看（见图8-7），1996—2007年美国货币政策对经济周期的传导效率不断提高。究其原因，前期传导效率的提升主要得益于财政政策逐渐退出宏观调控主舞台、美联储在宏观调控中越发凸显的核心地位与美联储表现的强盯住经济增长目标的政策取向。由于美国货币政策一直有着强盯住通货膨胀目标的倾向，利率对金融风险周期的传导效率较为稳定。货币政策对金融风险周期的传导效率在2008年以前一直处于一个较低的位置，在2008年显著上升，这说明美国次贷危机发生后美联储坚决的降息行为确实有效遏制了金融危机进一步恶化的趋势。但是由于利率很快进入零利率区间，利率空间被严重地挤压，利率对三大目标传导效率均出现迅速跌落的现象。在此之后，美联储主要依靠非常规货币政策刺激经济复苏，货币政策对经济周期与通货膨胀目标的传导效率都维持在一个相对较低的位置。直到2019年出现新冠肺炎疫情后，虽然利率再次被逼入零利率区间，但货币政策对经济周期与通货膨胀的传导效率均出现了上升，表明这段时间内在积极财政政策的配合下，重新进入零利率区间的联邦基金利率对经济周期与通货膨胀目标的调控效果不减反增。

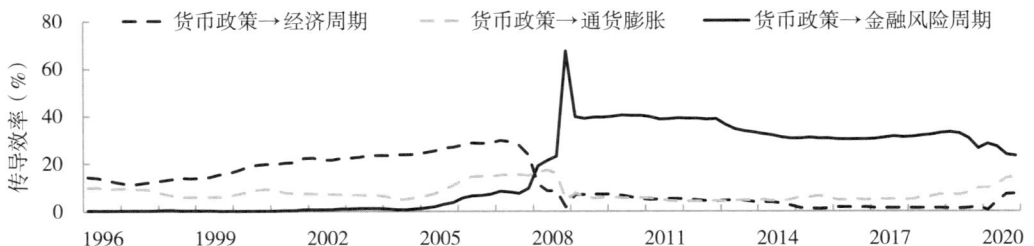

图8-7　货币政策对三大政策目标影响的传导效率

二、财政政策传导效率分析

我们使用跟本报告第六章相同的方法进行测度，得到美国财政政策对各宏观经济变量的平均传导效率矩阵，结果如表 8－2 所示。估计结果与货币政策类似，在剔除自身影响后，金融风险周期的总传导效率最高，平均值为 54.82%，然后依次是经济周期（29.76%）、财政赤字（23.99%）和通货膨胀（16.23%），这同样证实了美国金融风险周期对宏观经济影响的深远。从总吸收效率看，剔除自身影响后，总吸收效率从高到低依次是经济周期（41.41%）、通货膨胀（35.08%）、财政赤字（33.34%）和金融风险周期（14.97%）。表 8－2 中财政赤字对三大目标的传导效率均低于货币政策的主要原因是，美国财政政策自克林顿执政以后一直保持较强的预算平衡偏好，财政赤字总量除了危机时期外，基本保持稳定，调控经济主要依靠美联储出台的货币政策。

表 8－2   财政政策平均传导效率矩阵

单位：%

	财政赤字	经济周期	通货膨胀	金融风险周期	总吸收效率*
财政赤字	66.66	16.22	3.43	13.69	33.34
经济周期	13.66	58.59	6.98	20.77	41.41
通货膨胀	6.36	8.35	64.92	20.36	35.08
金融风险周期	3.97	5.18	5.82	85.03	14.97
总传导效率*	23.99	29.76	16.23	54.82	124.80

注：＊总传导效率指除自身影响外，行变量对列变量的传导效率指数之和；总吸收效率指除自身影响外，行变量接受来自列变量的传导效率指数之和。

从财政政策对金融风险周期的时变传导效率历史走势分析（见图 8－8），2008 年之后，联邦基金利率长期维系在零利率区间使得货币政策对金融风险周期调控的效果急剧下跌。财政政策由于 2008—2010 年积极的"纾困"表现，在 2010 年后也是处于缓慢下行区间，这说明在金融危机过后利率调控空间被挤压时，财政政策对金融稳定的调控效果更优。值得注意的是，在 2019 年至今的新冠肺炎疫情时期，金融风险下降但面临着严重的经济衰退风险，经济周期成为最主要的调控目标。财政政策在该时期迅速抬升传导效率：2019 年第二季度到 2020 年第四季度，财政政策对经济周期的传导效率由 6.75% 暴涨到 37.60%，同期，货币政策仅由 1.34% 上升到 13.63%。考虑到在未来全球很有可能维持"超低利率"，美国财政政策在宏观调控中的地位或许会进一步上升。

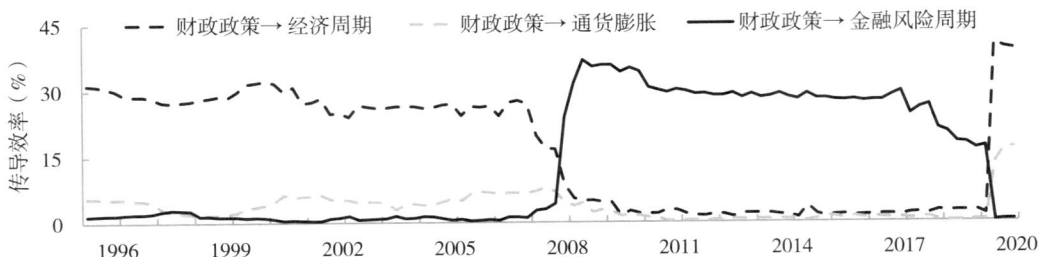

图 8 - 8　财政政策对三大政策目标影响的传导效率

第五节　宏观调控政策效果：反事实分析

在这一节中我们采取与本书第七章相同的方法来测度 1996—2020 年美国货币政策和财政政策对于经济增长、通货膨胀、金融风险周期三大政策目标的政策效果；同时，为了评估调控宏观经济政策目标的最佳搭配抉择，本节通过反事实的方法对这段时期内美国宏观调控中政策搭配的效果进行分析，试图为读者提供一个更全面的关于近年来美国宏观调控实践的解读。

一、货币政策效果测度

新凯恩斯主义认为货币政策是短期有效的，而新古典宏观经济学提出货币政策长期无效的观点。图 8 - 9 中美国货币政策的实践效果确实证实了货币政策短期更有效的结论。从图 8 - 9 左我们可以看出，短期经济周期、通货膨胀对利率冲击的脉冲响应值大部分为负值，且绝对值较大，表明美国货币政策的短期效果明显优于中长期，利率冲击对经济周期不具有持续性影响。就短期效果分阶段分析，1996—1999 年，经济周期对利率冲击的脉冲响应值逐渐上升，并在 1998 年转为正值，说明这段时间里利率对产出的调控效果逐渐减弱。结合前文中政策取向的估计与图 8 - 9 中短期通货膨胀对利率冲击的时变脉冲响应图，我们可以得知在 1996—1997 年美联储将政策重心放在了抑制通货膨胀上，故该时期利率对通货膨胀的调控效果增强，对经济周期的调控效果减弱。1999—2001 年，互联网泡沫正在加速形成，由于投资者在资本市场的活跃，美联储表示出了强烈的盯住经济周期的政策取向，经济周期对利率冲击的脉冲响应值迅速下降，而盯住通货膨胀强度减弱，脉冲响应绝对值减小。在 2001 年科技股泡沫破裂后，美联储在 2001—2003 年实施超宽松的货币政策并成功地对抗了经济衰退，此时货币冲击对经济周期调控效果较好，对通货膨胀目标影响较为微弱。而随着经济数据的好转，美联储开始担忧前期过度宽松的政策环境带来的通货膨胀问题，于 2004 年重启加息计划，这时政府的主要调控目标是通货膨胀，利率对通货膨胀的抑制作用开始上升，这时的加息更像是美联储向公众传递对后市经济增长具备信心的信号。我们可以看到 2004—2006 年，一个正向的利率冲击反而扩大了经济周期。由于 2008—2015 年美国基准利率长期维持在零利率区间，没有变动，并且美联储主要依靠非常规货币政策进行调控等，我们在此不讨论该时期利率这种货币政策的效果。2015 年美联储时隔七年后再度开启"加息"周期，我们可以看到在美国利率走上正常化进程后，利率对通货膨胀的影响最先朝着正常的方向转变。对于经济周期目标而言，由于此时量化宽松策略逐渐退出市场，利率对经济周期的调控效果减弱，直到 2017 年才逐渐增强。但这一过程很快被 2019 年出现的新冠肺炎疫情中断，利率再次回到零利率区间，其对传统货币政策目标的影响再次被削弱。

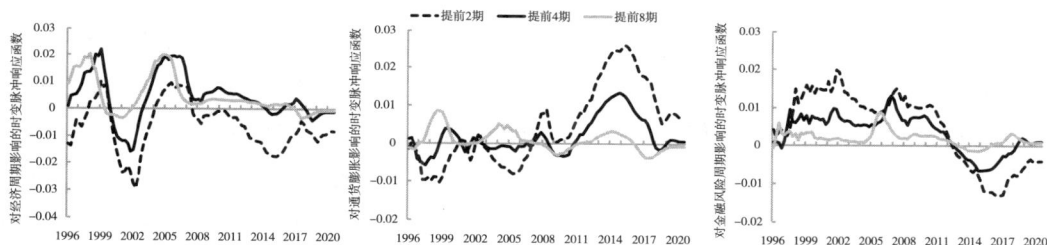

图 8-9 货币政策对三大目标影响的时变脉冲响应函数

就金融风险周期目标而言，2008 年美国次贷危机发生以前金融稳定并不是美联储所强调的调控目标。从前文中的政策取向也可以看出，美联储对金融风险周期的逆周期调控偏好并不明显。与此同时，美国利率的主要传导渠道是资产价格渠道，股票市场、房地产市场情绪对利率十分敏感，宽松时期后美联储给市场降温的连续"加息"行为往往被投资者捕捉为强负面信号，市场压力积聚最终崩溃引发危机。故从 1996—2020 年的历史分析可知，美国货币政策对金融风险周期的逆周期调控效果并不好，提高利率不仅没有缓解市场风险，而且起了反向的作用。上述分析也从图 8-9 右中得到了验证，在绝大多数时间段内（1996—2013 年），金融风险周期对一单位正向利率冲击的脉冲响应值都为正值，并且在危机爆发前夕如 2000—2001 年、2006—2007 年，该值都呈上升趋势，但是在互联网泡沫破裂和美国次贷危机爆发以后，该值又迅速下降。这说明危机真正爆发之后，提高利率给金融市场带来的压力变小了。而在 2015 年利率正常化以后，金融风险周期对一单位正向利率冲击的脉冲响应值又开始抬头，再一次验证了我们关于美国提息加剧了金融风险的想法。笔者认为，这不仅与美国资本市场活跃、前期金融监管制度缺位等因素有关，而且与美联储每次在长期极为宽松的环境后猛烈收紧流动性导致市场预期迅速恶化的做法有关。在此情况下，加强政策的前瞻性或许是解决美国货币政策对金融风险调控失灵这一问题的不错选择。

二、财政政策效果测度

由于近 25 年来预算平衡法案的不断更新，"赤字财政"在 21 世纪的美国似乎再难觅踪影，美联储在宏观调控中占领着绝对的主导地位。美国是联邦制国家，财政权力在联邦、州和地方政府之间分割，联邦政府财政政策的主要调控目标是收入再分配以及国民经济的稳定。从财政收支构成上看，联邦政府主要负担国防支出、退伍军人福利、社会保障、医疗保险和邮政服务。而各州及地方政府的自主权也相对比较大，主要负责管辖范围内资源的有效配置及解决市场失灵、外部性等问题。从图 8 - 10 右财政赤字的走向来看，除了 2001 年和 2008 年美国出现的两次危机期间以及 2019 年以来的新冠肺炎疫情影响期，财政赤字出现了明显的上升趋势，用以疏解危机期间劳动力市场的压力与刺激居民消费，防止需求端萎缩导致的进一步衰退，其他时段内财政赤字基本保持稳定。这再次证明了美国近年来财政政策向结构化管理方向转变，也解释了在图 8 - 10 中财政政策对于传统的经济增长与通货膨胀目标出现的完全调控失灵的现象。对于金融风险周期目标而言，就近些年美国的政策实践来看，财政政策的实施并没有表现对金融风险做出"前瞻性"调控的意图，而更多的是作为危机后"纾困"的救济手段被政府运用。

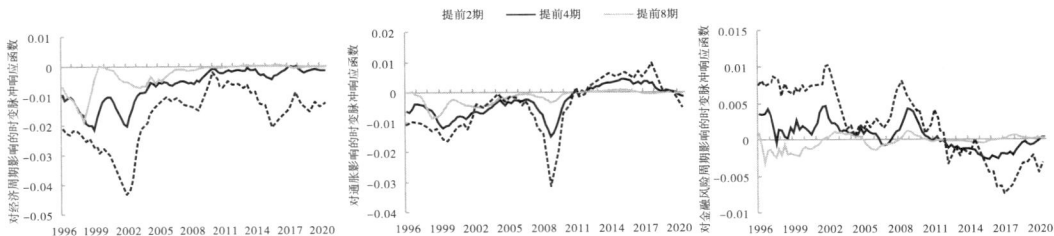

图 8 - 10　财政政策对三大目标影响的时变脉冲响应函数

三、盯住经济周期的反事实政策效果

因前文多次提到美国坚持以货币政策为主导的宏观调控模式，故本节中的反事实分析主要从单一的货币政策效果与货币政策和财政政策搭配的效果比较的角度出发。

从图 8 - 11 中盯住经济周期的基准模型与反事实模拟结果不难看出，短期基准模型的估计结果为负的时间最长且数值较大，说明对于经济周期目标，短期货币政策与财政政策搭配的效果比较好。由图 8 – 11 可知，美国财政赤字在 2001 年互联网泡沫破裂、2008 年美国次贷危机和 2019 年新冠肺炎疫情期间出现了明显的扩大现象，表明政府采取了积极的财政政策。我们重点关注这几段财政政策主动提升的时期。在前两次事件中，在财政政策的积极配合下，货币政策对于经济周期的调控效果都有了一定程度的上升，表现为基准模型的估计结果位于反事实估计结果以下。但 2019 年至今美国推出规模空前的财政政策似乎并没有提升货币政策与财政政策搭配对于经济周期的调控效果。不过，这里我们通过观察财政政策的反事实估计结果可以发现，单一的财政政策调控经济周期的短期效应有一个显著的向上急拉过程。理论上来说，财政政策的长期效应更优。虽然目前碍于新冠肺炎疫情距今时期较短，无法观察到财政政策对经济周期调控的长期效应明显转正的现象，但是我们不难从图 8 – 11 中（不管是组合基准模型还是反事实）看出，2008 年后该值在零轴上下盘旋，有蠢蠢欲动向上突破的趋势，这说明利率空间被挤压似乎给了财政政策发光发热的余地。

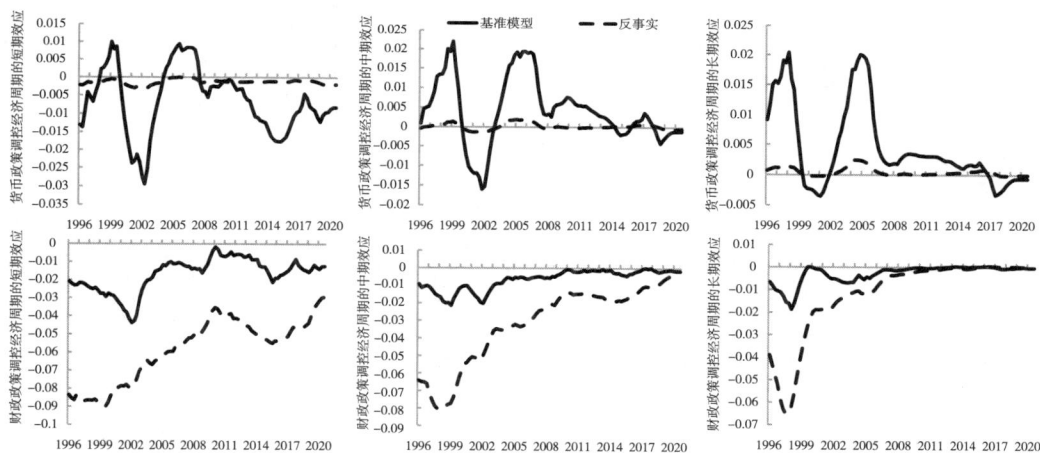

图 8 – 11 财政政策与货币政策组合盯住经济周期的反事实政策效果

四、盯住通货膨胀目标的反事实政策效果

从图 8 – 12 盯住通货膨胀的基准模型与反事实模拟结果看，就货币政策而言，在 2008 年以前短期和中期的基准模型中效应估计值大部分为负值，短期调控效果略优于中期；2008 年以后短期、中期无论是否与财政政策搭配，货币政策对通货膨胀目标的调控均显示失效。货币政策对通货膨胀的长期调控效应在 2008 年失效时期少于短、中期，单一货币

政策对通货膨胀目标在短、中和长期均调控失效。但 2015 年后，随着利率正常化的推进，货币政策调控通货膨胀的正向估计值进入下行通道，说明货币政策调控失效情况均有所改善。因此我们可以得出结论，货币政策想要实现稳定市值的目标，不仅需要注重与财政政策的紧密配合，还需要注意保障一定的调控空间。在这里，我们还发现了一个很有意思的现象，在前面提到的货币政策调控失灵的时期，财政政策对于通货膨胀目标的调控效应无论是在基准模型，还是在反事实中的估计值中都上升到了零轴以上，并且反事实估计值远高于组合基准估计值，这说明在利率调控空间受到了相当程度的挤压时，实行单一的紧缩性财政政策抑制通货膨胀效果较好。

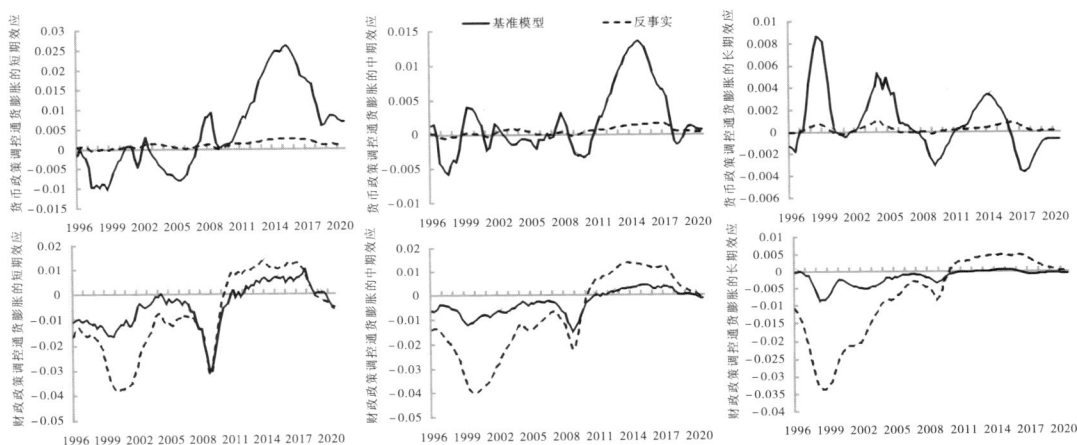

图 8 - 12　财政政策与货币政策组合盯住通货膨胀的反事实政策效果

五、盯住金融风险周期的反事实政策效果

从图 8 - 13 盯住金融风险周期的基准模型与反事实模拟结果看，美国紧缩性货币政策并没有如预期地降低金融风险周期：基准模型中货币政策调控金融风险周期的短中长期估计值在大多数时期都为正值，而反事实的情况与之相似（数值较小但大部分位于零轴以上）。出现该情况的原因我们在货币政策的效果测度中已进行了分析，这里不再重复。我们将视线转到财政政策上，可以看到在 2018 年以前，也就是货币政策对金融风险周期的逆周期调控失效的时段，财政政策对金融风险周期的调控效果很不错：在绝大多数时间段内，基准模型中财政政策盯住金融风险周期的短期与中期调节效应为正，反事实估计值在短中长期均为正。反事实的结果说明，在估计值为正的时期，如果实行紧缩性财政政策能有效降低金融风险。如果我们仔细观察估计值为负的时期，会发现其正好与美国次贷危机

发生的时间重叠了。前文中有提到在该时期为了应对危机，政府实施了积极的财政政策。负向的估计值正好说明了此时政府积极的财政政策非但没有增加金融风险，还有效缓解了金融市场压力。这一发现验证了财政政策对于防范化解金融风险起到重要作用的结论。不过，值得注意的是，在 2008 年利率走入零利率区间以后，财政政策对金融风险的逆周期调节效果逐渐减弱，在 2015 年以后才开始走强，这意味着财政政策在发挥防范化解金融风险的功能时需要一个正常的利率环境。

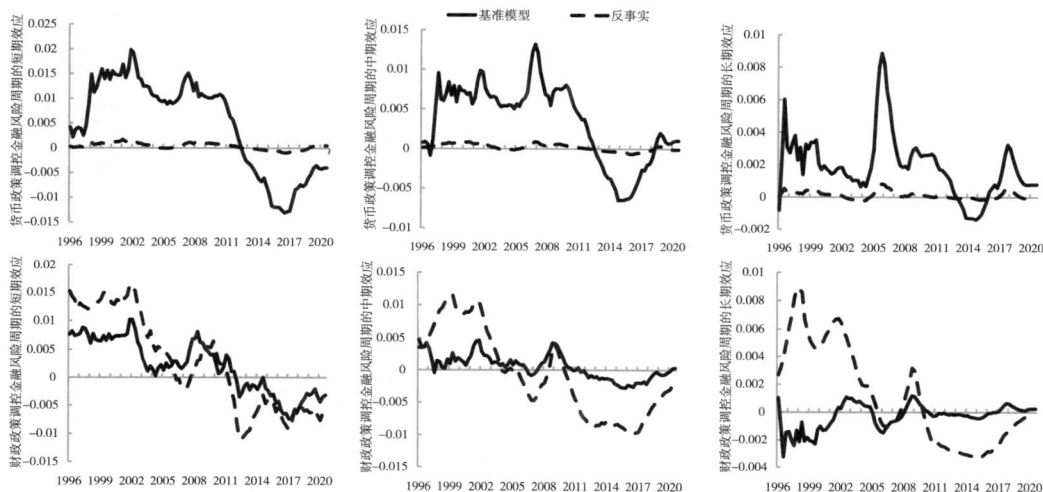

图 8-13　财政政策与货币政策组合盯住金融风险周期的反事实政策效果

第六节　宏观调控抉择借鉴

美国的宏观调控根植于资本主义市场经济的土壤，其内在核心是以政府干预来弥补市场机制缺陷，纠正市场失灵现象。这种出现问题、解决问题的被动式调控机制与我国计划式的宏观调控模式有本质上的差异，但无论是"间接"还是"直接"的宏观调控，本质都是为了更好地促进本国经济的发展与稳定。本章对美国宏观调控政策的实践历史、政策取向变迁、政策传导效率以及政策效果进行研究和分析发现，货币政策在美国当前的宏观调控框架中占领绝对的主导地位，承担着熨平经济波动、维护物价稳定和防范金融风险的任务。但是由于在 2008 年以前，货币政策过于重视传统的经济增长与通货膨胀目标，忽视了在当时宽松的金融监管环境下暗地里积累的金融风险，美联储在 1999—2000 年、

2004—2006 年启动的两轮加息周期分别引发了互联网泡沫与美国次贷危机的爆发，后者更是引发了全球金融体系的海啸。美国利率从此进入零利率区间，货币政策空间被极度挤压，也将全球带入"低利率"时代。虽然在 2015 年后美联储重启加息周期，但 2019 年出现的新冠肺炎疫情彻底中断了利率正常化的进程，利率再次回到零利率区间。同时我们发现，美国财政政策传统的"需求管理"作用在预算平衡框架的约束下渐渐被弱化。事实上，自 20 世纪 90 年代以来，美国财政政策一直向着"结构化"转型，侧重于发挥"供给管理"的作用，税收与支出政策在保障社会稳定、居民福利的同时，积极为产业结构升级提供导向的作用。但是新冠肺炎疫情的爆发使得世界各主要经济体纷纷推出规模空前的财政刺激计划，2020 年美国共签发总规模约 3.4 万亿美元的财政刺激方案。财政政策的重新活跃与对未来很有可能延续"低利率"环境的预期，让我们再次开始审视财政政策在宏观调控中的作用。长期以来，财政政策是中国经济周期调控政策的主要内容，但是它没有显著发挥优化产业结构的作用。随着我国利率市场化程度的不断上升，货币政策与金融市场风险的联系愈发紧密。在此背景下，我们在前文对美国的宏观调控实践做了一个整体的梳理，并在此基础上总结出以下几点经验与教训：

第一，要积极发挥财政政策在"供给管理"方面的积极作用。十九届五中全会提出畅通国内国外双循环要以坚持扩大内需为基点，要将扩大内需战略同深化供给侧结构性改革有机结合起来，以创新驱动、高质量供给引领和创造新需求。在此情形下，政府要充分发挥财政政策在"供求管理"中的积极导向作用，切实增强财政政策在以供给侧结构性改革为主线扩大内需过程中的助推作用。如通过税收政策的再收入分配功能来改善贫富差距情况，通过对产能过剩、污染严重的企业征收资源税、消费税与环境税来促进绿色技术的研发，通过财政支出政策对创新科技产业与绿色清洁产业的扶持来提高技术进步率与能源利用率，进而提高全要素生产率。

第二，在保持货币政策稳健中性的同时，加强预期管理与政策指引。近年来，我国利率市场化程度不断提升，这意味着货币政策传导渠道更加畅通，也意味着货币政策"牵一发而动全身"的效果越发明显。我们通过前文中对美国货币政策近年来的实践效果的分析可知，保障利率调控的温和、稳定对金融稳定变得极为重要。发挥好预期管理与政策的指引作用能进一步稳定和引导市场预期，增强投资者信心，对于落实"六稳"政策，促进经济平稳运行和高质量发展，具有十分重要的意义。

第三，进一步健全宏观审慎政策框架，加强宏观调控政策和宏观审慎政策协调配合的程度。通过梳理近年来美国宏观调控政策实践，我们不难发现，为增加就业或促进经济增长的货币政策，在金融监管不足时将导致金融市场的流动性迅速增加，进而导致金融资产价格大幅度上涨，或者刺激信贷市场过度扩张。金融繁荣带动经济繁荣时，通货膨胀率也会跟着上升，当通货膨胀目标超过美联储的容忍度时，短时间内的连续加息使得市场流动性急剧收缩，投资者情绪迅速恶化，资产价格的大幅下跌通过财富效应或金融加速器机制，影响投资、消费、就业，最终反馈到实体经济中。美国的历史已经证明仅仅借助传统的货币政策框架难以有效做好经济周期和金融风险周期调控，而宏观审慎政策的核心机制是资本约束，并以此限制过度的杠杆化，能有效地防范化解系统性风险。党的十九大明确提出要健全货币政策和宏观审慎政策双支柱调控框架，让传统的货币政策继续发挥熨平实体经济波动的作用，让宏观审慎政策承担熨平金融风险波动的任务，通过加强宏观调控与宏观审慎政策的协调配合，促进金融经济与实体经济的良性互动，护航中国经济巨轮继续稳健前行。

第九章　国际宏观调控实践与政策分析：以英国为例①

本章是基于第五、六、七章设定的理论模型，依次阐述英国在 1996—2020 年财政政策和货币政策取向的逻辑演变规律、冲击（利率、财政赤字）对三种内生变量（经济周期、通货膨胀和金融风险周期）的时变传导效应，并通过马尔科夫链蒙特卡洛方法估计财政政策和货币政策对经济周期、通货膨胀和金融风险周期的政策调控效果；同时，采用反事实方法探究单一财政政策或货币政策以及财政—货币政策组合效果，以期得到调控经济周期、通货膨胀和金融风险周期的最优宏观调控政策搭配。

第一节　宏观调控政策实践

英国在"二战"后到 20 世纪 70 年代末，政府经济政策的指导是凯恩斯主义。1979 年撒切尔夫人上台后转向自由经济主义，两个时期的宏观调控政策有所不同。英国政府在制定经济政策时，重视财政政策与货币政策的协调。20 世纪 70 年代以前，在财政政策与货币政策的协调中，英国重视以财政政策刺激经济增长、增加就业的作用，大规模的国有化运动也使财政政策有其强有力的微观基础。70 年代以后，随着经济陷入"滞胀"，英国在宏观政策协调中，逐渐地从重财政政策轻货币政策转向重货币政策轻财政政策，较多地发挥货币政策的作用，与此同时，推行全面的私有化。而且在私有化以后，英国宏观经济政策的基础发生改变。具体地，我们将分阶段系统梳理"二战"以来英国宏观调控历史演进过程。

一、1945—1979 年第一次宏观调控：以财政政策为核心的凯恩斯主义"需求管理"

第二次世界大战的结束标志着英国现代宏观调控正式开始，这是英国历史上宏观经济

---

① 本章由暨南大学李亦馨和陈创练共同撰写。

政策的重要转折点。为了维持经济稳定、降低失业率、刺激经济发展，以艾德礼为代表的工党政府放弃"二战"前盛行的马歇尔局部均衡理论，转而采取凯恩斯主义的"需求管理"理论，强调国家应主动干预经济，代替市场自由竞争，着力实现四大政策目标，即经济的充分就业、物价稳定、经济增长和国际收支平衡，这是"二战"后英国第一次使用宏观经济政策进行调控。其具体表现为运用以财政政策为核心的凯恩斯主义"需求管理"方法来增加或减少总需求，通过降低税率等扩张性财政政策影响总支出水平和税收，以达到充分就业、恢复和发展经济的目的。英国的货币政策即指金融政策，政府认为货币政策方面主要是为了保持稳定的利率，维持低利率对经济活动不会产生较大影响。整体而言，英国逐渐呈现一种以财政政策为主、货币政策为辅的"相机抉择"宏观调控态势。"二战"后二十多年内，英国一直采用凯恩斯主义的"需求管理"理论作为宏观经济政策的理论基础。

二、1979—1997 年第二次宏观调控：以货币政策为核心的货币主义的"供给管理"

到 20 世纪 70 年代，英国经济出现高失业率和高通货膨胀率并存的"滞胀"现象。凯恩斯主义的"需求管理"理论逐渐暴露出其弊端，财政政策不断扩张必然导致财政赤字，而财政赤字只能靠发行公债或者增加货币供应量来弥补，由此可能助推新一轮的通货膨胀。鉴于此，1979 年撒切尔政府放弃凯恩斯主义的"需求管理"理论，转向货币主义的"供给管理"，主张实行自由市场机制，反对国家干预经济，这是"二战"后英国第二次使用宏观经济政策调控。撒切尔政府将治理通货膨胀作为英国宏观经济政策的主要目标，充分就业目标逐渐让位于通货膨胀目标，货币政策的中介目标也由利率转向货币供应量，即关键在于控制货币供应量。1980 年，政府制定中期金融战略（MTFS），把广义货币英镑 M3 作为货币标的以控制货币供应量，这是撒切尔政府初期实行的货币政策的主要特点。为了实现这一目标，政府实行"双紧式"宏观经济政策，但是效果不佳，失业率猛增，英国经济陷入衰退。1981 年，撒切尔政府提出一个预算案：通过增加税收来减少 40 亿英镑的公共部门借款。由此，英国经济持续好转，通货膨胀率基本维持在 5% 左右。

1982 年，在货币主义原则的指导下，货币政策依然占据主导地位。其具体表现为：政府选取不同的内部货币增长标的 M1、M0、PSL2。然而时任财务大臣的劳森主张放弃货币主义，转向外部标的"汇率"，他主张加入欧洲汇率机制（ERM）为英国提供可靠的政策框架。在这个政策框架下，汇率占据主导地位，利率从属于汇率，最终汇率将成为控制通货膨胀的主要工具（Grant，1993）。① 在财政政策方面，中期金融战略（MTFS）主要盯住货币供给目标，并未考虑财政政策对需求的直接影响，这与凯恩斯主义"需求管理"理论下的政策目标完全相反。在撒切尔政府采用的货币主义的"供给管理"理论中，形成了以货币政策为主、财政政策为辅的宏观调控理论框架，这也可能是英国在 20 世纪 80 年代早期经济大衰退的主要诱因之一。

随后，1990 年，撒切尔夫人的继任保守党梅杰在宏微观经济政策方面都继承了撒切尔夫人的调控模式。1992 年，英镑退出欧洲汇率机制，转向盯住通货膨胀目标制（Cobham，2002）。② 事实上，虽然通货膨胀目标显著优于以往的政策目标，但是，单一地将抑制通货膨胀作为货币政策乃至宏观经济政策的主要调控目标，既不利于提高就业水平，也不利于促进经济向着长期稳定的态势发展。

三、1997—2010 年第三次宏观调控：从盯住货币供给量转变为盯住通货膨胀目标制

鉴于保守党执政期间货币政策框架存在一定缺陷，新工党政府上台后，首先对其进行改进。将货币政策决策权从财政部分离出来，重新界定财政部和英格兰银行的责任，英格兰银行被授予独立执行货币政策的权力，财政部负责规定价格稳定的具体目标，并且建立金融服务监管局，金融服务监管局负责对银行体系进行监管，防范可能发生的系统性金融风险，由此确立货币金融管理的三方体制。1998 年《英格兰银行法》规定，英格兰银行主要职责在于保持价格稳定和金融稳定。特别是，在现阶段通货膨胀目标制下，价格稳定目标是指实现财政部规定的通货膨胀目标。

新工党政府使用了通货膨胀目标而非货币供应量目标作为货币政策的目标，继承了保守党政府开创的通货膨胀目标制，并在两方面进行创新。一方面，将通货膨胀目标设定成为一个具体的数值而非某一区间。依据 1998 年《英格兰银行法》第十二条内容，政府必须对价格稳定的目标作出具体规定，并在每年的财政预算中进行更改或确认，由此，布莱尔新工党政府明确定义通货膨胀率目标为 2.5%。另一方面，新工党政府设定的通货膨胀目标水平是合适的，这就意味着政策制定者既不能实行过度宽松的政策，在短期内制造经济繁荣的假象，也不能实行过度紧缩的政策，以牺牲经济增长和充分就业而达到物价稳定的目标。

---

① GRANT W. The politics of economic policy making in Britain ［M］. London：Harvester Wheatsheaf Press，1993.

② COBHAM D. The making of monetary policy in the UK 1975—2000 ［M］. Chichester：John & Sons Ltd，2002.

新工党执政期间，财政政策和货币政策相互协调、有效配合，使英国的经济在金融危机爆发前的数十年时间里实现了长期稳定的增长，同时，通货膨胀率一直保持在较低水平，失业率水平也逐渐下降。从财政政策的实施过程来看，新工党政府财政政策主要有以下两个特点：第一，财政政策由审慎到宽松再到审慎，依据经济背景做出适时调整。第二，协调搭配使用货币政策。一方面，在经济平稳发展时，财政政策主要保持经济稳定、扩大投资、提高就业水平。同时，为防止经济过热，货币政策及时调控通货膨胀水平，使其保持在一个稳定区间。另一方面，在发生金融危机时，由于常规货币政策难以有效发挥作用，鉴于此，扩张性财政政策在刺激经济复苏中有着举足轻重的作用。值得注意的是，扩张性财政政策会进一步增加财政赤字。因此，在经济走向复苏后，政府的首要任务就是要采取削减结构性赤字水平等紧缩性财政政策。

四、2010—2017 年第四次宏观调控：宽松货币政策和紧缩性财政政策相协调配合

2008 年全球金融危机带来的经济大衰退暴露了新工党政府宏观经济政策框架存在的严重缺陷。对此，在 2010 年 5 月，保守党领袖卡梅伦接替布朗成为英国首相后，从根本上改革了宏观经济政策框架。在卡梅伦执政期间，他一直注重新自由主义和新凯恩斯主义的混合使用，以此来实现设定的宏观经济政策目标。

在新的政策框架之下，一方面，对于货币政策来说，卡梅伦政府沿用前任新工党政府改进的通货膨胀目标制和建立新"双峰"金融监管体系，扩大量化宽松政策规模并引入贷款融资计划和前瞻性指导等非常规货币政策工具。简单来讲，其目标有两个，即保持物价稳定和金融体系稳定。其中英国货币政策制定机构分别有：货币政策委员会（MPC）、宏观审慎监管机构金融政策委员会（FPC）、金融市场行为监管局（FCA）和微观审慎监管机构审慎监管局（PRA）（Beech & Lee, 2015）。[①] 另一方面，对于财政政策来说，卡梅伦上台后制定了具有前瞻性的财政规则，提出了两个财政目标，包括"财政任务"和"补充目标"。其中"财政任务"要求政府在五年"滚动"期限内使当前的周期性赤字实现平衡或处于盈余状态，而"补充目标"则要求公共部门的净债务占 GDP 的比重在 2015—2016 年下降，以确保公共财政能够回到可持续的轨道之上。总体来看，在财政政策方面，政府把缩减财政赤字设定为财政目标的第一要务，大规模削减公共开支，降低财政赤字和政府债务。上述两种政策之间形成了优势互补和有效配合，宽松货币政策和紧缩性财政政

① RICHARD R. The conservative-liberal coalition：examining the cameron – clegg government and comparative［J］. Commonwealth politics，2016，54（4）：563 – 564.

策之间的协调配合是卡梅伦政府宏观经济政策的一个显著特点。结合实际情况，英国的经济状况在 2013 年开始稳步复苏。2016 年 7 月特雷莎·梅上台，即在英国"脱欧"公投发生后，英国仍在保持紧缩的财政政策，她认为继续处理债务问题削减公共支出有利于提升就业水平、促进经济不断发展，而放弃财政均衡、增加赤字和提高企业税收将对就业和经济增长造成负面影响。

五、2018—2020 年第五次宏观调控：积极的财政政策与灵活调整的货币政策相协调配合

在"脱欧"进程充满不确定性和经济下滑的背景下，政府坚持紧缩性财政政策遭到了质疑，例如削减公共支出会降低社会保障和居民生活水平。Chang（2017）认为，保守党政府不应该紧盯消除财政赤字的目标，而要审时度势，结合当下的宏观经济大背景来追求预算平衡。[①] 基于此背景，在 2018 年 10 月，英国政府公布新预算案，未来五年将大幅增加开支及减税，这标志着英国财政政策开始"由紧转松"，其具体内容包括：提高个人免税额、增加国防和道路基建开支、注资医疗体系以及教育行业等。鲍里斯在 2019 年上台后仍旧主张扩大财政支出等积极的财政政策。2020 年新冠肺炎疫情爆发后，出于控制新冠肺炎疫情和恢复经济的需要，英国财政宽松的力度进一步加大。例如，英国政府推出了总额为 3 500 亿英镑的纾困措施，包括为企业提供 3 300 亿英镑的紧急贷款担保和 200 亿英镑等财政支持。

在货币政策方面，英国一直采取宽松的货币政策来维持经济稳定，但在 2018 年 8 月 2 日，英国央行宣布再次加息 25 个基点至 0.75%，这是金融危机后英国央行第二次加息，显示出货币政策"正常化"的信号。在 2020 年新冠肺炎疫情爆发后，英国采取更为宽松的货币政策。2020 年 3 月 10 日，英格兰银行下调基准利率 50 个基点至 0.25%，并引入新的定期融资计划，以等于或非常接近基础基准利率的水平，为英国银行体系提供四年期的资金支持，保障中小企业的信贷需求。2020 年 3 月 19 日，英格兰银行再次宣布降低中央银行基准利率 15 个基点至 0.1%，这成为英国历史最低利率，同时，再次增持 2 000 亿英镑的英国政府债和公司债。总体来看，自 2018 年以来，英国货币政策灵活变动，依据现实经济环境适时做出相应的调整。

---

① CHANG H J. The myths about money that British voters should reject［J］. The guardian，2017 – 06 – 02.

第二节　宏观调控手段与宏观经济运行

一、数据来源及说明

为了测算英国货币政策及财政政策取向，本报告选取的变量包括利率、财政赤字、经济周期、通货膨胀、金融风险周期，样本时间跨度为 1996 年第一季度至 2020 年第四季度，样本频率为季度。各指标的选取和说明如下：①货币政策：本报告把英国季度基准利率作为英国货币政策的替代变量。数据来源于 CEIC 经济数据库。②财政政策：本报告把财政赤字作为英国财政政策的替代变量。借鉴陈创练和林玉婷（2019）的计算方法，把实际财政赤字占 GDP 的比重作为英国财政政策的代理变量。当该数值大于 0 时，表示实施扩张性财政政策，反之，则为实施紧缩性财政政策，并采用 Hodrick – Prescott 滤波方法进行季节性调整。① 数据来源于 CEIC 经济数据库。③经济周期：本报告把经济周期作为英国经济周期的代理指标，其具体计算步骤参考第四章第一节。当经济周期大于零，代表实际产出高于潜在产出，经济周期上升；反之，则经济周期下降。数据来源于 CEIC 经济数据库。④通货膨胀：本报告使用 GDP 平减指数代表英国的通货膨胀。数据来源于 CEIC 经济数据库。⑤金融风险周期：本报告使用金融压力指数来刻画英国的金融风险周期。金融压力指数是一个综合指数，根据 Balakrishnan 等（2011）对金融压力指数的定义，其通常与以下内容有关：资产价格的大幅波动、风险或不确定性突然增加、金融体系流动性不足。② 参考 Park 和 Mercado（2014）的做法，主要捕捉四个金融市场（银行、外汇、股票、债券）的金融压力状况，金融压力指数越大，代表金融风险周期上升；金融压力指数越小，则金融风险周期下降，金融系统性风险降低。③ 数据来源于金融压力指数网址（https：//aric. adb. org/database/fsi）。

二、英国宏观经济运行走势分析

从基准利率走势看（见图 9 – 1 左），1996—2000 年利率总体呈现显著下降态势，出

---

① 陈创练，林玉婷. 财政政策反应函数与宏观调控政策取向研究［J］. 世界经济，2019，42（2）：47 – 71.

② RAVI B，STEPHAN D，SELIM E，et al. The transmission of financial stress from advanced to emerging economies［J］. Emerging markets finance and trade，2011，47：40 – 68.

③ PARK C Y，ROGELIO V，MERCADO J. Determinants of financial stress in emerging market economies［J］. Journal of banking and finance，2014，45：199 – 224.

现三次阶段性高点。第一次是在 1998 年第三季度，利率达到历史极大值 7.5%。在此之后，为了应对亚洲金融危机等外部突发事件，英国银行不断下调基准利率，1999 年第三季度企稳回升，在 2000 年第一季度出现第二次高点，利率达到 6%。受 2001 年 9 月 11 日爆发的恐怖袭击事件的影响，英国经济面临严峻的外部形势，此后利率不断下滑，直到 2003 年第三季度，经济逐渐好转。第三次高点是在 2007 年第三季度，利率升至 5.74%，此后金融危机全面爆发，利率水平急剧下降，一度接近零利率。虽然在 2017 年第四季度出现小幅度反弹，但是在 2020 年 3 月，为了应对新冠肺炎疫情给经济带来的影响，英国央行将基准利率下调至 0.1%，创历史新低。从财政赤字走势看（见图 9 - 1 右），1996—2001 年第三季度，财政赤字由正转负，呈现显著下降趋势。事实上，在此阶段新工党政府主要实行审慎的财政政策，不断缩减财政赤字。2001 年第四季度，财政赤字由负转正，财政政策由紧变松。值得注意的是，受 2008 年金融危机和 2020 年新冠肺炎疫情的影响，财政赤字大幅攀升，说明政府采取更为激进的财政政策来刺激经济发展。从经济周期走势看（见图 9 - 2 左），1996—2020 年英国经济周期呈现围绕零值上下的周期性波动，总体来看，经济周期在 2008 年后呈现急剧下滑趋势，在 2020 年初出现断崖式下降，经济景气度较低。从通货膨胀率走势看（见图 9 - 2 左），英国的通货膨胀率一直保持在较低水平，但是 2020 年初受新冠肺炎疫情的影响，通货膨胀率急剧上升，随后逐渐回调。从金融压力指数走势看（见图 9 - 2 右），基于历史的时变演变规律，1996—2020 年共出现三次显著波动上升：第一次是 1999 年拉丁美洲和俄罗斯联邦爆发金融危机，进一步加剧了美国长期资本管理公司崩溃带来的金融压力，导致金融压力指数呈现显著上升趋势；第二次是在 2008 年全球金融危机期间，金融压力指数创下新高；第三次是在 2020 年新冠肺炎疫情爆发期间，值得注意的是，此次上升幅度小于 2008 年。

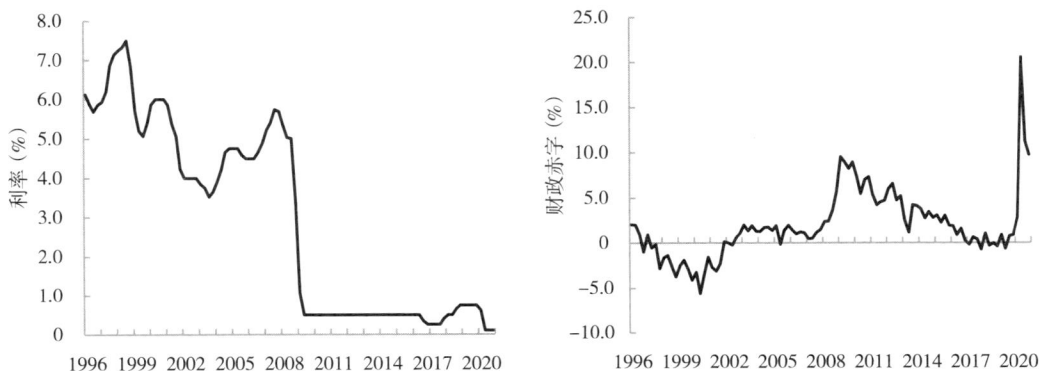

图 9 - 1　利率、财政赤字走势

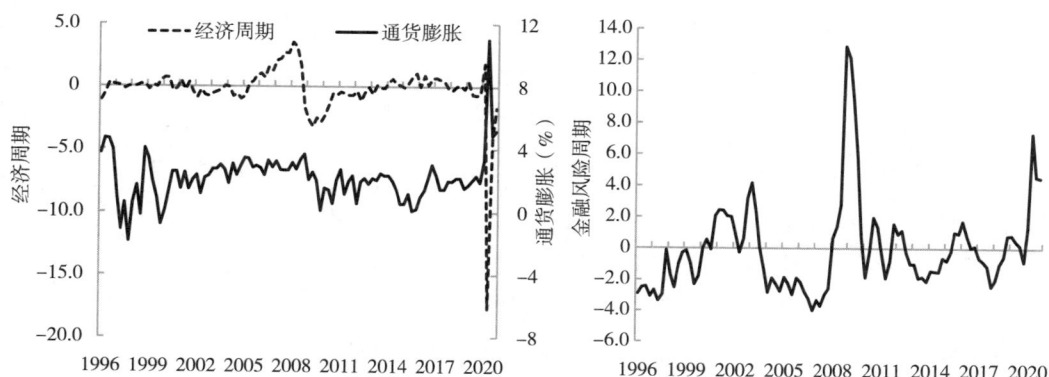

图 9 - 2　经济周期、通货膨胀和金融风险周期走势

第三节　财政政策和货币政策取向

基于第五、六章财政政策和货币政策模型的构建方法以及政策取向测度方法，我们进一步阐述 1996—2020 年英国财政政策和货币政策取向的逻辑演变规律，具体分析如下：

一、货币政策取向逻辑

（一）盯住经济周期的时变参数

图 9 - 3 左表明，货币政策盯住经济周期的时变参数基本都在零轴以上，除少数参数值小于零，这表明在 1996—2000 年，英国大多采取的是逆周期的货币政策来调控经济周期目标。从时变参数走势看，具体表现为：1996—1998 年，英国货币政策盯住经济周期目标的时变参数呈显著上升趋势，直至阶段性最高点 1.88，这表明英国货币政策盯住经济周期的政策取向不断走强，并且经济周期具有由负转正的微小变化，由此可见，该阶段货币政策的宏观经济调控效果更为显著。1998—1999 年，盯住经济周期目标的时变参数急剧下降，一度下跌至最低点 -0.08。货币政策对经济周期的逆周期调控偏好显著下降。从另外一个角度来讲，同时期经济周期基本横向震荡，经济基本面并未发生较大变动，也可能是此时货币政策在调节经济周期上的政策效果更为有效。究其原因，受亚洲金融危机、俄罗斯金融大风波、美国长期资本管理公司崩溃的影响，英国央行货币政策委员会（MPC）从 1998 年 10 月到 1999 年 6 月连续削减利率的幅度达 2.5%，利率下调到 5.0%，以应对亚洲金融危机的影响。事实也证明，货币政策在调节经济周期上的政策效果显著增强。1999—2000 年，盯住经济周期目标的时变参数急剧上升至历史最高点 2.95，同时经济出

现好转的趋势，因此这一阶段货币政策有很强的调控经济周期的偏好。2000—2003 年，盯住经济周期目标的时变参数再次急剧下降，参数值由正转负，达到历史最低点 −0.69，之后逐渐企稳回调，结合经济周期走势可知，自 2000 年起，英国经济周期周期呈现下降趋势，政策部门的逆周期调控强度大幅度减弱。2003—2008 年，货币政策盯住经济周期目标的时变参数呈上升趋势，同时经济周期走势逐渐增强，政策部门的逆周期调控效果变好。2008—2015 年，时变参数呈显著下降趋势，受美国次贷危机的影响，经济下行压力增大，表现为经济周期走势急剧下降。随着经济的逐渐恢复，此时货币政策在调节经济周期上的政策效果更为有效。2015—2018 年，时变参数为负值，但是经济并未出现异常变化，究其原因，卡梅伦政府更注重于运用财政政策对经济周期目标进行调控，弱化了货币政策的作用效果。2018—2019 年，时变参数出现短时回调，但是系数值依然较小。2020 年，受到新冠肺炎疫情的影响，英国经济周期持续下滑，时变参数系数小幅度上升。

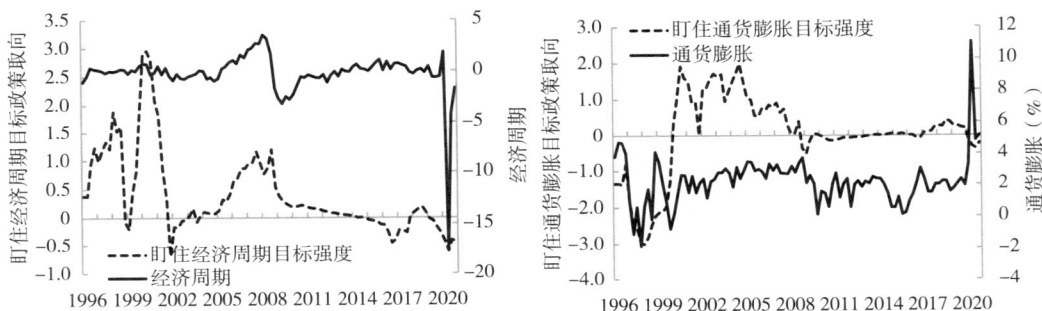

图 9 - 3　货币政策盯住经济周期和通货膨胀目标的时变参数

（二）盯住通货膨胀目标的时变参数

图 9 - 3 右表明，1996—2000 年，货币政策盯住通货膨胀目标的时变参数小于 0。在此阶段，英国货币政策采取顺周期的方式调控通货膨胀目标，1998 年跌到最低点后开始反弹。究其原因，1996 年以来，英国货币政策实行盯住零售物价指数（RPIX）定义的通货膨胀目标制，1997 年的前三个月，RPIX 通货膨胀持续下降，到 4 月份时降至 2.5%。英格兰银行在 5 月公布的通货膨胀报告称，在未来几个月将采取适度的紧缩性货币政策措施，英国 MPC 认为国内需求压力需要更加紧缩的货币政策来保证通货膨胀的预期值。2000—2004 年第三季度，货币政策盯住通货膨胀目标的时变参数大于 0。在此阶段，英国货币政策采取逆周期的方式调控通货膨胀目标，即当通货膨胀水平过高（过低）时，货币政策部门提高（降低）利率水平，从而达到抑制（刺激）经济发展的效果。相应地，通货膨胀水平小幅度上下波动，实际上，在此阶段，货币政策已经改成盯住消费价格指数

（CPI）定义的通货膨胀目标制。由此可以看到，英国货币政策盯住通货膨胀目标的政策取向不断走强。2004 年第三季度—2008 年，货币政策盯住通货膨胀目标的时变参数呈现显著下降趋势，但是仍然采取逆周期的方式调控通货膨胀目标，而且通货膨胀水平并未大幅波动，这表明货币政策在调节通货膨胀上的政策效果显著增强。2008—2017 年，货币政策盯住通货膨胀目标的时变参数在零轴徘徊，表明英国货币政策盯住通货膨胀目标制的强度变弱，其原因可能在于政策部门更加关注财政政策对通货膨胀的调控，这必然降低货币政策调控通货膨胀的政策偏好。2017—2020 年，货币政策盯住通货膨胀目标的时变参数具有回升迹象，在此期间，通货膨胀水平稳步下降，英国货币政策盯住通货膨胀目标的政策取向不断走强。2020 年，受新冠肺炎疫情的影响，通货膨胀水平持续走高，英国政府实施了历史上最强的扩张性货币政策，由此也导致货币政策调控通货膨胀目标的政策取向随之下滑。

（三）盯住金融风险周期的时变参数

图 9-4 左表明，1996—2008 年，货币政策盯住金融风险周期的时变参数小于 0，在此阶段，英国货币政策并未采取逆周期的方式调控金融风险周期。究其原因，在此阶段金融压力指数围绕零值上下波动，整体风险较低，货币政策部门的重点调控目标并未聚焦于降低系统性风险。2009 年至今，货币政策盯住金融风险周期的时变参数大于 0，英国货币政策采取逆周期的方式调控金融风险周期，即当金融风险周期较高时，货币政策部门提高利率，通过紧缩性货币政策抑制经济过热，由此达到降低风险的目的。这是因为随着 2008 年金融危机的爆发，金融风险周期急剧上升，风险逐渐变大，货币政策部门采取逆周期的方式调控金融风险周期。我们可以看到，近年来随着逆周期调控强度的持续上升，金融风险周期稳步下降，金融压力指数基本稳定在零值以下，政策调控效果持续变好。值得注意的是，在 2020 年新冠肺炎疫情爆发后，金融风险周期加速上升，而货币政策盯住金融风险周期的时变参数由正转负。究其原因，政策部门采取顺周期的方式调控金融风险周期，英国采取更为宽松的货币政策刺激经济复苏，以达到吸收金融风险的目的。

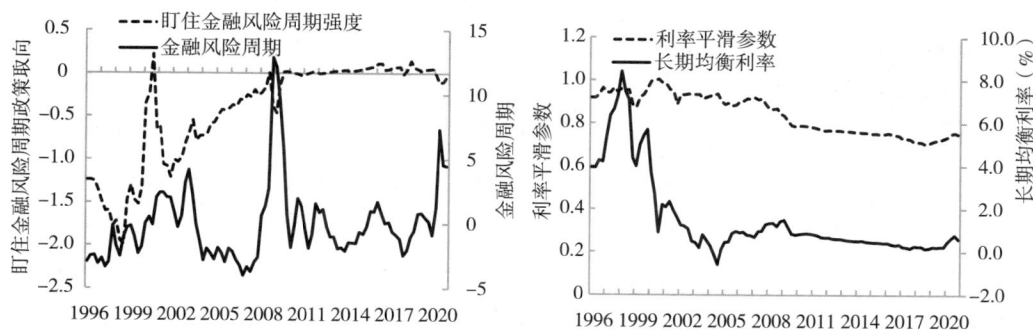

图 9-4　货币政策盯住金融风险周期时变参数、利率平滑参数和长期均衡利率

（四）时变利率平滑参数

利率平滑参数反映了货币政策根据上一期利率的微调程度。利率平滑参数越大，说明货币政策的连贯性越好，货币政策部门更注重对利率的微调而不是一次性的大幅调整。由图 9 – 4 右可知，1996—1998 年利率平滑参数稳固在一个较高的水平，1998 年—1999 年第一季度，利率平滑参数从 0.96 下降至 0.87，然后企稳回升，在 2000 年第三季度达到历史最高点，接着伴有小幅度的回落，但是利率平滑参数依然维持在 0.5 以上。客观来讲，货币政策取向具有较高的平滑性和连贯性。

（五）时变长期均衡利率参数

图 9 – 4 右表明，1996—2015 年英国长期均衡利率也具有较强的时变特征，其变化分为三个阶段。第一阶段是 1996—1998 年，长期均衡利率呈显著上升趋势，从 1996 年第一季度的 3.95% 上升至 1998 年第一季度的 8.41%，上升幅度较为明显。这主要是因为自 1996 年起，英国货币政策委员会（MPC）多次上调利率水平，在 1997 年 6 月将利率上调了 0.25%，在 1997 年 11 月和 1998 年 6 月，MPC 又分别将利率上调了 0.25%。第二阶段是 1998—2004 年，长期均衡利率急剧下滑，从 1998 年第一季度的 8.41% 一度跌近零值。究其原因，1998 年为应对亚洲金融危机的影响，各国均采取下调利率的方式应对危机，如 1998 年 10 月到 1999 年 6 月 MPC 下调利率的幅度达到 2.5%，利率下调至 5.0%，2003 年 2 月，MPC 继续降低利率至 3.75%。事实上，长期均衡利率越低，市场整体的融资成本越低，进而可以促进经济增长。第三阶段是 2004 年至今，长期均衡利率变动幅度较小，基本保持在稳定状态。

二、财政政策取向逻辑

（一）盯住经济周期的时变参数

图 9 – 5 左表明，财政政策盯住经济周期的时变参数基本都在零轴以下，并且值都小于 – 1，这表明在 1996—2000 年，英国都采取逆周期的财政政策来调控经济周期目标，并且财政政策盯住经济周期目标的政策取向整体较为强势。从时变参数走势看，其具体表现为：1996—2000 年，财政政策盯住经济周期的时变参数由 – 1.94 上升为 – 1.17。与此同时，从经济周期的走势看，1996 年经济周期呈现上升趋势，然后趋于平缓，1999 年突破前值，走出阶段性高点。由此可以看出，此阶段财政政策盯住经济周期目标的强度虽然不断减弱，但是调控宏观经济增长的效果反而增强。结合历史来看，从新工党 1997 年上台到 2000 年，政府一直保持审慎的财政政策立场，致力于增强经济稳定性，提高生产力，增加就业，减少政府开支，开启了新工党政府财政政策的一个新阶段。1999 年英国 GDP 增长 2%，通货膨胀率也保持在 2.5% 的目标水平上下，2000 年英国 GDP 增长 3.5%，在

G7 国家中占有绝对优势。2000—2003 年，财政政策盯住经济周期的时变参数由 −1.17 下降为 −1.59，此阶段财政政策盯住经济周期目标的强度不断增强。究其原因，2001 年新工党政府改变了第一任期内谨慎的财政政策，在财政政策方面开始展现其社会民主党的本色，新工党政府在第二任期虽然继续保持了"黄金法则"和可持续投资原则这两项财政原则，但是从 2002 年预算开始，公共开支占 GDP 的比重开始回升，改变了第一任期逐渐下降的趋势，在稳定的货币政策支持下，新工党得以在财政预算中体现其社会民主党的价值取向。2004—2008 年，时变参数基本保持稳定，经济周期呈现较强态势，财政政策调控经济增长的效果变好。2008—2013 年，时变参数急剧下滑，经济周期由负转正。事实证明，在货币政策无力刺激经济增长时，这一财政政策决定是必要的。在此情况下，新工党政府实行积极的财政政策，增加财政开支以支持经济复苏。2014—2019 年，时变参数逐渐回升，财政政策盯住经济周期的目标强度转弱，但是依然小于 −1，财政政策调控宏观经济增长的效果增强。究其原因，卡梅伦保守党政府上台后改变财政政策目标，新的财政政策框架具有更高的前瞻性、透明度以及可信度。2020 年受新冠肺炎疫情的影响，经济周期断崖式下降，而盯住经济周期的目标强度显著增强，由此，财政政策调控经济周期的效果较好。

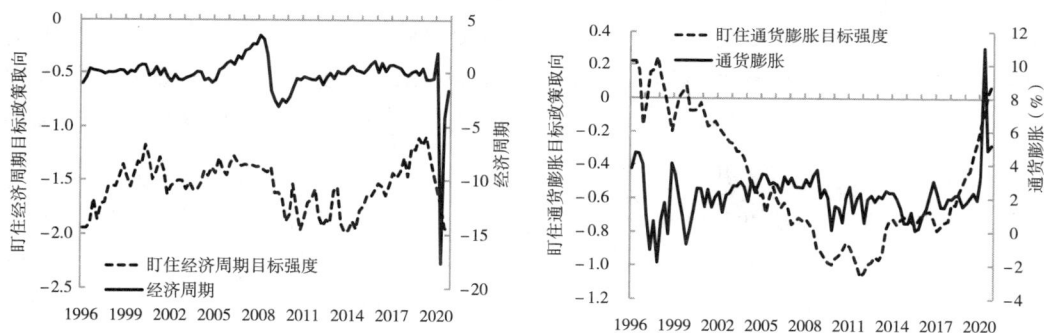

图 9 − 5 财政政策盯住经济周期和通货膨胀目标的时变参数

（二）盯住通货膨胀目标的时变参数

图 9 − 5 右表明，财政政策盯住通货膨胀目标的时变参数基本都在零轴以下，英国长期以来采取逆周期的财政政策来调控通货膨胀目标。从时序角度看，1996—2012 年，盯住通货膨胀目标的时变参数呈现下降趋势，在 2000 年后真正转为负值并一路下滑，财政政策盯住通货膨胀的目标强度显著增强。1997—1998 年通货膨胀持续上升，盯住通货膨胀目标的时变参数为正，结合图 9 − 5 右可知，在此阶段，经济周期是货币政策主要调控的目标，财政政策效果不显著，财政政策主要盯住经济周期目标。2000—2011 年，时变参数转

正为负，并在 2011 年第四季度达到 – 1.06，盯住通货膨胀的目标强度不断上升，财政政策具有较强盯住通货膨胀目标的偏好。值得注意的是，在新工党执政的政策经历中，英国货币政策委员会（MPC）成功应对了亚洲金融危机、美国房价波动、"9·11"事件以后的世界经济衰退以及英镑汇率波动和季节性供求失衡问题，使通货膨胀保持在一个良好的水平，没有一次偏离目标超过 1%，且通货膨胀率并未出现大幅度波动，这符合新工党执政期间确立的以通货膨胀目标制为核心的新政策框架。2011 年第四季度至今，盯住通货膨胀目标的时变参数呈现上升趋势，财政政策调节通货膨胀的目标偏好有所减弱，但是数值小于零，英国政策部门仍采取逆周期的方式调控通货膨胀，同时期，通货膨胀率也保持在一个较低的水平。事实上，2010—2016 年，英国通货膨胀率的年平均值仅约为 2.0%，基本吻合了卡梅伦政府设定的通货膨胀目标值，这一阶段的通货膨胀率的波动幅度小于新工党政府，故卡梅伦执政期间在保持物价稳定目标上的表现要优于此前执政的新工党，特别是金融危机爆发后的布朗政府。

（三）盯住金融风险周期的时变参数

由图 9 – 6 左可知，英国财政政策盯住金融风险周期的政策取向可以划分为两个阶段：第一阶段是 1996 年—2001 年第三季度，财政政策盯住金融风险周期的时变参数小于零并呈显著上升趋势。此阶段英国采取逆周期的财政政策对金融系统性风险加以调控，其盯住金融风险周期目标的强度逐渐疲软，同时期，金融系统性风险呈现显著上升；由此可以看出，逆周期的财政政策盯住金融风险周期的调控效果较差。第二阶段是 2001 年第四季度至今，财政政策盯住金融风险周期的时变参数大于零，此阶段英国采取顺周期的财政政策对金融风险周期加以调控。2003—2007 年时变参数呈现显著上升的态势，与此同时，金融风险周期急剧下降，财政政策盯住金融风险周期目标的调控效果随着强度的增加而向好。2008 年受全球金融危机的影响，金融风险周期大幅度提升，顺周期调控强度也加大，随着政策的实施，金融系统性风险逐渐下降并呈现了一个较平滑的趋势走向。2020 年受新冠肺炎疫情的影响，其盯住金融风险周期目标的强度再次创新高，财政政策具有较强的盯住金融风险周期的政策偏好。这主要是因为 2008 年美国爆发次贷危机，新工党政府实行积极的财政政策，增加财政开支以支持经济复苏，以及 2019 年底爆发的新冠肺炎疫情对经济产生了负向冲击。对此，政府期望通过扩张性财政政策刺激经济复苏，基于需求扩张理论，吸收金融系统中所蕴含的风险。

（四）财政政策时变平滑参数

由图 9 – 6 右可知，从历史周期角度看，英国财政政策时变平滑参数的走势可以分为三个阶段：第一阶段是 1996—2009 年，财政政策时变平滑参数从 0.48 缓慢上升接近 0.49，表明本期财政赤字与上一期财政赤字具有更强的相关性，由此使得财政政策缺乏一定的灵活性和主动性。第二阶段是 2009—2015 年，财政政策时变平滑参数小幅度回调，虽然下滑幅度不明显，但是在一定程度上提高了财政政策执行的灵活性。究其原因，为了抵御美国次贷危机对英国宏观经济的影响，政策部门打破了传统财政政策执行的惯性，表现更强的主动性和灵活性，更加重视财政政策对经济周期、通货膨胀和金融风险周期的宏观调控。第三阶段是 2016—2020 年间，财政政策平滑参数逆向上升，表明在此期间英国赤字率具有较高的平滑性特征，财政政策保持较强稳定性，这也使得在此期间的赤字率快速飙升。

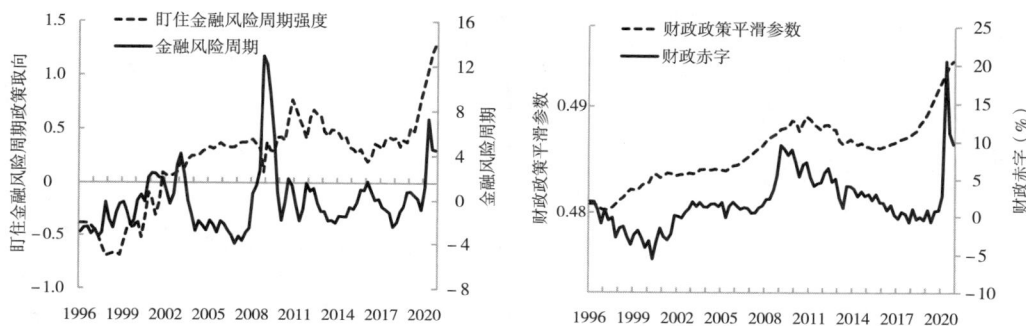

图 9-6 财政政策盯住金融风险周期时变参数和财政政策平滑参数

第四节 财政政策和货币政策传导效率

参考前面章节测度财政政策和货币政策传导效率的方法，我们可以测度英国财政政策和货币政策对内生变量（经济周期、通货膨胀和金融风险周期）影响的时变传导效应，估计结果如下所示。

一、基于时变参数泰勒规则的货币政策传导效率分析

结果如表 9-1 所示，我们计算得到 1996—2020 年基于时变参数泰勒规则的货币政策平均传导效率矩阵，具体从以下几个方面展开分析。首先，从总吸收效率来看，总吸收效率从高到低依次是经济周期、利率、通货膨胀和金融风险周期，数值依次为 39.53%、37.52%、23.70%、21.14%。具体地，从经济周期的吸收效率可以看出，金融风险周期对其影响最大，达到 25.66%。从金融风险周期的吸收效率可以看出，经济周期对其影响最大，达到 12.00%。由此说明，经济周期和金融风险周期之间存在较高

的传导效率。其次，剔除自身影响后，总传导效率由大到小依次为金融风险周期、经济周期、利率和通货膨胀，数值依次达到 58.66%、32.75%、18.84% 和 11.64%，其中金融风险周期和经济周期的传导效率显著高于利率和通货膨胀，显然，从总传导效率的角度也验证了前两者传导效率的溢出效应较强。再次，金融风险周期的总传导效率为58.66%，处于最高水平，具体地，金融风险周期对通货膨胀、利率、经济周期的传导效率依次增强，表现较强的内生性。因此，货币政策不能忽视金融风险周期这一目标。最后，从利率的传导效率看，利率对通货膨胀、金融风险周期、经济周期的传导效率依次增强，数值分别达到 4.47%、6.87%、7.50%。由此我们可以看出，虽然利率对通货膨胀和金融风险周期的传导效率没有经济周期高，但是结合表 9-1 数据，通货膨胀和金融风险周期对经济周期的影响是最高的，分别为 6.37%、25.66%，基于这一传导链，利率对经济周期存在较高的传导效率。因此，保持经济向着更高水准发展是英国货币政策的重要盯住目标。

表 9-1　基于时变参数泰勒规则的货币政策平均传导效率矩阵

单位:%

	利率	经济周期	通货膨胀	金融风险周期	总吸收效率*
利率	62.48	9.75	3.00	24.77	37.52
经济周期	7.50	60.47	6.37	25.66	39.53
通货膨胀	4.47	10.99	76.30	8.24	23.70
金融风险周期	6.87	12.00	2.27	78.86	21.14
总传导效率*	18.84	32.75	11.64	58.66	—

注：*总传导效率指除自身影响外，行变量对列变量的传导效率指数之和；总吸收效率指除自身影响外，列变量接受来自行变量的传导效率指数之和。

从图 9-7 估计结果看，1996—2020 年，英国的货币政策对金融风险周期的传导效率最高，其次是经济周期，最后是通货膨胀，三者的传导效率分别平均达到 24.77%、9.75% 和 3.00%。总体上看，相较于经济周期和通货膨胀，货币政策对金融风险周期调控的政策效果最强。结合图 9-7 货币政策盯住金融风险周期时变参数可知，英国政策部门在 2008 年金融危机之后具有较强调控金融风险周期的政策偏好。从传导效率时变演变规律看，英国货币政策在调控三大政策目标上的政策取向存在适时调整过程，即盯住不同政策目标的政策取向并非一成不变，而是随着政策目标动态变化表现适时调整的特征。具体来看，1996—1998 年，货币政策对金融风险周期的传导效率呈现显著上升趋势。究其原因，在此阶段，受到亚洲金融危机、俄罗斯金融危机、长期资本管理公司倒闭的影响，世界经济环境恶化，英国金融压力持续上升，这敦促货币政策加大对金融风险周期的调控力度，表明在此阶段货币政策调控的主要政策对象是金融稳定。同时期，货币政策对通货膨胀和经济周期的传导效率稳步上升，这主要是因为新工党政府对英国货币政策框架进行了改进，英格兰银行被授予独立执行货币政策的权力。1998 年《英格兰银行法》规定，英格兰银行的责任在于保持价格稳定和金融稳定，现阶段的通货膨胀目标制下，价格稳定是指实现财政部规定的通货膨胀目标。金融稳定目标主要指金融服务监管局负责对银行体系进行监管，防范可能发生的系统性金融风险。1999—2003 年，货币政策对金融风险周期的传导效率逐渐减弱，甚至低于经济周期和通货膨胀的传导效率。由此可见，在此阶段，货币政策对三大政策目标的传导效果下降。2004—2009 年，货币政策对金融风险周期的传导效率出现两次激增，分别是在 2004 年和 2008 年，后者变化更为明显，表明政策部门维护金融稳定的影响效应不断增强。虽然货币政策对通货膨胀和经济周期的传导效率出现小幅度上升，但是走势依旧较温和。尤其对通货膨胀目标来说，货币政策盯住通货膨胀目标的政策取向有所减弱。2019 年底新冠肺炎疫情的爆发使货币政策对经济周期和通货膨胀的传导效率出现较大幅度的提升，传导效率值分别接近 40% 和 30%。相反，货币政策对金融风险周期的传导效率急剧下降至 2.72%，这主要是因为受新冠肺炎疫情的影响，英国货币政策具有较强盯住经济周期和通货膨胀目标的偏好，从而力求实现经济增长、保持物价稳定。

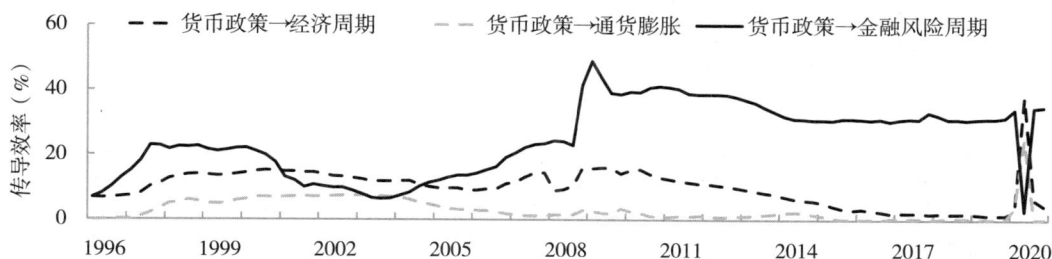

图 9 - 7　货币政策对三大政策目标影响的传导效率

二、财政政策传导效率分析

结果如表 9 - 2 所示，我们计算得到 1996—2020 年基于财政政策传导效率矩阵，具体从以下几个方面展开分析。首先，从总吸收效率来看，总吸收效率从高到低依次是经济周期、财政赤字、通货膨胀和金融风险周期，数值依次为 46.02%、40.99%、23.37%、23.06%。具体地，从经济周期的吸收效率可以看出，金融风险周期对其影响最大，达到

23.74%。从金融风险周期的吸收效率可以看出，经济周期对其影响最大，达到11.27%。由此说明，经济周期和金融风险周期之间存在较高的传导效率。其次，剔除自身影响后，总传导效率由大到小依次为金融风险周期、经济周期、财政赤字和通货膨胀，数值依次达到48.68%、38.87%、34.03%和11.86%，其中金融风险周期、经济周期、财政赤字的传导效率显著高于通货膨胀，显然，从总传导效率的角度也可以验证前三者传导效率的溢出效应较强。再次，金融风险周期的总传导效率为48.68%，处于最高水平。具体地，金融风险周期对经济周期、财政赤字、通货膨胀的传导效率依次减弱，其表现较强的内生性。因此，货币政策不能忽视金融风险周期这一目标。最后，从财政赤字的传导效率看，财政赤字对通货膨胀、金融风险周期、经济周期的传导效率依次增强，数值分别达到7.17%、9.46%、17.40%。由此我们可以看出，虽然财政赤字对通货膨胀和金融风险周期的传导效率没有对经济周期高，但是结合表9-2数据，通货膨胀和金融风险周期对经济周期的影响是最高的，分别为4.88%、23.74%，基于这一传导链，财政赤字对经济周期存在较高的传导效率。

表9-2　基于财政政策传导效率矩阵

单位:%

	财政赤字	经济周期	通货膨胀	金融风险周期	总吸收效率[*]
财政赤字	59.01	17.75	4.65	18.59	40.99
经济周期	17.40	53.98	4.88	23.74	46.02
通货膨胀	7.17	9.85	76.63	6.35	23.37
金融风险周期	9.46	11.27	2.34	76.94	23.06
总传导效率[*]	34.03	38.87	11.86	48.68	—

注：[*]总传导效率指除自身影响外，行变量对列变量的传导效率指数之和；总吸收效率指除自身影响外，列变量接受来自行变量的传导效率指数之和。

从传导效率的时变演变规律看，英国财政政策在调控三大政策目标上的政策取向随着政策目标动态变化表现适时调整的特征。从图9-8估计结果看，1996—2020年，英国财政政策对金融风险周期的传导效率最高，其次是经济周期，最后是通货膨胀，三者的传导效率分别平均达到18.59%、17.75%和4.65%。总体上看，相较于经济周期和通货膨胀，财政政策对金融风险周期调控的效果最强。具体来看，1996—1999年，财政政策对经济周期和金融风险周期的传导效率不断增强，但对通货膨胀的传导效率逐渐下降，表明在此阶段，财政政策调控的主要政策对象是经济增长和金融稳定。2000—2007年，传导效率小幅下降，但是财政政策对三大政策目标的传导效率最高的依然是经济周期。2008年，财政政策对金融风险周期的传导效率突升至35%，同时期，财政政策对通货膨胀和经济周期的传导效率存在下滑趋势。究其原因，受到全球金融危机的影响，金融压力上升，金融系统性风险变大，英国政策部门具有较强调控金融风险的政策偏好，财政政策对经济周期和通货膨胀的传导效率呈现逐渐下降态势，促进经济增长的政策取向逐渐让位于金融稳定目标。受2020年新冠肺炎疫情的影响，财政政策对通货膨胀和经济周期的传导效率激增至25%，英国财政政策具有较强的盯住物价稳定和经济增长的目标偏好。

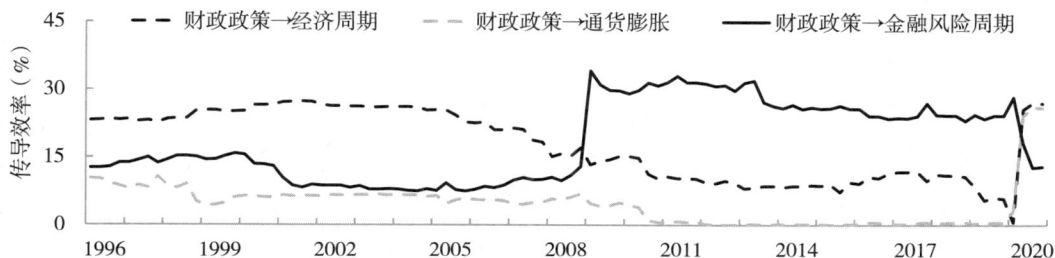

图 9-8 财政政策对三大政策目标影响的传导效率

第五节 宏观调控政策效果：反事实分析

参考第七章理论模型的设定方法，采用脉冲响应函数估计利率以及财政赤字两类冲击对三大目标的时变影响效应，探究1996—2020年英国货币政策以及财政政策对经济周期、通货膨胀、金融风险周期的政策效果。总体上，从政策调控的效果看（见图9-9和图9-10），两类冲击对三个内生变量的影响存在较大的时变特征，这说明财政政策和货币政策均存在时变政策效应，而且这两种政策的效果也存在显著差异。

图 9-9 货币政策对三大目标影响的时变脉冲响应函数

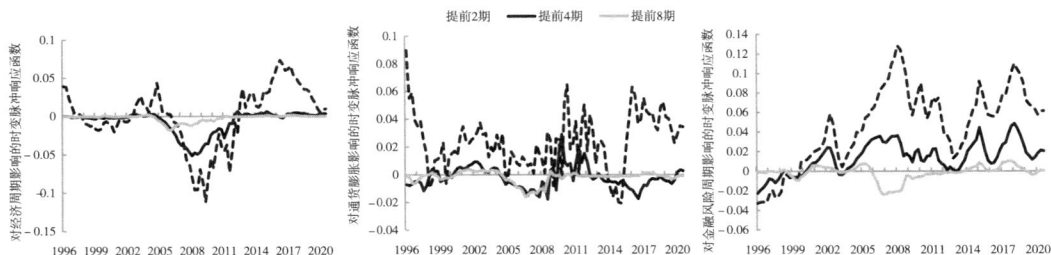

提前2期 ——提前4期 ——提前8期

图9－10　财政政策对三大目标影响的时变脉冲响应函数

　　一方面，是经济周期、通货膨胀、金融风险周期对利率冲击的响应，即从货币政策对经济周期、通货膨胀、金融风险周期的政策效果看：第一，脉冲响应结果显示，与长期效应（提前8期）相比，短期（提前2期）和中期（提前4期）利率冲击对经济周期、通货膨胀和金融风险周期的影响更为明显，表明货币政策对三大目标的短期效应较强，而在长期上的冲击反应收敛于零，长期持久性较弱。第二，货币政策对经济周期和通货膨胀的影响效应并非一直有效，而是具有阶段性的调控效应，这主要是因为财政政策以及国际经济形势等外部因素也可能影响英国的产出，不仅仅是利率等货币政策。但是总体上看，英格兰银行的利率政策能够有效促进经济增长、抑制通货膨胀。第三，2008年前后，经济周期对利率冲击的脉冲响应值由负转正，说明货币政策缩小经济周期的效应逐渐减弱。究其原因，为了应对金融危机给国家带来的损害，英国在此阶段实施了量化宽松的政策，货币政策的作用随之下降。第四，1996—2003年，通货膨胀对利率冲击的脉冲响应值为负数，由此也表明，英国的货币政策能够有效降低通货膨胀，这主要是因为英国在此时期货币政策主要盯住通货膨胀目标制，以稳定物价水平为主。

　　另一方面，是经济周期、通货膨胀、金融风险周期对财政赤字冲击的响应，即从财政政策对经济周期、通货膨胀、金融风险周期的政策效果看：第一，脉冲响应结果显示，中期（提前4期）和长期（提前8期）经济周期对财政赤字冲击的脉冲响应值趋于零值，短期（提前2期）只有在1996—1997年、2002—2006年、2012—2020年具有显著的影响效应。第二，长期（提前8期）财政赤字冲击对通货膨胀的影响基本失效，中期（提前4期）只有在1998—1999年、2000—2004年、2009—2012年这三个阶段有效，短期（提前4期）来看，脉冲响应函数值基本都在零轴以上，说明紧缩性财政政策对通货膨胀的调控作用逐渐增强。第三，与长期效应相比，短期和中期的财政赤字冲击对金融风险周期的影响更明显。以短期效应为例，财政赤字对金融风险周期的影响自2000年第一季度起由负转为正，并在2008年第二季度达到历史峰值，随后呈显著下跌趋势，在2013年第一季度企稳回升。可见，在此期间，英国财政政策能够有效应对金融风险，降低系统性金融风险，以实现金融稳定的目标。

为了进一步做出宏观调控政策最佳抉择，我们采用反事实方法展开实证检验，探究到底是单一财政政策或货币政策，还是财政政策和货币政策组合能够更好地实现目标的政策效果，从而为长效宏观调控机制提供决策参考依据。首先，采用上述基准模型估计财政政策与货币政策组合对三大目标的影响效应；其次，去除财政政策，得到货币政策对政策效果反事实估计结果；最后，去除货币政策，得到财政政策的时变政策效果参数。详细对比分析可以得到如下结论。

一、盯住经济周期的反事实政策效果

在货币政策效果中（见图9-11第一行），无论是短期、中期还是长期，反事实模型估计结果都是正值，而基准模型的值有正有负，说明货币政策和财政政策搭配使用对产出的促进作用更加明显，单独使用货币政策并不能起到较好调控经济周期目标的作用。在财政政策效果中（见图9-11第二行），从短期效应看，相较于反事实模型估计结果，基准模型表现其优越性，这种优越性在短期表现更加明显，从而也从另外一个角度印证了财政政策与货币政策协调搭配调控经济周期目标的政策效果较强。值得注意的是，去除货币政策后，从单一的财政政策调控经济周期的中期效应看，反事实模型估计结果在2013年后由负值转为正值；从长期效应看，反事实模型估计结果在2003—2006年及2012年后出现阶段性正值，说明在某一特定的时间段，采取单一的财政政策调控经济周期的效果更好。在2008年前后，无论是货币政策与财政政策组合的基准模型估计结果还是反事实模型估计结果，二者对经济周期的调控都失效。究其原因，在此阶段国际金融危机爆发，外部环境日趋复杂，此时财政政策和货币政策可能主要盯住金融风险周期这一目标，削弱了财政政策和货币政策对经济周期的调控效果。

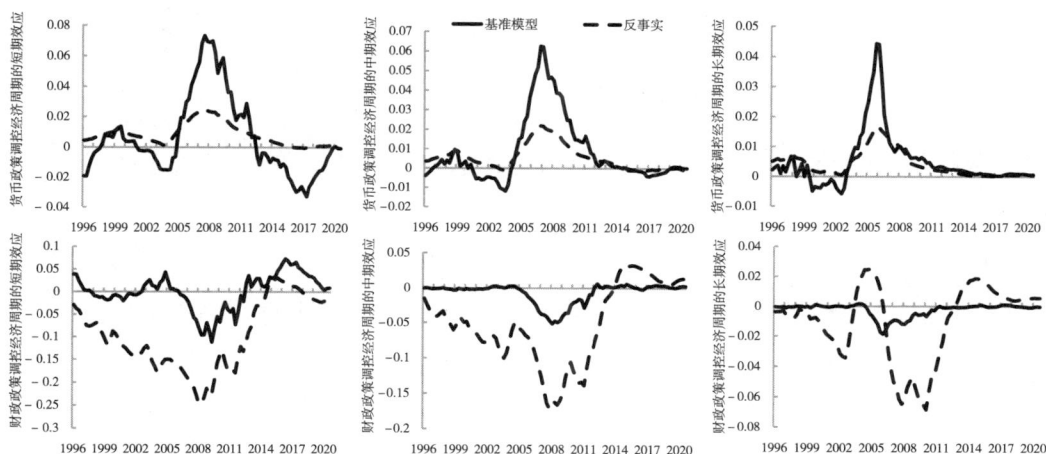

图9-11　财政政策与货币政策组合盯住经济周期的反事实政策效果

二、盯住通货膨胀目标的反事实政策效果

在货币政策效果中（见图 9 - 12 第一行），1996—2003 年，反事实和基准模型的估计结果基本为负值，且基准模型的绝对值基本大于反事实模型估计结果的绝对值，表明在此阶段货币政策和财政政策搭配使用对通货膨胀的调控作用更加明显，但是调控效果在此之后逐渐减弱，仅在 2016—2019 年短期有效。在财政政策实施效果中（见图 9 - 12 第二行），1996—2008 年，反事实和基准模型的估计结果基本为正值，且反事实模型估计结果基本大于基准模型估计结果，表明去除货币政策的影响，使用单一财政政策对通货膨胀的调控效果更加显著。受到 2008 年金融危机的影响，反事实模型的估计结果转正为负，而短期基准模型的估计结果保持正值，且有稳步上升的趋势，说明在此阶段，去除货币政策的影响，单独使用财政政策对通货膨胀的调控作用欠佳。其主要原因可能在于 2008 年后，英国为了应对金融危机的影响，2009 年 3 月，银行利率被下调至 0.5%，在 6 个月的时间里利率下降幅度达到了 4.5%。面对大危机带来的经济萧条，常规的利率工具已经难以发挥作用，在货币政策无力刺激经济增长时，财政政策是必要的。因此在此情况下，新工党政府实行积极的财政政策，增加财政开支以支持经济恢复发展。由此可见，在此阶段政府更加注重货币政策和财政政策的协调搭配。事实证明，财政政策应该和货币政策协调搭配使用，并不断做出适时调整。从实际效果看，英国经济保持了长期稳定的增长，失业率下降，通货膨胀率也处于较低水平。

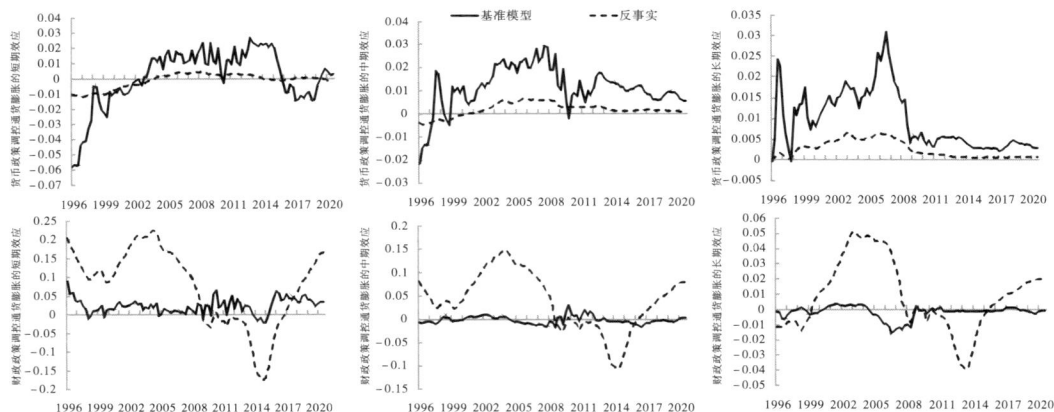

图 9 - 12　财政政策与货币政策组合盯住通货膨胀的反事实政策效果

三、盯住金融风险周期的反事实政策效果

在货币政策效果中（见图 9 - 13 第一行），从基准模型和反事实模型估计的结果看，政策调控金融风险周期的短期和中期效应值基本为负值，且基准模型的绝对值基本大于反事实模型估计结果的绝对值，表明货币政策和财政政策协调搭配有助于降低金融系统性风险。值得注意的是，这种调控效应在短期更加明显、中期次之。从长期效应看，基准模型和反事实模型的估计值在 1996—1999 年、2002—2005 年显著为负，说明长期调控效应走势不明朗，事实上，我们更加注重短期和中期的调控效应。在财政政策效果中（见图 9 - 13 第二行），短期、中期、长期走势较为类似，结合实际情况，我们重点分析短期调控效应。从时变的角度看，1996—1999 年，基准模型中财政政策调控作用失效，但在 2000 年，其系数由负转正，财政政策与货币政策搭配调控金融风险周期的效果逐渐增强，但在 2004 年后，反事实模型的政策效果优于基准模型，这表明去除货币政策之后，使用单一的财政政策调控效应更佳。究其原因，到 2004 年，世界经济依然呈现下行的趋势，布朗政府更加注重财政政策，通过财政政策鼓励投资，防止经济衰退，降低系统性金融风险。总体来看，虽然去除货币政策的调控效应更优，但是二者搭配使用对金融风险周期的调控并未失效。结合图 9 - 13 第一行，为了使金融风险周期政策调控效应最优，需要灵活搭配使用财政政策和货币政策。

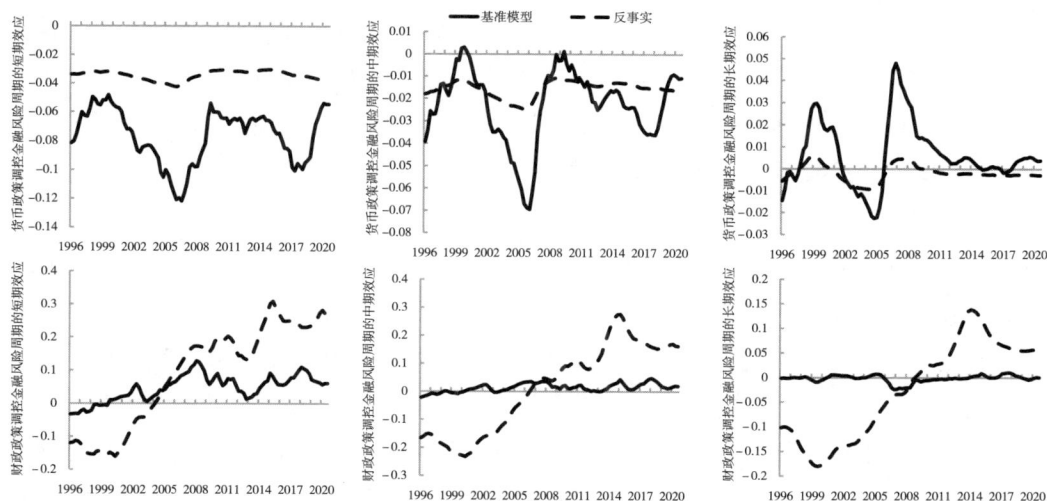

图 9 - 13 财政政策与货币政策组合盯住金融风险周期的反事实政策效果

第六节　宏观调控抉择借鉴

通过对估计结果的整合和梳理，我们从以下四个角度展开分析：第一，从政策取向来看，财政政策和货币政策具有较强的灵活性，存在明显盯住经济周期和通货膨胀目标的政策取向，美国次贷危机后期，货币政策表现较强盯住金融风险周期的政策取向。第二，从传导效率来看，就平均而言财政政策和货币政策对经济周期和金融风险周期的传导效应较强，2008年金融危机后，财政政策和货币政策对通货膨胀的传导效应逐渐减弱，对金融风险周期的传导效应逐渐增强，表明财政政策和货币政策制定与执行的最主要目标是维护金融稳定。2020年受新冠肺炎疫情影响，政策部门着力促进经济稳定增长。第三，从政策效果来看，财政政策和货币政策均存在时变政策效应，而且这两种政策的效果也存在显著差异。在调控经济周期目标上，紧缩性货币政策和扩张性财政政策的短期效应较为明显，尤其是在2011年后，这种效应呈现显著上升趋势。在调控通货膨胀目标上，紧缩性货币政策的中期和长期效应近乎失效，而短期具有阶段性走强的趋势，尤其是1996年后，货币政策主要盯住通货膨胀目标制。而对于扩张性财政政策，短期效果显著，长期则处于失效状态。在调控金融风险周期目标上，1996—2020年紧缩性货币政策具有降低金融风险的效果，但是，受2008年全球金融危机和2020年新冠肺炎疫情的影响，这种调控效应逐渐减弱，其主要原因在于此阶段实行的是宽松性货币政策和扩张性财政政策，可能会削弱政策调控效果。综合来看，货币政策和财政政策短期调控效应比中期和长期调控效应好。第四，从反事实模型估计结果来看，对经济周期、通货膨胀和金融风险周期目标而言，只有有效协调搭配货币政策和财政政策，才能最大程度促进经济增长、保持物价稳定和金融稳定。

从历史长周期看，"二战"结束直到20世纪90年代初，英国宏观经济并非呈现长期稳定的发展态势，而是时常出现"走走停停"的局面。鉴于此，在1997—2007年，继新工党政府接替保守党政府后，政府将货币政策决策权从财政部分离出来，单独赋予英格兰银行，提高了货币政策的稳定性和透明性。总体上看，在新工党执政期间，基于国内外宏观经济大背景，财政政策的实施经历了由紧到松再到紧的过程，同时协调搭配使用货币政策，不断适时调整。从实际效果看，英国经济保持了长期稳定的增长，失业率下降，通货膨胀率也处于较低水平，这是新工党执政期间的主要宏观调控特点。但是，2008年全球金融危机爆发，暴露出新工党政府设立的宏观经济和金融监管框架的弊端。究其原因，英格兰银行主要将通货膨胀作为宏观调控的主要目标，忽略了金融稳定等目标，金融监管体系混乱。对此,2010 年,卡梅伦代表的保守党上台后致力于废除新工党政府创立的三方体制,成立金融政策委员会,作为金融稳定的宏观审慎监管机构。从宏观调控政策看,在此期间,英国非常规货币政策占据重要地位,同时提高了财政政策的地位,将缩减赤字作为政府主要经济目标,实现了宽松性货币政策和紧缩性财政政策的有效协调搭配,使英国的经济自 2013 年起出现强势反弹。2020 年受新冠肺炎疫情的影响,英国实施宽松性货币政策和财政政策来抵御经济风险,短期经济出现回暖迹象。因此,政府在使用政策工具调控宏观经济时,尽量避免单独使用财政政策或者货币政策,要尽可能盯住经济周期、通货膨胀、金融风险周期等多重经济目标,并结合内外部实际情况,做到审时度势,使财政政策与货币政策协调搭配效用最大化,既做到"防风险"又有效促进"稳增长"。梳理英国的宏观调控实践经验,也能够为中国财政政策和货币政策的制定和时变目标调整提供一个重要的决策依据。

第十章　国际宏观调控实践与政策分析：以日本为例[①]

本章主要对日本的宏观调控政策实践、财政政策和货币政策取向、财政政策和货币政策传导效率进行研究和分析，并基于反事实的研究框架对日本财政政策和货币政策的调控效果进行进一步的讨论。通过对日本的宏观调控实践经验及教训进行梳理，总结出日本在宏观调控抉择方面可以给予我国借鉴的经验。

第一节　宏观调控政策实践

一、1945—1954 年紧缩性财政政策：以缓解通货膨胀为主要目标

在"二战"期间，日本经济遭受了严重的破坏，并在 1945 年到 1952 年被美国占领以及管制。在这期间，日本经济的发展主要依赖于美国的支持。1947 年起，战后的物资短缺造成日本严重的通货膨胀。为缓解通货膨胀，1948 年日本政府出台了紧缩性财政政策，要求政府严格压缩财政经费，同时对企业实施增税。同时在 1948 年，日本政府出台所谓的"道奇计划"，该计划以超平衡财政为核心，大幅偿还国债，并果断削减政府的各项财政补贴。

二、1955—1973 年扩张性财政政策与稳健性货币政策：经济高速增长阶段

在日本与美国结盟以后，大量的外资迅速涌入日本，为日本的经济增长提供了强大的动力。1958 年到 1968 年，日本 GDP 平均增长了 9.3%，从 1955 年到 1973 年日本经济持续高速发展了将近 20 年，经济总量不断超过西方发达国家，并成了继美国之后世界第二大经济体。一些反事实研究表明，如果没有美国的支持，日本的年均经济增长率大约在

---

① 本章由暨南大学有辜浩诚和陈创练共同撰写。

3.6%。在这段时期，日本政府在平衡预算制约下增加预算支出和每年实行减税来提高社会总需求，从而促进经济的增长。

受到经济高速增长的影响，日本物价开始有所上升。为了防止可能发生的通货膨胀，日本央行先后采取了紧缩性货币政策和宽松性货币政策，自 1962 年起对商业银行实行"日银贷款限额制度"，以强制性的信用调节来控制货币供给量。这些措施基本保证了日本能在低通货膨胀的条件下，实现经济的高速增长。

三、1974—1985 年紧缩性财政政策和货币政策抑制输入型通货膨胀：经济稳定增长阶段

到了 1973 年，也就是石油危机爆发时，国际油价大幅上升，使能源 90% 以上依赖进口的日本遭受了空前的打击，国际收支失衡，国内信用膨胀严重，进而触发了严重的通货膨胀。受到原油和天然气价格上涨所带来的通货膨胀压力，日本政府在这个时期连续实施紧缩性货币政策和大幅削减财政支出，如在 1973 年 1 月到 1974 年 1 月，陆续将存款准备金率由原来的 0.5% 提升到 2.25%，这一系列举措导致日本 GDP 增长率从 1973 年的 8% 突然猛降到 1974 年的 - 1.2%。

经历了 20 世纪 70 年代的两次石油危机以后，日本经济开始由原来的高速增长转向低速发展，也开始更加重视物价稳定。在此之前，日本国内采用的是固定汇率制度。为了解决对外贸易和国际收支中出现的逆差问题，日本央行的主要政策目标是保持国际收支平衡。随着后来布雷顿森林体系的瓦解以及 20 世纪 70 年代经济出现"滞胀"，日本央行开始将政策目标转向以物价稳定作为优先。

四、1986—1991 年宽松的货币政策与积极的财政政策：以汇率为主要目标

20 世纪 80 年代中期，美国国内出现了严重的通货膨胀，美联储被迫实施紧缩性货币政策，这一政策使得美元大幅升值，严重影响了美国商品的出口竞争力，从而给美国带来了巨额贸易逆差。为了应对贸易逆差给美国经济带来的不利影响，1985 年 9 月 22 日，美国联合日本、英国、法国和德国，这五大发达国家的财政部部长和央行行长共同签署了《广场协议》，该协议的主要内容是同意联合各国干预外汇市场，允许美元对日元等主要货币贬值，以化解美国的巨额贸易赤字。

广场协议的签订导致日元快速升值，使得日本的出口业遭受重创，经济增长率也从 1985 年的 4.4% 降到了 1986 年的 2.9%。为了减缓日元升值的趋势，日本央行和政府开始实施宽松的货币政策和积极的财政政策（见表 10 - 1），在 1986 年到 1987 年连续下调了 5 次中央银行贴现率，由 1985 年的 5% 降至 1987 年 3 月以后的 2.5%，此后日本的低利率政

策维持了将近 3 年。在财政政策方面，日本政府增加政策性贷款，扩大公共投资规模的"紧急经济对策"，大量财政支出用于公共事业、住宅融资和减税补贴，希望通过增加投资和消费刺激内需，以对冲日元升值对国内经济的影响。

表 10 - 1　广场协议后的日本货币政策

公告时间	内容	背景
1986 年 1 月	贴现率由 5.0% 下调至 4.5%	为了防止日币过度升值和美元过度贬值
1986 年 3 月	贴现率由 4.5% 下调至 4.0%	在与美国等发达国家协调下完成
1986 年 4 月	贴现率由 4.0% 下调至 3.5%	美国财政部部长要求日本再度降息，防止日元过度升值
1986 年 11 月	贴现率由 3.5% 下调至 3.0%	防止日元过度升值，刺激国内经济
1987 年 2 月	贴现率由 3.0% 下调至 2.5%	防止日元过度升值，刺激国内经济

受到利率不断下降以及日元升值的影响，日本国内的流动性过剩，大量资金涌入日本的房地产市场以及股票市场，日经 225 股价指数在 1985 年到 1989 年期间屡创新高，并在 1989 年 12 月达到 38 915.87 的历史最高点。因此在宽松的货币政策和积极的财政政策的双重作用下，日本经济泡沫迅速膨胀起来。

基于日本经济开始复苏的情况以及对通货膨胀的担忧，日本央行于 1989 年 5 月开始大幅收紧货币政策（见表 10 - 2），将中央银行贴现率一下从 2.5% 上调到 3.25%。强硬派代表三重野康在 1989 年 12 月出任日本央行行长，面对日本社会遭受的困境，他主张不惜一切代价戳破日本经济的泡沫，在就职后的 9 个月内 3 次宣布上调官方贴现率。由于货币政策的时滞效应以及市场投资者仍一直对低利率持乐观的态度，这一系列调整刚开始收效甚微，直到日本央行在 1990 年 8 月为防止进口石油价格上涨导致的输入型通货膨胀而将贴现率上调至 6% 之后，投资者预期才开始发生变化。

表 10 - 2　1989—1990 年日本货币政策

公告时间	内容	背景
1989 年 5 月	贴现率由 2.5% 上调至 3.25%	遏制通货膨胀进一步恶化
1989 年 10 月	贴现率由 3.25% 上调至 3.75%	强硬派代表三重野康担任日本央行行长，主张不惜一切代价抑制泡沫
1989 年 12 月	贴现率由 3.75% 上调至 4.25%	遏制通货膨胀
1990 年 3 月	贴现率由 4.25% 上调至 5.25%	遏制通货膨胀

（续上表）

公告时间	内容	背景
1990 年 8 月	贴现率由 5.25% 上调至 6%	预防因海湾战争带来的石油价格上涨而导致国内的输入型通货膨胀

五、1992—2001 年低利率的宽松性货币政策与扩张性财政政策：以刺激经济增长与稳定金融周期为主要目标

受到利率上升以及对未来货币政策预期转向的影响，在 1990 年 2 月到 4 月期间，日本的股票市场开始暴跌，到了 1990 年 12 月日经 225 股价指数暴跌至 23 848.71，与历史最高点相比下跌了 38.7%，自此之后日本股市陷入了长达十几年的熊市。除了股市，日本的房地产泡沫在 1991 年底也开始破裂。日本的土地和房屋无人问津，陆续竣工的楼房大量空置，房地产价格狂跌。当年，日本六大城市的房地产价格就下降了 15%～20%。经济开始萧条，日元仍在升值，银行不良资产迅速增加，破产者大量涌现。经济泡沫破灭时，银行系统崩溃，整个系统陷入流动性陷阱。

为应对经济泡沫破灭，日本政府在此时采取了扩张性财政政策来应对，先后出台 6 轮刺激政策，总规模达到将近 70 万亿日元。货币政策方面，日本银行自 1991 年 7 月起实施宽松的货币政策，将基准利率降低至 5.5%。（见表 10－3）

表 10－3　亚洲金融危机发生前日本央行及政府所出台的一系列政策

公告时间	财政政策	货币政策
1991 年 7 月		下调基准利率至 5.5% 的水平
1991 年 11 月		进一步下调基准利率至 5%
1991 年 12 月		进一步下调基准利率至 4.5%
1992 年 2 月	出台规模将近 11 万亿日元的刺激方案	
1992 年 4 月		将基准利率下调 0.75 个百分点
1992 年 7 月		将基准利率下调 0.5 个百分点
1993 年 2 月		将基准利率下调 0.75 个百分点
1993 年 4 月	出台规模约 13.2 万亿日元的刺激方案	将基准利率下调 0.75 个百分点
1993 年 9 月	出台规模约 6 万亿日元的刺激方案	
1994 年 2 月	出台规模约 15 万亿日元的刺激方案	

（续上表）

公告时间	财政政策	货币政策
1995 年 4 月	出台规模约 4.6 万亿日元的刺激方案	将基准利率下调 0.75 个百分点
1995 年 9 月	出台规模约 14 万亿日元的刺激方案	将基准利率下调 0.5 个百分点，此时基准利率水平为 0.5%
1996 年 2 月	财政政策开始收紧，将消费税由原来的 3% 提高到 5%	

1995 年，日本银行作为最后贷款人介入了当时日本国内的金融危机，向陷入困境的银行提供信贷，并将基准利率降至 50 个基点，这也是日本银行首次采用低利率政策。这项政策旨在促进投资和经济增长，最初似乎成功地做到了这一点。经历了一段短暂的稳定期之后，在 1996 年通货膨胀率低于 1%、GDP 增长超过 3% 的情况下，日本政府开始实施紧缩性财政政策，将消费税由原来的 3% 提高到 5%。然而，1997 年的亚洲金融危机让此前日本央行及政府所做的一切努力化为乌有，日本国内金融市场再次出现动荡。1997 年 7 月亚洲金融危机爆发之前，日本的 GDP 增长和消费支出已经开始放缓。地区性的经济衰退意味着许多日本最亲密的贸易伙伴也在经历经济增长放缓，从而进一步加剧了日本经济的萎缩。因此，自泡沫经济破灭之后，日本经济便进入长期萧条期，其经济增长十多年来始终徘徊在衰退与复苏的停滞状态之中。20 世纪 90 年代被称为日本"失去的十年"，即便进入 21 世纪，日本的经济也依然没有起色。

六、2002—2007 年日本首次的量化宽松政策与紧缩性财政政策协调配合：经济回暖期

21 世纪初日本国内的利率已经低到基本上达到了零下限，这意味着日本央行已经失去了应对严重衰退的常规工具。这些制约因素导致日本央行在 21 世纪初实施了多种非常规货币政策措施，包括负利率政策、量化宽松政策以及扩大日本银行可用工具的范围。

2001 年，全球经济急剧下滑，日本经济经历了 2000 年短暂复苏后再次陷入衰退。为了应对衰退，日本央行在 2001 年 3 月开始实行全球历史上首次量化宽松货币政策（见表 10 - 4）。从 2004 年到 2007 年，日本经历了大约 2% 的实际 GDP 增长率，伴随着接近零的通货膨胀率，这些持续的复苏迹象导致日本央行开始逐步取消其在 21 世纪初实施的许多非常规政策。2006 年春，日本央行正式宣布取消量化宽松政策。

表 10 - 4　21 世纪初日本的量化宽松政策

公告时间	内容
2001 年 3 月	日本央行宣布每月将会购买商业银行持有的长期国债，规模为 4 000 亿日元
2001 年 8 月	增加央行每月购买长期国债的规模（由 4 000 亿日元上升到 6 000 亿日元），同时将商业银行在中央银行的经常账户余额目标提升至 6 万亿日元（此前为 5 万亿日元）
2001 年 12 月	每月购买长期国债的规模由 6 000 亿日元上升到 8 000 亿日元，将商业银行在中央银行的经常账户余额目标提升至 10 万亿~15 万亿日元
2002 年 2 月	每月购买长期国债的规模由 8 000 亿日元上升到 1 万亿日元
2002 年 10 月	宣布除了购买国债之外，在 2004 年 9 月之前还将持续购买金融机构股票及商业票据，规模为 3 万亿日元
2003 年 4 月	提升商业银行在中央银行的经常账户余额
2003 年 7 月	提升商业银行在中央银行的经常账户余额
2003 年 10 月	提升商业银行在中央银行的经常账户余额
2004 年 1 月	提升商业银行在中央银行的经常账户余额
2006 年 3 月	宣布取消量化宽松政策

相较于宽松的货币政策而言，此时日本政府主要以采取紧缩性财政政策为主。受到 20 世纪 90 年代持续性的扩张性财政政策的影响，当时的日本政府财政赤字问题愈发严重，时任首相的小泉纯一郎一上台便开始推行紧缩性财政政策（见表 10 - 5），其主要政策内容包括在 2010 年之前实现财政收支平衡、大幅削减公共事业的投资支出规模、减少国债的发行量。

表 10 - 5　21 世纪初日本紧缩性财政政策

公告时间	内容
2001 年 6 月	出台《今后的经济财政运作以及经济社会的结构改革的基本方针》，宣布大幅削减公共事业的支出规模
2002 年 2 月	出台《经济财政运营与结构改革的基本方针（2002）》，削减对地方的补贴，扩大地方部分征税权
2003 年 1 月	提出财政目标，力保在 2010 年实现财政平衡

七、2008—2012 年量化宽松政策与紧缩性财政政策阶段：以稳增长为主要目标

在 2008 年雷曼兄弟倒闭引发的金融危机期间，日本经济原本复苏的趋势突然逆转，在 2009 年 GDP 增长率为 −6.3%，是"二战"后最大的年度负增长，日本再一次陷入了金融动荡。为了应对国际金融危机对日本经济造成的影响，日本央行再次推出了宽松的货币政策（见表 10−6）。与此前的量化宽松政策相比，此次的不同之处在于：第一，日本央行在 2008 年 10、12 月和 2010 年 10 月三次下调无担保隔夜拆借利率，将该利率下调至 0～0.1%；第二，日本央行购买的资产类型还包括商业票据和公司债券等风险资产。可以看出，此时的日本央行货币政策工具的类型比过去更加丰富和广泛。

表 10−6　金融危机期间日本的货币政策

公告时间	内容
2008 年 10 月	将无担保隔夜拆借利率下调至 0.3%
2008 年 12 月	进一步下调无担保隔夜拆借利率至 0.1%，宣布国债购买规模从每年 14.4 万亿日元增加到 16.8 万亿日元，并推出商业票据和公司债券等风险资产的购买计划
2009 年 3 月	扩大国债购买规模，由 16.8 万亿日元上升至 21.6 万亿日元
2009 年 12 月	日本央行宣布将以 0.1% 的固定利率为金融机构提供 3 个月期限资金，总规模 10 万亿日元
2010 年 3 月	扩大资金供应规模，由 10 万亿日元上升至 20 万亿日元
2010 年 10 月	下调无担保隔夜拆借利率到 0～0.1%，并推出资产购买计划，规模约为 35 万亿日元，同时扩大风险资产购买范围
2012 年 2 月	日本央行引入"中长期物价稳定"的目标，将 CPI 同比增长的目标设定为 1%
2012 年 10 月	推出贷款支持计划（Loan Support Program，LSP）

八、2013—2020 年激进宽松的货币政策与灵活的财政政策相协调配合：以通货膨胀为主要目标

尽管日本央行及政府在金融危机期间推出了各种宽松的货币政策和积极的财政政策，但仍然难以让日本经济脱离泥潭，日本 GDP 平均增长率在 20 世纪 90 年代下降到 1.47%，21 世纪前十年更是下降到 0.56%。在经历 2011 年的大地震后，日本的 GDP 出现负增长，为 −0.45%。与此同时，从 1999 年开始，日本 CPI 同比增长率几乎一直维持负增长，通

货紧缩对实体经济造成巨大的伤害。许多学者将这一问题的出现归因于日本央行政策的失败，包括 Krugman（1998）和 Bernanke 等（2004）在内的许多观察家都认为，日本央行及政府的努力太少也太晚了，他们呼吁日本央行及政府采取更积极和主动的措施。

在这种背景下，安倍晋三于 2012 年底再次当选首相，并推出了他的经济政策主张。这一被学术界称为"安倍经济学"的理论主要由"三支箭"组成：激进宽松的货币政策、灵活的财政政策和结构改革（见表 10 - 7）。日本政府试图通过实施大胆的经济政策来重振经济，并希望能使日本经济摆脱长期的通货紧缩。

表 10 - 7　安倍晋三的改革措施

公告时间	货币政策	财政政策
2013 年 1 月	日本央行设定通货膨胀目标为 2%	推出规模为 10.3 万亿日元的财政刺激方案
2013 年 4 月	规定国债余额以每年 50 万亿日元速度增长	
2013 年 5 月		通过创历史新高的年度财政预算方案（92.6 万亿日元）
2014 年 4 月		将消费税由原来的 5% 上调至 8%
2014 年 10 月	扩大国债余额规模至每年 80 万亿日元，同时将更长期限的国债纳入购买范围；扩大对 ETFs 和房地产投资信托基金的购买规模	
2014 年 11 月		将原定于 2015 年 10 月提高消费税至 10% 的计划推迟至 2017 年 4 月
2014 年 12 月		通过规模约 3.5 万亿日元的经济刺激方案，用以支持受日元贬值影响的地区复苏
2016 年 1 月	将商业银行在中央银行准备金账户分为三类，其中政策利率账户利率设为 - 0.1%，这是日本央行首次采用负利率政策	
2016 年 6 月		再次推迟提高消费税计划至 2019 年 10 月
2016 年 9 月	扩大购买 ETFs 的规模至 6 万亿日元	
2018 年 3 月		通过创历史新高的年度财政预算方案（97.7 万亿日元），并对企业和高收入群体分别实施减税和增税

作为回应，日本央行在 2013 年 1 月提出了 2% 的新通货膨胀目标，并在 2013 年 4 月新任日本央行行长黑田东彦的领导下推出了所谓的量化加质化货币宽松政策（Quantitative and qualitative monetary easing with a negative interest rate，简称 QQE）。在第一阶段的 QQE 中，日本央行每年购买 50 万亿日元的日本政府债券和 1 万亿日元的交易型开放式指数基金（ETF）。在大规模但暂时的通货膨胀率上升后，通货紧缩压力在 2014 年末再次出现，这导致日本央行又推出了第二轮的 QQE，将购买债券以及 ETF 的规模分别增加到每年 80 万亿日元和 3 万亿日元。尽管资产购买规模巨大，但受到油价下跌以及中国经济增长放缓导致的外部需求疲软的影响，2015 年日本消费者价格指数变化基本持平。因此，日本央行在 2016 年通过几项重大公告，借此提供了新的刺激政策。2016 年 1 月，日本央行宣布对金融机构在央行持有的部分准备金存款实行 −0.1% 的负利率，并在同年的 9 月启动"收益率曲线控制"框架，旨在控制短期和长期利率。具体而言，该政策将央行准备金的短期利率保持在 −0.1%，并继续购买日本政府债券，以将 10 年期收益率保持在当前的 0% 左右。此外，日本央行引入了一项"通货膨胀过度承诺"，即继续扩大基础货币规模，直到通货膨胀率持续超过 2% 的目标。

相比此前日本央行所采取的量化宽松政策，此次的 QQE 具有以下三个特点：一是对通货膨胀的目标给出明确的承诺；二是首次将货币政策的操作目标确定为基础货币，在这之前日本的货币政策目标通常为无担保隔夜拆借利率或者商业银行在中央银行的经常账户余额；三是进一步扩大资产购买的类型，将 ETF 和房地产投资信托基金两类风险资产也加入购买计划。

在财政政策方面，安倍晋三所推动的灵活的财政政策可以解释为强化的反周期政策，即在需要时刺激，但尽可能收紧。该政策主要内容如下：一是实施财政整顿，控制预算赤字水平，着力减少国债发行，上调消费税以充实财政收入。例如在 2014 年 4 月将消费税税率从 5% 提高到了 8%，力求在 2010 财年和 2015 财年之间将基本余额与国内生产总值（GDP）的比率减半，到 2020 财年实现基本盈余，并在 2020 财年后稳步降低债务余额占 GDP 的百分比。二是调整财政支出结构，扩大以公共事业投资为核心（国土强韧化计划）的财政支出规模以刺激经济增长。例如，在 2016 年推出日本历史上规模第三大的经济刺激计划，投入资金达 28 万亿日元，在 2013 年和 2018 年分别推出总规模为 92.6 万亿日元和 97.7 万亿日元的财政预算方案。

应该值得肯定的是，"安倍经济学"中的第一支箭"激进宽松的货币政策"尽管没有实现 2% 的通货膨胀目标，但是仍然成功将日本经济从数十年的通货紧缩中解救出来，日本的实体经济和金融市场开始出现复苏迹象。第二支箭"灵活的财政政策"同样如预期一样给日本经济增长带来了强烈的动力以及成功让失业率开始下降。安倍晋三的前两支箭极大促进了社会的总需求，给日本经济带来一丝喘息的机会。然而，日本经济中存在的问题单纯靠调控社会总需求远远无法解决，日本社会中存在更多结构性的问题，例如政府债务负担沉重、人口老龄化导致的劳动力短缺等，因此学术界普遍认为"安倍经济学"难以维持，这些问题均需要日本政府进行更深化的改革。

第二节 宏观调控手段与宏观经济运行

本节的主要目的是对日本从 1996 年第一季度到 2020 第四季度的宏观经济走势进行分析。选择的变量包括日本国内的通货膨胀、经济周期、金融风险周期、90 天同业拆借利率、财政赤字五个指标。本节将对数据来源及变量进行说明。

一、数据来源及说明

本报告选取的变量包括通货膨胀、经济周期、金融风险周期、90 天同业拆借利率、财政赤字，样本时间跨度为 1996 年第一季度至 2020 年第四季度，数据均来自 Wind 和 CEIC 全球经济数据库。具体各变量的代理指标选取如下：

（1）对于通货膨胀，本节使用 GDP 平减指数的同比增长来表示。

（2）本报告将 GDP 增速缺口作为日本经济周期的代理指标。GDP 增速缺口是指实际经济增速与经济增长目标之间的缺口，可以利用 HP 滤波计算该值。如果经济增速缺口大于零，则表示经济处于扩张时期；如果经济增速缺口小于零，则表示经济处于收缩时期。

（3）本文借鉴 Park 和 Mercado（2014）论文中的方法，使用金融压力指数来代表日本的金融风险周期。金融压力指数是一个综合指数，可以用于衡量四个金融市场（银行、外汇、股票、债券）的金融压力程度，具体处理方式跟前文一致。

（4）本报告把日本的 90 天同业拆借利率作为日本央行货币政策的代理变量。

（5）对于财政赤字的计算方法，本小节借鉴陈创练和林玉婷（2019）的设定，在此不再赘述。我们把这一变量作为日本财政政策的代理变量。

二、日本宏观经济运行走势分析

图 10-1 和图 10-2 分别给出了日本利率、财政赤字、经济周期、通货膨胀和金融风险周期从 1996 年第一季度到 2020 年第四季度的走势。根据图 10-1 左，从总体上看，日本二十多年来的名义利率保持一个降低的态势，在 1998 年的第一季度该利率上升到样本区间内的最高点，在此之后便一直下降，尤其是日本央行在 2001 年 3 月开始实施量化宽

松政策以后。随着日本央行在 2006 年宣布取消量化宽松政策，该利率开始上升。后来在全球金融危机的影响之下，日本央行出台了一系列宽松的货币政策，这些举措使得日本国内的名义利率再次下降，在近些年来，该利率甚至突破了零下限。观察图 10 – 1 右，可以看到日本政府的财政赤字波动较大，但是大部分时间财政赤字均大于 0，尤其是在新冠肺炎疫情期间，该值曾最高达到 21.33%。值得注意的是，安倍晋三上台对日本财政进行整顿以后，日本政府的财政赤字在 2013—2019 年大部分时间内均小于 0。

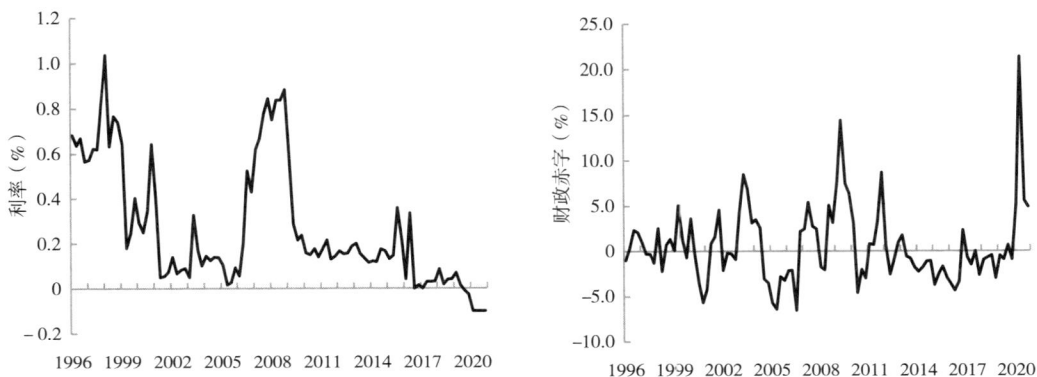

图 10 – 1　利率、财政赤字走势

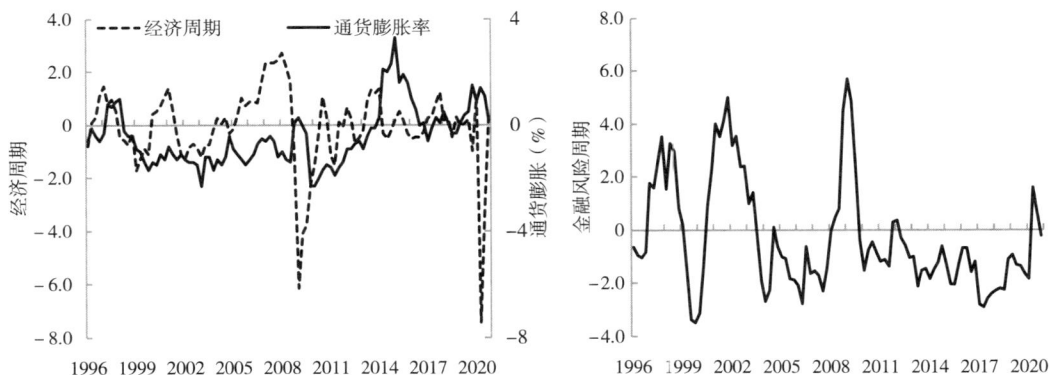

图 10 – 2　经济周期、通货膨胀、金融风险周期走势

　　观察图 10 – 2 左，可以看到日本二十多年来大部分时间内处于通货紧缩状态，而近些年来日本的经济周期波动较大。从 2005 年第三季度到 2008 年第二季度，日本的经济周期均大于 0，但是受到全球金融危机的影响，日本的经济周期开始由正转负，最低曾达到

－6.15%。此后随着金融危机对经济的影响逐渐减弱，日本的经济周期开始上行，但大部分时间里均在 0 值附近徘徊。2020 年，受到新冠肺炎疫情的冲击，日本实施封锁政策，这导致日本的经济周期发生了一个大幅度的下滑。

最后再看图 10－2 右，可以发现日本的金融风险周期一共有三处阶段性高峰，分别在 1997—1998 年（亚洲金融危机）、2001—2003 年（日本首次推出量化宽松政策）和 2008—2009 年（全球金融危机）。在金融危机结束后，日本的金融风险周期曾在大部分时间内保持负数。不过同样地，受到新冠肺炎疫情冲击的影响，日本金融风险周期在 2020 年有一个较大幅度的上行。

第三节　财政政策和货币政策取向

一、货币政策取向逻辑

基于本报告第五章的设定，可以计算出日本货币政策的时变参数泰勒规则。图 10－3 和图 10－4 分别给出了 1996—2020 年日本货币政策的时变利率平滑参数 $\hat{\rho}_t$、时变盯住经济周期目标参数 $\hat{\beta}_{1,t}$、时变盯住通货膨胀目标参数 $\hat{\beta}_{2,t}$、时变盯住金融风险周期目标参数 $\hat{\beta}_{3,t}$ 和时变长期均衡利率参数 $\hat{i}_{0,t}$ 走势。

（一）盯住经济周期的时变参数

从图 10－3 左可以看到，日本的货币政策盯住经济周期的系数在大部分时间内均为正数，仅在 2010 年第二季度到 2014 年第四季度期间为负数，说明日本央行在大部分时间采用盯住经济周期做逆周期调控的方式实现经济增长目标，即在经济周期为正时使用紧缩性货币政策，而在经济周期为负时使用扩张性货币政策，这一实证结果与理论相符。

仔细观察还可以看出，日本货币政策盯住经济周期的系数在 2003 年以后一直呈上升趋势，并在 2007 年第一季度达到最高值 0.226 71，并在金融危机发生初期一直处于高位。随着金融危机的影响逐渐减小，日本货币政策盯住经济周期的系数开始下降，这说明此时日本央行货币政策的关注重心由经济增长转向其他目标。另外在 2013 年日本的货币政策盯住经济周期系数负数达到最大，这一现象可能与日本当时的货币政策目标转向有关。当时的日本央行推出 2% 的新通货膨胀目标，企图通过极度宽松的货币政策来刺激通货膨胀，通过让日元大幅贬值来带动日本经济增长。2013 年安倍晋三的"三支箭"让日本的 GDP 连续六个季度保持增长，而此时的日本货币政策依旧保持极度宽松的状态，因此在这一时期日本央行主要采用顺周期调控的方式来刺激日本经济增长。

（二）盯住通货膨胀目标的时变参数

图 10-3 右给出了日本货币政策盯住通货膨胀目标的时变参数走势图。我们可以看到在 2000—2003 年日本货币政策盯住通货膨胀目标的系数绝对值有逐渐增强的趋势，这一政策取向也导致了日本经济在这期间面临着严重的通货紧缩，日本的 GDP 平减指数同比增速在 2000—2003 年均为负数。而到了 2004 年以后，日本央行为了摆脱通货紧缩的泥潭，逆周期盯住通货膨胀目标的强度开始逐渐上升，然而日本的通货紧缩状况仍然没有得到很好的改善。

安倍晋三上台以后，为了刺激经济增长和通货膨胀，日本央行推出了更为激进的货币宽松政策，并提出了明确的通货膨胀目标承诺，我们可以看到在日本货币政策盯住通货膨胀目标的系数在 2012—2013 年曾短暂上升，然而由于此时日本央行货币政策的操作目标为基础货币，名义利率的操作空间此时已逼近零下限，因此日本货币政策盯住通货膨胀目标的强度随后又开始下降。随着日本在 2016 年宽松货币政策力度进一步加强（开始实行负利率政策），日本货币政策顺周期盯住通货膨胀目标的强度开始上升。

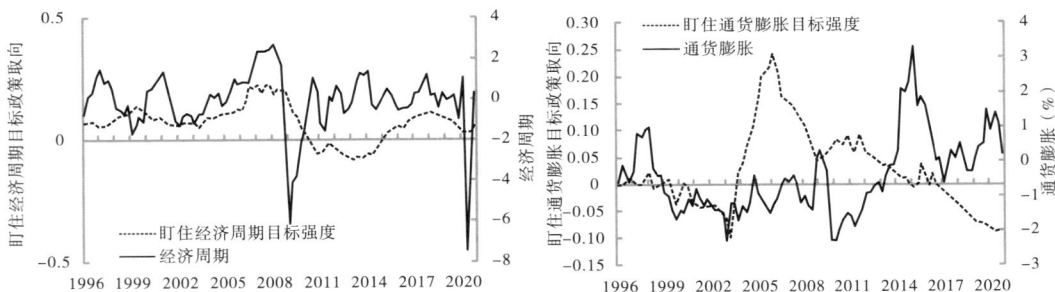

图 10-3　日本货币政策盯住经济周期和通货膨胀目标的时变参数

（三）盯住金融风险周期的时变参数

图 10-4 左给出了日本货币政策盯住金融风险周期强度的时变参数走势图和金融风险周期走势图。观察日本金融风险周期的变化可以发现，日本的金融风险周期的两段峰值分别位于 1997 年亚洲金融危机和 2008 年全球金融危机期间（还有一段位于 2001 年日本实施量化宽松政策期间）。在这两段时期，受到全球金融风险的冲击，日本国内的金融风险周期发生了较大幅度的上升。将日本金融风险周期的变化与日本货币政策盯住金融风险周期强度结合来看，我们可以发现在大部分时间日本货币政策盯住金融风险周期强度与日本金融风险周期的变化呈正相关的关系，即在日本金融风险上升期间，日本货币政策盯住金

融风险周期强度也会上升。但是在 2001—2003 年，虽然此时日本金融风险周期达到阶段高点，但是日本央行货币政策盯住金融风险周期强度为负值，并没有迅速转变为逆周期调控。结合图 10－3 的分析可知，在 2001—2003 年，日本经济正处于萧条和通货紧缩之中，此时日本央行的货币政策更加专注于实现经济增长和维持温和通货膨胀，因此在 2001 年 3 月开始实行全球历史上首次量化宽松货币政策，在这一阶段日本央行的货币政策对金融风险周期表现为顺周期调控模式。而在 2008 年的全球金融危机影响下，日本金融体系稳定性遭受严重的冲击。为了防止重要性银行破产，在这一时期日本央行的货币政策对金融风险周期表现为逆周期调控模式，尽可能地降低金融风险周期。随着 2013 年安倍晋三的上台，他呼吁采取更加激进宽松的货币政策来刺激日本经济的增长，因此在这一时期日本货币政策盯住金融风险周期强度又由正转为负。这一政策取向一直持续到 2015 年才开始发生逆转，并一直维持到近几年。

（四）时变利率平滑参数

图 10－4 右给出了日本央行货币政策的时变利率平滑参数和时变长期均衡利率参数走势图，在这里我们首先对日本央行货币政策的时变利率平滑参数进行分析。如前文所述，利率平滑参数反映的是货币政策根据上一期利率的微调程度，利率平滑参数越大，说明货币政策的连贯性越好，货币政策部门更注重对利率的微调而不是一次性的大幅调整。事实上，日本央行货币政策的操作目标并非只有利率一种。在 2001 年前，日本的货币政策操作目标是无担保隔夜拆借利率，在 2001 年推出量化宽松政策以后，这一操作目标从无担保隔夜拆借利率转变为商业银行在中央银行的经常账户余额，在 2008 年发生金融危机以后，货币政策操作目标再次转变为无担保隔夜拆借利率。2013 年，日本中央银行推出质化量化宽松货币政策后，其货币政策操作目标又确定为基础货币。因此根据图 10－4 右可以发现日本货币政策的时变利率平滑参数在 2001 年和 2013 年之后都有一个很明显的下滑趋势，这主要的原因是日本央行货币政策操作目标的变化。

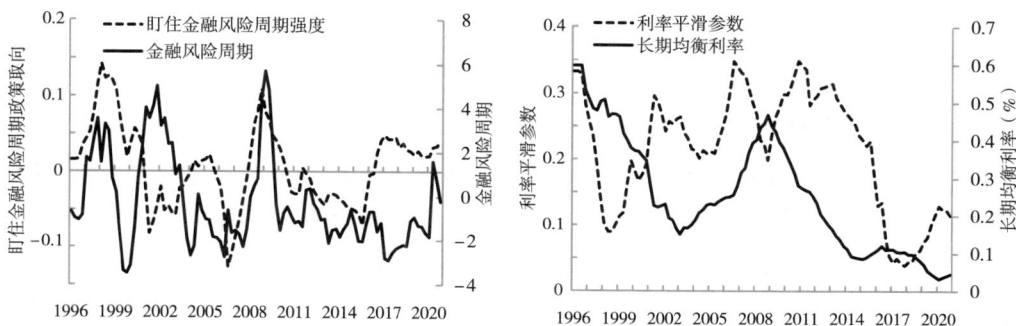

图 10－4 货币政策盯住金融风险周期时变参数、利率平滑参数和长期均衡利率参数

（五）时变长期均衡利率参数

接下来，我们分析日本央行货币政策的时变长期均衡利率参数走势，可以很明显发现，日本的长期均衡利率基本呈现一个下降的趋势，这也与日本的现实状况相符合。在2006年日本取消量化宽松政策以后，该数值经历了短暂的上升，但是到了2010年10月，随着日本央行将无担保隔夜拆借利率下调至0.1%，该数值再次下降，目前该值已经接近于0，这反映出日本央行价格型货币政策的操作空间正在被逐渐压缩。

二、财政政策取向逻辑

在第六章模型设定的基础上，本节估算得到日本的财政政策反应函数。由此，我们可以进一步解读1996—2020年日本财政政策取向调控的逻辑和演变规律。

（一）盯住经济周期目标的时变参数

图10-5左给出了日本政府财政政策盯住经济周期的时变参数走势图和日本经济周期的走势图。根据该图的信息，我们可以发现日本政府的财政政策盯住经济周期目标取向与中国政府的有很大不同，日本在1996年第二季度到1999年第二季度采取了逆周期的方式调控经济周期。究其原因，日本政府在20世纪90年代初期为应对经济泡沫破灭，采取了一系列的扩张性财政政策，这些举措导致后来日本政府赤字问题愈发严重。到了1996年日本经济开始有所起色之后，为了解决日本政府日益高企的财政赤字，财政政策开始由扩张性转向紧缩性（在亚洲金融危机期间曾再次转向扩张性财政政策）。在2001年日本央行实施量化宽松政策时，时任首相的小泉纯一郎一上台便开始推动紧缩性财政政策，包括大幅削减公共事业的投资支出规模和减少国债的发行量等。因此从图中我们可以看到，虽然日本在1996—2005年经济发展缓慢，但是由于受到财政赤字的掣肘，此时财政政策的作用无法发挥，更多的是依靠货币政策调控经济周期。到了2004年第三季度，日本财政政策盯住经济周期的系数由负转为正，并逐渐增强，这表明日本政府在这时候开始采用顺周期的调控方式来调控经济周期，受到这一政策取向的影响，日本经济周期开始上行。在全球金融危机爆发初期，日本经济周期迅速由正转负，经济周期开始下行，受益于此前的财政整顿，日本财政政策的操作空间有所提升，日本政府重新启用扩张性财政政策，因此在这段时期日本主要以逆周期的形式调控经济周期，这一政策取向一直维持到安倍晋三执政期间。在安倍晋三执政期间，他主导了以逆周期为特点的灵活的财政政策，因此我们可以看到在这段时间里，日本财政政策盯住经济周期的参数为负值。安倍晋三所谓的灵活的财政政策并非单纯强调增加政府财政支出的规模，同时也重点对税收进行了改革，税收改革的范围包含了个人所得税、财产税、法人税、消费税、国际税和关税，例如日本政府在2014年4月将消费税税率从5%提高到了8%。在新冠肺炎疫情的冲击之下，日本政府逆

周期盯住经济周期的强度进一步上升，在 2020 年第二季度和第三季度该参数值分别为 -7.740 1 和 -7.171 7。

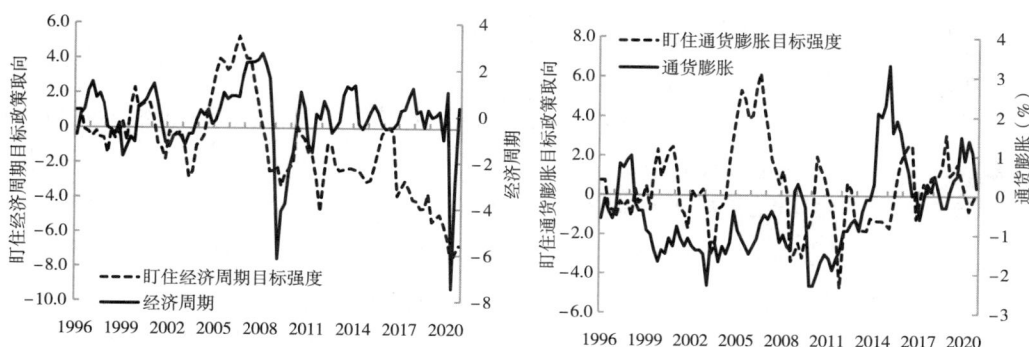

图 10 - 5　财政政策盯住经济周期和通货膨胀目标的时变参数

（二）盯住通货膨胀目标的时变参数

图 10 - 5 右给出了日本财政政策盯住通货膨胀目标强度和通货膨胀的走势图。我们可以发现，日本政府在大部分时间下采用顺周期方式来调控通货膨胀目标。在 1996 年第一季度到 1999 年第四季度，日本财政政策盯住通货膨胀目标的系数在大部分时间均为负数，即在这期间日本政府采用逆周期的政策取向调控通货膨胀目标。观察日本在这段时间内通货膨胀的走势，我们发现日本政府的这一政策取向导致了日本经济在 1999—2001 年陷入了严重的通货紧缩状态，日本政府在 2001 年的紧缩性财政政策进一步加重了这种状态。2002—2004 年日本财政政策取向则主要以逆周期为主，受这一政策取向的影响，日本通货膨胀水平开始回升，尽管仍未完全摆脱通货紧缩状态，但是此时日本 GDP 平减指数同比增速与 2003 年第一季度（该季度日本 GDP 平减指数同比增速为 -2.3%）情况相比已经有较大的改善。不过到了 2004 年第三季度和 2008 年第二季度，日本财政政策盯住通货膨胀目标强度的系数经历了一个快速上升和下降的阶段，这一政策取向使得日本的 GDP 平减指数同比增速在 2005 年再次有一个快速的回落（由 2004 年第二季度的 0.4% 下降至 2005 年第四季度的 -1.5%）。到了 2009 年，日本再次发生严重的通货紧缩，此时日本财政政策取向也由原来的顺周期转向逆周期，然而，这一改变并没有让日本通货紧缩状况产生太大的改变。安倍晋三上台以后，在宽松的货币政策和灵活的财政政策配合之下，日本的通货紧缩状况开始有了较为明显的改善（尤其是在 2014 年后 3 个季度）。受到新冠肺炎疫情的冲击，尽管日本政府在 2020 年采用了逆周期的政策取向来调控通货膨胀目标，然而效果并不理想，日本的经济在 2020 年第四季度再次陷入通货紧缩。

（三）盯住金融风险周期的时变参数

由图 10-6 左可知，日本的财政政策盯住金融风险周期强度的系数在大多时间下都为负数，这表明日本政府较为偏好使用逆周期调控方式来治理金融风险（即在金融风险周期上行时实施紧缩性财政政策）。在样本区间内，日本的金融风险周期一共有三处阶段性高峰，分别为 1997—1998 年（亚洲金融危机）、2001—2003 年（日本首次推出量化宽松政策）和 2008—2009 年（全球金融危机）。结合上述的分析可知，由于 20 世纪 90 年代日本泡沫经济破灭，日本政府采取了一系列的扩张性财政政策来应对，到了 90 年代后期日本政府的财政赤字已经较为严重，故在 1996 年以后日本开始进行财政整顿，财政政策开始由扩张性转向紧缩性。随着日本政府财政状况开始改善以及亚洲金融危机影响逐渐消散，日本的金融风险周期开始下行。到了 2001 年，由于日本经济再次陷入衰退，日本央行在 2001 年 3 月开始推出全球历史上首次量化宽松货币政策。在这一极度宽松的货币政策影响下，日本的金融风险周期开始上行，此时日本财政政策逆周期盯住金融风险周期的强度也随即上升，这一政策取向也使得日本金融风险周期在 2004 年逐渐下行并转为负值。这些结果体现了日本政府在调控金融风险周期方面较为灵活的特点。到了 2008 年，由于受到全球金融危机的影响，全球主要发达经济体都面临严重的衰退，此时各国政府宏观调控的重心都放在如何恢复经济上，日本也不例外。因此可以看到，虽然在 2008—2009 年日本的金融风险周期有一个明显的上行，但是日本财政政策盯住金融风险周期的系数却为正。而在 2012 年底安倍晋三上台以后，日本央行提出 2% 的通货膨胀目标，希望通过通货膨胀让日元实现贬值，推动出口，从而拉动经济增长，在这期间日本政府推出了以公共事业投资为核心的财政扩张方案。这一系列举措让日本的金融风险周期产生了波动，财政政策盯住金融风险周期的系数也由负转为正，表明日本政府在提高国内通货膨胀水平的同时，不得不以牺牲国内金融稳定性作为代价。

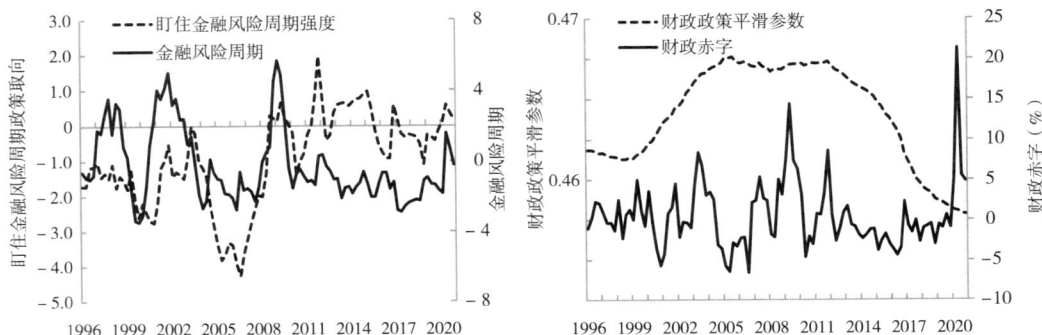

图 10-6　财政政策盯住金融风险周期时变参数和财政政策平滑参数

（四）时变财政政策平滑参数

图 10 - 6 右给出了日本财政政策平滑参数和财政赤字的历史走势，从中我们可以看出日本财政政策平滑参数在样本期间内均小于 0.5，这意味着日本政府财政政策的关注重点更多是放在调控经济周期、通货膨胀、金融风险周期上，而非单纯保持财政收支平衡，这体现日本财政政策具有较明显的主动性和灵活性。观察这一参数的走势我们还可以发现，该值近些年来有逐渐下降的趋势，尤其是在 2020 年受到新冠肺炎疫情的冲击，该参数在 2020 年的平均值只有 0.458 4（全样本区间的平均值为 0.463 3），这意味着日本政府在 2020 年为了维持经济稳定发展不得不扩大财政赤字。

第四节　财政政策和货币政策传导效率

本节基于第五章第三节的做法，测算出日本央行货币政策的传导效率，在此不再赘述。日本的货币政策传导效率的均值和走势分别如表 10 - 8 和图 10 - 7 所示。

一、货币政策传导效率分析

根据表 10 - 8，我们可以发现日本的情况与中国的类似，在剔除自身影响后，金融风险周期的总传导效率为最高。在日本，金融风险周期的总传导效率值为 41.29%，而另外三个变量根据传导效率由大到小排名分别为经济周期（30.31%）、通货膨胀（15.34%）和利率（12.20%）。首先，金融风险周期的总传导效率最高，同时其对日本经济周期的传导效率高达 22.06%，远高于对利率和通货膨胀的传导效率，这意味着这一变量对于日本经济增长的影响同样存在着至关重要的作用。随着全球金融市场联系的日益紧密，金融风险周期已经成为影响日本国内经济发展的重要因素。其次，我们可以发现经济周期与通货膨胀之间也会互相影响，这一现象符合菲利普斯曲线理论，表明了在日本国内经济周期与通货膨胀之间存在高度的内生性。最后，结合日本的实际状况分析可知，受到零利率下限的约束，日本货币政策的操作空间正在被逐渐压缩，货币政策的操作目标也由价格型变量（无担保隔夜拆借利率）转换为数量型变量（基础货币），因此在这四个变量当中，利率的总传导效率是最低的。

表 10 - 8 基于时变参数泰勒规则的货币政策平均传导效率矩阵

单位:%

	利率	经济周期	通货膨胀	金融风险周期	总吸收效率[*]
利率	62.28	16.81	6.90	14.00	37.72
经济周期	2.16	71.29	4.49	22.06	28.71
通货膨胀	3.25	5.17	86.36	5.22	13.64
金融风险周期	6.79	8.33	3.95	80.93	19.07
总传导效率[*]	12.20	30.31	15.34	41.29	99.14

注:[*]总传导效率指除自身影响外,行变量对列变量的传导效率指数之和;总吸收效率指除自身影响外,列变量接受来自行变量的传导效率指数之和。

从日本货币政策传导效率的历史走势来看(如图 10 - 7 所示),在 2002 年以前,日本货币政策对于金融风险周期的传导效率远远高于对经济周期和通货膨胀的传导效率。到了 2002 年以后,货币政策对于通货膨胀的传导效率开始有所提升,但是 2007 年以后,该传导效率处于下降的趋势,并在近年来一直在低位徘徊,即使是在安倍晋三上台提出 2% 的通货膨胀目标时期,货币政策对于通货膨胀的传导效率也未见提升。究其原因,日本在这一时期已将货币政策的操作目标由利率转变为基础货币,日本极度宽松的利率此时已经没有继续下降的空间,因此货币政策通过利率渠道影响通货膨胀的效率较低。值得注意的是,自从 2007 年以来,日本货币政策对于经济周期的传导效率开始呈现上升的态势,同时我们还观察到在 2020 年新冠肺炎疫情期间,货币政策对于经济周期的传导效率有一个急剧的上升。结合前文关于日本货币政策盯住经济周期强度的分析可知,这与日本央行在此期间对于经济周期的调控力度加大有关。

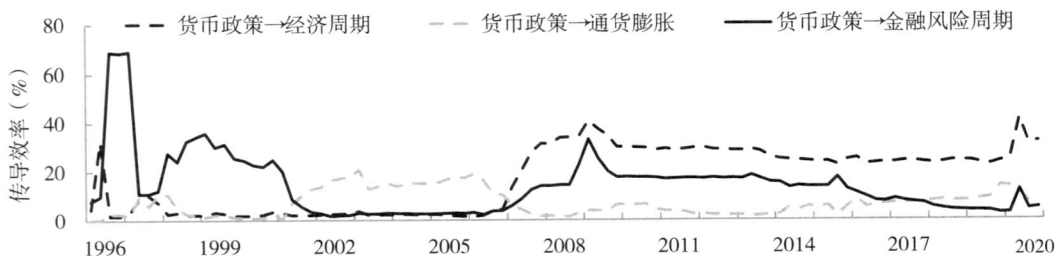

图 10 - 7　货币政策对三大政策目标影响的传导效率

二、财政政策传导效率分析

表 10 - 9 给出了日本财政政策在样本期间内的传导效率。与上述关于货币政策传导效

率分析的结果类似，我们可以看到经济周期、通货膨胀、金融风险周期和财政政策之间存在明显的内生性，而财政政策在四个指标中的总传导效率排名第三（19.76%）。在经济周期、通货膨胀、金融风险周期三个指标当中，财政政策对于经济周期的传导效率较高（10.56%），其次为金融风险周期（5.83%），最后是通货膨胀（3.37%）。结合图 10－8 一起分析，我们可以发现在 2008 年之前，财政政策对经济周期的传导效率有逐渐减弱的态势，而到了 2008—2009 年，财政政策对于金融风险周期的传导效率迅速上升，并超过了财政政策对经济周期的传导效率，虽然在这一时期财政政策对经济周期的传导效率也有所上升，但是持续时间并不长。到了 2020 年，日本财政政策对于经济周期的传导效率超过了对于金融风险周期的传导效率，这表明在新冠肺炎疫情期间日本政府所实施的财政政策得到了很好的发挥。

表 10－9 财政政策传导效率矩阵

单位：%

	财政赤字	经济周期	通货膨胀	金融风险周期	总吸收效率
财政赤字	80.76	10.10	0.90	8.25	19.24
经济周期	10.56	64.24	4.55	20.65	35.76
通货膨胀	3.37	5.90	84.94	5.78	15.06
金融风险周期	5.83	9.15	3.95	81.07	18.93
总传导效率*	19.76	25.15	9.40	34.67	88.98

注：*总传导效率指除自身影响外，行变量对列变量的传导效率指数之和；总吸收效率指除自身影响外，列变量接受来自行变量的传导效率指数之和。

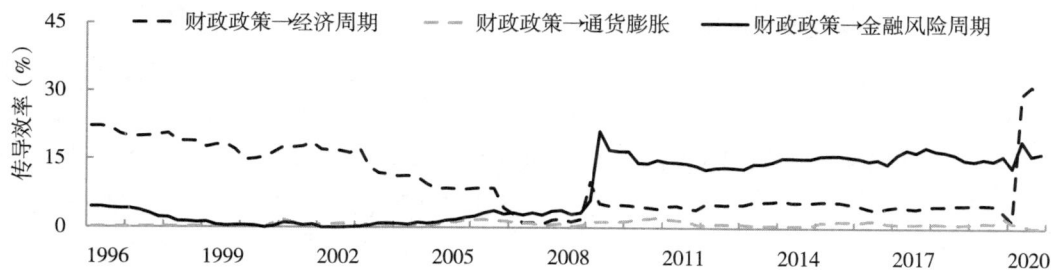

图 10－8 财政政策对三大政策目标影响的传导效率

第五节　宏观调控政策效果：反事实分析

在理论模型设定的基础上，本节同样采用脉冲响应函数估计利率以及财政赤字两类冲击对经济周期、通货膨胀和金融风险周期的时变影响效应，以此考察1996—2020年日本货币政策以及财政政策对三大目标的政策效果。同样，为了评估调控宏观经济政策目标的最佳宏观调控搭配抉择，本节同样对日本进行了反事实分析。

一、货币政策效果测度

我们估计得出提前2期（短期）、提前4期（中期）和提前8期（长期）下经济周期、通货膨胀和金融风险周期对利率一个单位标准差外生冲击的时变脉冲响应函数（见图10－9），具体结果分析如下。

（一）盯住经济周期的政策效果

图10－9左显示日本紧缩性货币政策（利率上升）对产出在短期、中期和长期的总体政策效果较强，在利率一个正的单位标准差冲击之下，日本的经济周期会出现下行。同时，从该图我们可以看到，日本货币政策对于经济周期的调控效果在全球金融危机发生前后呈现两种不同的态势。在全球金融危机发生之前，日本货币政策对于经济周期的调控效果逐渐增强，但是在金融危机发生以后该效果便逐渐弱化。不过我们可以注意到在新冠肺炎疫情期间该调控效果有所增强，这与前文关于日本货币政策传导效率的分析结果相一致。最后，从不同期限分析日本货币政策的调控结果，可以发现日本的货币政策在短期和长期下的传导效果较为稳定，而在中期波动较大。

（二）盯住通货膨胀的政策效果

图10－9中给出了日本货币政策调控通货膨胀的政策效果走势。首先，我们可以发现，日本货币政策在长期下调控通货膨胀的效果较好，短期下调控通货膨胀的效果较差。在2012年以前，日本货币政策在短期内控制通货膨胀的效果与理论基本相反。其次，货币政策调控通货膨胀的效果在中短期的表现较为相似，在金融危机发生期间均发生了较为明显的波动。再次，在2012年底安倍晋三上台并提出明确的通货膨胀目标承诺以后，日本货币政策在短期、中期和长期内调控通货膨胀的效果开始增强，只不过这一状态仅仅维持到2013年，政策调控效果便开始减弱。最后，到了2016年，日本首次提出负利率的货币政策以后，我们可以发现这一举措成功地加强了货币政策在短期和中期内调控通货膨胀的效果。

（三）盯住金融风险周期的政策效果

图10－9右向我们展示了日本货币政策调控金融风险周期的政策效果走势。根据结果

显示，总体上，紧缩性货币政策在中短期内会增加日本国内的金融风险压力，紧缩性货币政策对于金融风险周期的影响在金融危机期间达到了最高点。这背后的原因可能是日本政府自20世纪90年代以来便持续通过减税和增加财政支出来刺激总需求和维护金融稳定。这一系列扩张性财政政策使得日本政府的债务攀升至前所未有的水平，加剧了日本国内的金融风险。在这样的背景之下，日本国内需要宽松的货币政策作为支撑，否则日本政府的债务可能将难以维持下去。

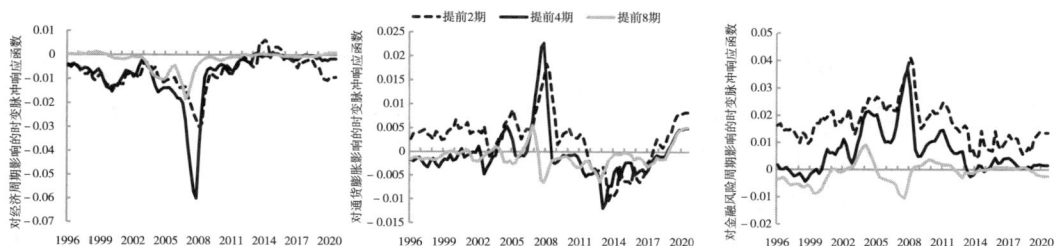

图 10 - 9　货币政策对三大目标影响的时变脉冲响应函数

二、财政政策效果测度

（一）盯住经济周期的政策效果

图 10 - 10 左表示的是日本财政政策调控经济周期的政策效果走势。从总体上看，积极的财政政策（财政赤字增加）对经济周期的影响经历了几个阶段的变化。第一个阶段是1996—2005 年，在这一阶段日本积极的财政政策调控经济周期的效果在逐渐走弱。在短期内，积极财政政策在 1999 年以后对经济增长产生负面影响，这表明日本 20 世纪 90 年代以来持续的扩张性财政政策使得这一政策对经济周期的调控效果受到削弱。第二个阶段是2005—2008 年，在这一阶段财政政策在中短期调控经济周期的效果发生了一个较大的波动，在 2007 年以前该调控效果逐渐上升，但是到了 2007 年以后趋势开始发生逆转，直到2008 年财政政策调控经济周期的效果在所有期限内均变为负值。第三个阶段是 2008—2020 年，在这一阶段财政政策在长期下调控经济周期的效果开始趋于零，代表日本扩张性财政政策将无法在长期内促进日本国内经济的增长。在中短期内，财政政策在 2016 年有一个较大的提升。近些年来，日本的财政政策对于经济周期的冲击由正转为负。

（二）盯住通货膨胀的政策效果

图 10 - 10 中展示了日本财政政策盯住通货膨胀的政策效果走势。与对经济周期的影响类似，日本财政政策在中短期内对于通货膨胀的影响较大，而在长期内则比较小，并且在 2015 年以前该影响一直在零值附近徘徊。日本财政政策对于通货膨胀的影响在中短期

内的变化较大，且在大部分时间内对通货膨胀的影响为负值，如在 2002 年以前、2003—2005 年和 2011—2020 年的大部分时间，扩张性财政政策对于通货膨胀的影响均为负值，其余时间下该影响则为正值，这反映出日本财政政策对于通货膨胀目标的调控效果较差。

（三）盯住金融风险周期的政策效果

图 10 – 10 右向我们展示了日本财政政策控制金融风险周期的效果。与中国的情况稍微有些不同，在 2004 年以前，日本的扩张性财政政策在中短期内可以使国内金融风险周期下行，但是在 2001—2003 年该效果逐渐减弱，在 2003 年以后日本财政政策在中长期内对于金融风险周期的影响便逐渐减小，其中，在长期内的作用近乎为 0。而在短期内，自 2003 年以后日本扩张性财政政策的作用发生了较大幅度的波动。由此我们可以总结得出，近些年来日本财政政策对于金融风险周期的调控效果较不稳定，这与表 10 – 9 关于日本财政政策传导效率分析的结论较为一致。

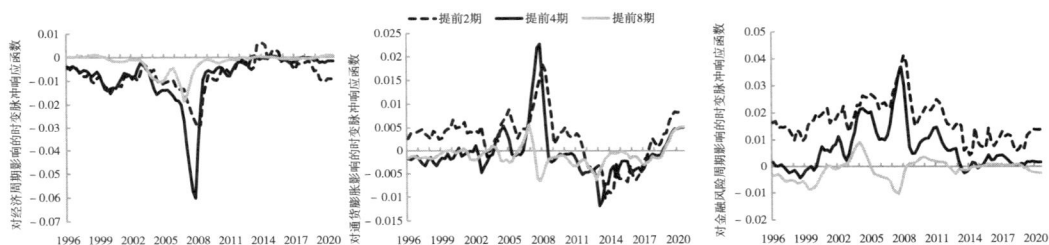

图 10 – 10　财政政策对三大目标影响的时变脉冲响应函数

三、反事实分析

（一）盯住经济周期的反事实政策效果

图 10 – 11 给出了货币政策和财政政策组合盯住经济周期的反事实政策模拟结果。从图 10 – 11 的结果分析，我们可以看到货币政策与财政政策组合基准模型和反事实模型在短期内的结果基本相反，即在货币政策与财政政策组合情况下，紧缩性货币政策对于经济周期的影响参数在大部分时间下均为负，而在反事实模型下，紧缩性货币政策对于经济周期的影响参数在样本时间区间基本均为正。但是在中长期下，两个模型的影响方向一致，不同之处在于：长期内，反事实模型中紧缩性货币政策对于经济周期的影响更大，这表明倘若剔除财政政策的影响，紧缩性货币政策对于经济周期的影响将会更强（中短期则相反）。对于财政政策，我们可以看到无论是短期还是中长期，货币政策与财政政策组合下的效果以及剔除货币政策后的效果基本保持一致，稍微不同的是在中短期内，货币政策与财政政策组合下的政策效果会比反事实模型下的效果更好；在长期内，结果则相反。经过

反事实分析，我们可以发现日本政府财政政策的独立性较强，其政策效果的影响不会受到日本央行货币政策过多的影响，而货币政策的效果必须与财政政策相互搭配才能完全发挥作用。结合这一结果，我们就不难理解为何二十多年来日本持续的宽松货币政策难以发挥作用，有时候甚至会带来相反的作用。日本政府由于受到高债务率的约束，面临实施紧缩性财政政策的压力，因此日本央行在推行宽松的货币政策时，日本政府常常无法出台相应的扩张性财政政策进行搭配，例如日本政府在 2014 年 4 月提升消费税这一紧缩性财政政策大大抵消了 QQE 政策对稳定物价和经济拉动的政策效果。

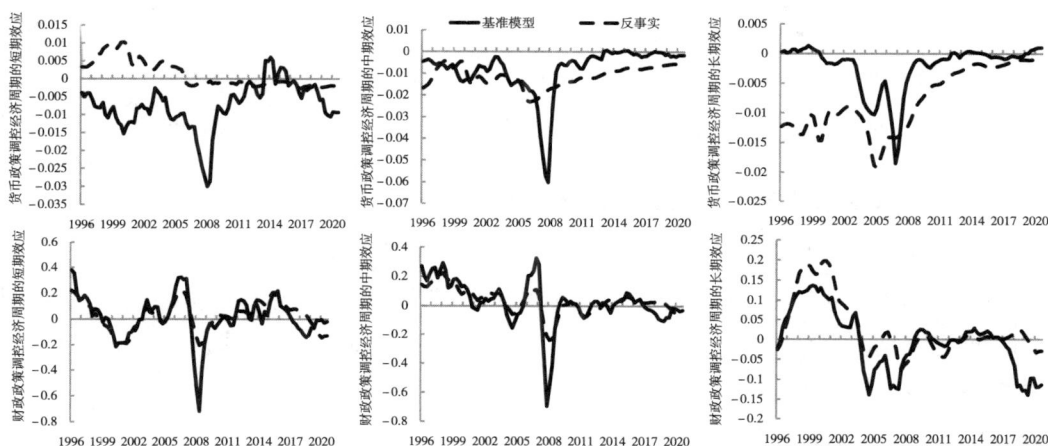

图 10 - 11　货币政策和财政政策组合盯住经济周期的反事实政策效果

（二）盯住通货膨胀目标的反事实政策效果

图 10 - 12 给出了货币政策和财政政策组合盯住通货膨胀的反事实政策模拟结果，从中我们可以发现紧缩性货币政策在反事实模型下对于通货膨胀的短期影响更大，但是在中长期下两个模型的差距并不大。相比较之下，我们可以发现财政政策在反事实模型和基准模型下的表现差异并不大，结合图 10 - 8 财政政策对政策目标影响的传导效率的分析可知，日本财政政策对通货膨胀目标的传导效率，长期以来处于一个较低的水平。以上的分析结果反映日本的财政政策在调控通货膨胀方面所发挥的作用较小，更多是依赖货币政策的作用。

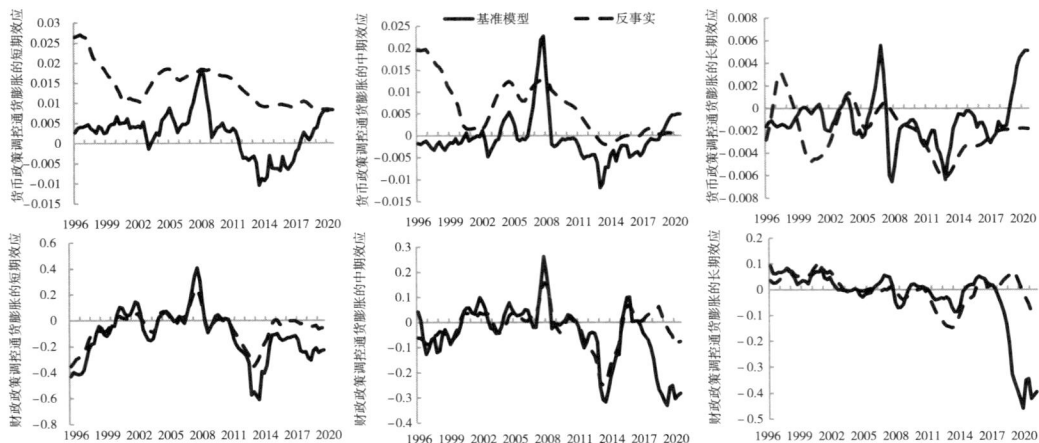

图 10 - 12　货币政策和财政政策组合盯住通货膨胀的反事实政策效果

（三）盯住金融风险周期的反事实政策效果

观察图 10 - 13，我们发现在中短期内，若财政政策无作为，紧缩性货币政策会导致日本国内金融风险周期上行（近些年来有逐渐减弱的态势），若搭配上扩张性财政政策可以有效降低这种风险（在中期内这种组合甚至可以使日本金融风险周期降至负值，如图 10 - 13 第一行中结果所示）。而对于财政政策来说，无论是基准模型还是反事实模型，大部分时间内扩张性财政政策会造成日本金融风险周期下行，但是在 2008 年的情况例外。根据图 10 - 13 第二行右显示，在 2008 年扩张性财政政策与紧缩性货币政策相互结合会导致金融风险周期上行，而仅有财政政策发挥作用时则不会发生这种情况。产生这一现象的原因或许是全球金融危机发生期间，各金融机构势必出现流动性困境，倘若日本此时采用紧缩性货币政策将会对金融体系造成更严重的后果。

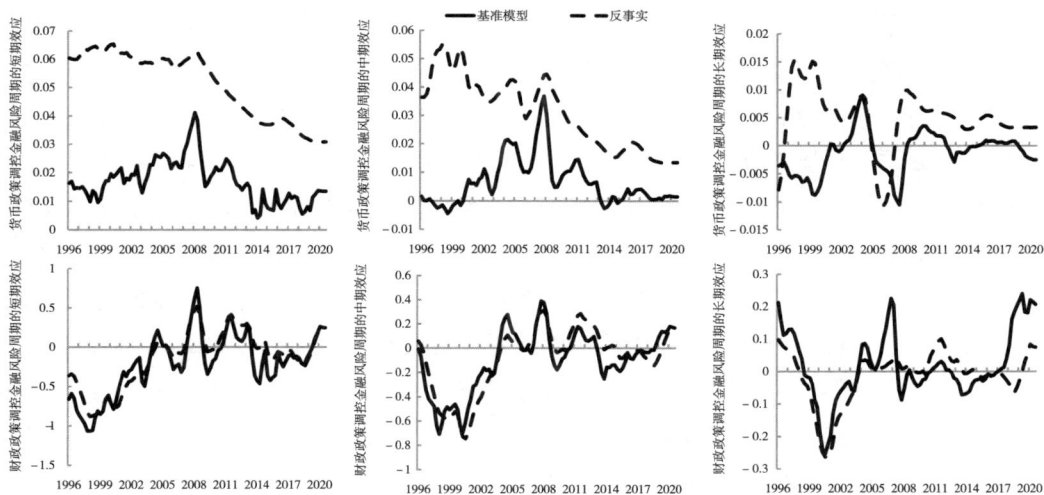

图 10 - 13　货币政策和财政政策组合盯住金融风险周期的反事实政策效果

第六节　宏观调控抉择借鉴

自 20 世纪广场协议签订以来，日本一系列的货币政策和财政政策失误导致国内经济先后经历了快速膨胀和长期萧条的状态。有许多学者将日本经济衰退的原因简单地归结于广场协议的签订，但是事实上，当时签订广场协议的国家还包括德国，而德国在后来的高速发展让这种观点不攻自破。到了 20 世纪 90 年代，越来越多学者指出日本央行及政府的一系列政策失误是导致日本经济陷入泥潭的原因，包括 Krugman（1998）、Bernanke（2000）、Kuttner 和 Posen（2002）等学者，均指出日本经济在 20 世纪 90 年代令人失望的表现应该归因于其糟糕的货币政策以及财政政策。

日本央行以及日本政府在 20 世纪 90 年代似乎开始意识到了这一问题，因此在这二十多年大力推行宽松性货币政策以及扩张性财政政策，然而在这些刺激之下，日本的经济仍旧难以见到任何起色。按照传统的凯恩斯理论，当经济处于萧条状态时，使用扩张性财政政策以及适当的货币政策能够刺激经济发展。然而，根据本节的分析以及日本经济的实际状况可知，这些政策的效用并没有非常乐观，因此日本似乎遇到了"凯恩斯主义失灵"的窘境。

事实上，凯恩斯主义作为一种需求管理政策，其作为一种在短期内刺激国家经济的工具是有效的，但如今的日本社会面临的更多是来自供给侧结构的问题：日本严重的人口结构问题一方面导致经济潜在增长率下降，另一方面导致社会保障支出增加，使日本政府的财政压力迅速增大。因此，日本若想单纯依赖凯恩斯主义来实现经济的长期稳定发展是不可行的。同时，长期依赖宽松的货币政策以及扩张性财政政策来刺激经济很可能得到相反的结果。一方面，极度宽松的货币政策会造成资本市场产生泡沫，危害金融体系的稳定性，同时日本长期以来实施扩张性财政政策，已经造成了本国财政状况明显恶化，不仅没有达到预期的目的，反而因为巨额的财政赤字助推利率上升，对日本的私人投资产生"挤出效应"。另一方面，财政赤字增加会导致财政支出出现刚性化的局面，即大量资金只能用于偿还债务，不能发挥刺激总需求的作用，弱化财政政策的调节功能。

当前，中国的经济发展已从高速增长阶段转向高质量发展阶段。在这一阶段，中国经济的发展面临包括出生率下降所导致的人口老龄化、人口红利逐渐消失、国内贫富差距加大、实体经济部门债务风险日益升高等内部挑战。因此，经济新常态对我国宏观调控方式提出了新的要求和挑战。作为曾经的世界第二大经济体，日本在经济发展过程中所遭遇到的挑战也是中国如今正在经历的，通过对日本的宏观调控实践经验及教训进行梳理，本报告认为日本在宏观调控抉择方面可以给予我国借鉴的地方包括以下三点：

（1）要重视人口老龄化对于货币政策以及财政政策调控宏观经济效果的影响。一方面，人口老龄化会抬高资本—劳动比率，导致社会储蓄率提高，推动自然利率下降，进而压缩货币政策的操作空间和减弱货币政策的有效性；另一方面，人口老龄化加剧会对社会保障和财政支出造成巨大的挑战，对我国的财政政策实施形成掣肘。

（2）坚持实施稳健的货币政策和积极的财政政策，谨慎使用超常规的刺激政策。为了实现经济的复苏和摆脱通货膨胀，日本在二十多年来采取了极度宽松的货币政策以及持续的扩张性财政政策，这些政策在短期内都会产生一定的刺激效果，但是随着时间的推移，只会加剧国内金融体系的不稳定性和资产价格的泡沫，太过依赖宽松的调控政策毫无疑问是一种饮鸩止渴的行为。

（3）在推行供给侧结构性改革的同时，要与需求侧政策共同协调推进。供给与需求，是经济学永恒研究的命题，两者是相互对立且统一的辩证关系，缺一不可。以安倍晋三上台后提出的"三支箭"改革措施为例，其前两箭（激进宽松的货币政策和灵活的财政政策）都是为了最后一支箭（结构性改革）所做出的必要牺牲和物质铺垫。因此，我国在进行供给侧结构性改革的同时，要结合需求侧政策的实施，为供给侧结构性改革的实施创造良好的宏观经济环境。

参考文献

［1］KONTONIKAS A, MONTAGNDLI A. Optimal monetary policy and asset price misalignments ［J］. Scottish journal of political economy, 2006, 53 (5): 636 - 654.

［2］BALAKRISHNAN R, DANNINGER S, ELEKDAG S, et al. The transmission of financial stress from advanced to emerging economies ［J］. Emerging markets finance and trade, 2011, 47: 40 - 68.

［3］BARWELL R. When Bond Markets Attack ［M］//BARWELL R. Macroeconomic policy after the crash. London: Palgrave Macmillian UK, 2017.

［4］BARWELL R. The conservative-liberal coalition: examining the cameron-clegg government ［J］. Common wealth and comparative politics, 2016, 54 (4): 563 - 564.

［5］BERNANKE B. Japanese monetary policy: a case of self-induced paralysis? ［J］ Institute for international economics, 2000: 149 - 166.

［6］CHANG H J. The Myths about Money that British Voters Should Reject ［N］. The Guardian, 2017 - 06 - 02.

［7］KIM C J, NELSON C R. Estimation of a forward-looking monetary policy rule: a time-varying parameter model using ex post data ［J］. Journal of monetary economics, 2006, 53 (8): 1949 - 1966.

［8］CLARIDA R, GALI J, GERTLER M. Monetary policy rules and macroeconomic stability: evidence and some theory ［J］. The quarterly journal of economics, 2000, 115 (1): 147 - 180.

［9］COBHAM D. The making of monetary policy in the UK 1975—2000 ［M］. Chichester: John Wiley & Sons Ltd, 2002.

［10］DIEBOLD F X, YILMAZ K. Measuring financial asset return and volatility spillovers, with application to global equity markets ［J］. The economic journal, 2009, 119 (534): 158 - 171.

［11］DIEBOLD F X, YILMAZ K. On the network topology of variance decompositions: measuring the connectedness of financial firms ［J］. Journal of econometrics, 2014, 182 (1): 119 - 134.

［12］FAVERO C A，MONACELLI T. Monetary-fiscal mix and inflation performance：evidence from the U. S. ［J］. CEPR Discussion Paper，2003（3887）.

［13］GRANT W. The politics of economic policy making in Britain［M］. London：Harvester Wheatsheaf Press，1993.

［14］GALI J，MONACELLI T. Optimal monetary and fiscal policy in a currency union［J］. Journal of international economics，2008，76（1）：116 – 132.

［15］KRUGMAN P. Japan's trap［EB/OL］. http：//princeton. edn/pkrugman/japan's trap.

［16］KUTTNER K N，POSEN A S. Fiscal policy effectiveness in Japan［J］. Journal of the Japanese and international economies，2002，16（4）：536.

［17］MORAES C O，MENDONCA H F. Bank's risk measures and monetary policy：evidence from a large emerging economy［J］. North American journal of economics and finance，2019，49：121 – 132.

［18］NAKAJIMA J，WEST M. Bayesian analysis of latent threshold dynamic models［J］. Journal of business and economic statistics，2013，31（2）：151 – 164.

［19］TRAUM N，YANG S C S. Monetary and fiscal policy interactions in the post-war U. S. ［J］. European economic review，2011，55（1）：140 – 164.

［20］PARK C Y，MERCADO R V. Determinants of financial stress in emerging market economies［J］. Journal of banking and finance，2014，45：199 – 224.

［21］SCHEIBE J，VINES D. A Phillips curve for China［J］. CEPR Discussion Papers，2005.

［22］CHRISTOPHER A S，TAO Z. Were there regime switching in U. S. monetary policy rule? ［J］. The American economic review，2006，96（1）：54 – 81.

［23］WOODFORD M. Optimal monetary policy inertia［J］. The Manchester school，1999，67（1）：1 – 35.

［24］曾宪久. 利率与产出关系的理论和实证研究［J］. 国际金融研究，2001（3）：19 – 24.

［25］陈创练，单敬群，林玉婷. 中国金融风险周期监测与央行货币政策非对称性效果识别［J］. 统计研究，2020，37（6）：79 – 92.

［26］陈创练，林玉婷. 财政政策反应函数与宏观调控政策取向研究［J］. 世界经济，2019，42（2）：47 – 71.

［27］陈创练，龙晓旋，姚树洁. 货币政策、汇率波动与通货膨胀的时变成因分析

［J］. 世界经济，2018，41（4）：3－27.

［28］陈创练，郑挺国，姚树洁. 时变参数泰勒规则及央行货币政策取向研究［J］. 经济研究，2016，51（8）：43－56.

［29］陈彦斌，刘哲希，郭豫媚. 经济新常态下宏观调控的问题与转型［J］. 中共中央党校学报，2016，20（1）：106－112.

［30］崔维. 90 年代美国财政政策与货币政策的协调配合［J］. 世界经济，1999，22（3）：38－42.

［31］樊纲，张曙光，王利民. 双轨过渡与"双轨调控"（下）：当前的宏观经济问题与对策［J］. 经济研究，1993（11）：3－9，39.

［32］李忠尚. 一个稳定的货币是健康经济的基础：德国战后金融体制及其央行研究［J］. 金融研究，1996（2）：54－59.

［33］吕炜. 市场化进程与税制结构变动［J］. 世界经济，2004，27（11）：72－79.

［34］马勇，陈雨露. 货币与财政政策后续效应评估：40 次银行危机样本［J］. 改革，2012（5）：24－32.

［35］彭兴韵，吴洁. 从美国次贷危机到全球金融危机的演变与扩散［J］. 经济学动态，2009（2）：52－60.

［36］宋国青，张维迎. 关于宏观平衡与宏观控制的几个理论问题［J］. 经济研究，1986（6）：25－35.

［37］宋瑞礼. 中国宏观调控 40 年：历史轨迹与经验启示［J］. 宏观经济研究，2018（12）：5－17.

［38］吴宏，刘威. 美国货币政策的国际传递效应及其影响的实证研究［J］. 数量经济技术经济研究，2009（6）：42－52.

［39］杨子晖. 财政政策与货币政策对私人投资的影响研究：基于有向无环图的应用分析［J］. 经济研究，2008，43（5）：81－93.

［40］叶秋华，宋凯利. 论美国的市场经济模式与宏观调控法［J］. 法制与社会发展，2004，10（6）：147－151.

［41］殷桐生. 德国经济通论［M］. 北京：社会科学文献出版社，2017.

［42］郑挺国，刘金全. 区制转移形式的"泰勒规则"及其在中国货币政策中的应用［J］. 经济研究，2010，45（3）：40－52.